GOTTLOB FREGE

Schriften zur Logik und Sprachphilosophie

Aus dem Nachlaß

Mit Einleitung, Anmerkungen, Bibliographie und Register herausgegeben von GOTTFRIED GABRIEL

FELIX MEINER VERLAG
HAMBURG

PHILOSOPHISCHE BIBLIOTHEK BAND 277

Bibliographische Information der Deutschen Nationalbibliothek

Die Deutsche Nationalbibliothek verzeichnet diese Publikation in der Deutschen Nationalbibliographie; detaillierte bibliographische Daten sind im Internet abrufbar über ‹http://portal.dnb.de›.

ISBN 978-3-7873-3855-9

ISBN eBook 978-3-7873-3856-6

5., verbesserte und mit ergänzter Bibliographie versehene
Auflage 2020

 Gesamtherstellung: BoD, Norderstedt. Gedruckt auf alterungsbeständigem Werkdruckpapier, hergestellt aus 100 % chlorfrei gebleichtem Zellstoff. Printed in Germany.

INHALT

* Titel in eckigen Klammern sind von den Herausgebern der *Nachgelassenen Schriften* gebildet.

VORWORT ZUR VIERTEN AUFLAGE

In der vierten Auflage ist die Bibliographie ergänzt worden. Außerdem wurden kleinere Korrekturen vorgenommen und verbliebene Druckfehler beseitigt, darunter auch einer (p. 144, Z. 4) im Frege-Text. Die Datierung der *17 Kernsätze zur Logik* ist in „1882" geändert worden. Der Text ist zeitlich vor dem *Dialog mit Pünjer über Existenz* einzuordnen. Zur Begründung cf. meinen Aufsatz *Leo Sachse, Herbart, Frege und die Grundlagen der Arithmetik*; in: G. Gabriel / W. Kienzler (Hg.): *Frege in Jena*. Würzburg, 1997, pp. 53–67, hier pp. 55–58.

Die in der Einleitung referierten Überlegungen Freges zur Unterscheidung von Gebrauchssprache, Dichtung und Wissenschaft, insbesondere diejenigen zur Dichtung, habe ich im Rahmen einer umfassenden Schrift (*Fiktion und Wahrheit*. Stuttgart-Bad Cannstatt, 1975) aufzuarbeiten versucht. Zu den sich hieraus für die Einleitung ergebenden Ergänzungen sei auf pp. 126 ff. der genannten Schrift verwiesen.

Jena, im November 2000 *G. G.*

VORWORT ZUR FÜNFTEN AUFLAGE

In der fünften Auflage sind die Bibliographien der Schriften Freges und der Schriften über Frege erneut ergänzt worden. Zu danken habe ich dabei Christian Thiel und Wolfgang Kienzler für Hinweise. Ferner wurde p. 179, Anm. 12 eine Korrektur von „Sozialphilosophie" in „Sozialpsychologie vorgenommen. Von der im Vorwort zur vierten Auflage angeführten Schrift *Fiktion und Wahrheit* ist 2019 eine zweite, verbesserte und um einen Nachbericht erweiterte Auflage erschienen. Die im Vorwort zur vierten Auflage erwähnten Ergänzungen zur Einleitung finden sich in diesem Neudruck pp. 147 ff.

Konstanz, im Januar 2020 *G. G.*

EDITORISCHES VORWORT

1. *Textlage.* Dieser Auswahl liegt zugrunde der Text von: *Gottlob Frege, Nachgelassene Schriften. Unter Mitwirkung von Gottfried Gabriel und Walburga Rödding bearbeitet, eingeleitet und mit Anmerkungen versehen von Hans Hermes, Friedrich Kambartel, Friedrich Kaulbach. Felix Meiner-Verlag, Hamburg 1969.* Die *Nachgelassenen Schriften* basieren fast ausschließlich auf Maschinenabschriften der Originalmanuskripte, da die Originalmanuskripte selbst im zweiten Weltkrieg verlorengegangen sind. (Näheres hierzu cf. *Geschichte des Frege-Nachlasses und Grundsätze für seine Edition. Nachgelassene Schriften,* pp. XXXIV–XLI.) Von den hier abgedruckten Schriften ist *17 Kernsätze zur Logik* als Photokopie des Originalmanuskripts erhalten geblieben. Wenn im Folgenden, insbesondere in den Anmerkungen, von „Manuskript" die Rede ist, so bezieht sich dies auf jene Abschriften bzw. Photokopie. Die Abschriften sind seinerzeit im Rahmen eines gescheiterten Editionsvorhabens von *Heinrich Scholz* und einigen Mitarbeitern angefertigt und mit Notizen auf den Abschriften selbst oder in eigens angelegten Listen versehen worden. In den Anmerkungen wird auf diese Notizen bisweilen Bezug genommen durch Passagen wie „Bemerkungen (Notizen) von Scholz und seinen Mitarbeitern auf (zu) dem Manuskript".

2. *Auswahl-Gesichtspunkte.* Ziel dieser Auswahl ist es, eine Ergänzung und Erweiterung der zu Lebzeiten veröffentlichten Schriften Freges im Rahmen eines *Studientextes* zu bieten. Da das verbreitete und wachsende Interesse an Frege eher seinen Überlegungen zur Logik und Sprachphilosophie gilt, empfahl es sich, die Auswahl unter diesen Gesichtspunkten vorzunehmen, was allerdings nicht eine ausschließliche Beschränkung auf Schriften solchen Inhalts bedeutet. Dies ist schon deshalb nicht möglich, weil bei Frege häufig logische, mathematische, erkenntnistheoretische und sprachphilosophische Überlegungen zusammen auftreten und einander ergänzen. Mitbestimmend bei der Aus-

wahlentscheidung war der Gesichtspunkt, möglichst wenige Wiederholungen von bereits Gesagtem zuzulassen. Jedoch ließen sich gewisse Überschneidungen nicht vermeiden. In diesem Zusammenhang sind vor allem Freges Ansätze zu einer *Logik* zu nennen. Schriften, die nur im Zusammenhang mit Freges *Begriffsschrift* verständlich wären, und Schriften, deren Inhalt *hauptsächlich* mathematischer Art ist, wurden aus dem obengenannten Grunde nicht aufgenommen. Ein Grenzfall in dieser Hinsicht ist die Schrift *Logik in der Mathematik*, auf die aber wegen der in ihr enthaltenen definitionstheoretischen Überlegungen Freges hier nicht verzichtet werden sollte.

Trotz der vornehmlich auf Ergänzung zielenden Absicht dieser Auswahl, ist der Text ohne vorherige Kenntnis anderer Schriften Freges verständlich und kann deshalb auch als Einführung in die Gedanken Freges dienen.

3. *Anordnung*. Die Anordnung der Schriften folgt der Datierung, die nur im Falle der *17 Kernsätze zur Logik* nicht von den Herausgebern der *Nachgelassenen Schriften* übernommen wurde. (Cf. hierzu Anm. 1, p. 174 zu *17 Kernsätze zur Logik)*

4. *Textgestaltung*. An einigen Stellen wurde der Text gegenüber den *Nachgelassenen Schriften* im Rahmen der dort befolgten Konventionen verändert. Hiernach sind offenbare Versehen Freges oder Abschreibfehler im Manuskript im allgemeinen stillschweigend verbessert worden. Bei wesentlichen Eingriffen in das Manuskript steht der veränderte Text in eckigen Klammern; der Wortlaut des Manuskriptes erscheint dann in einer Anmerkung. Fehlt eine derartige Anmerkung, so grenzen eckige Klammern reine Hinzufügungen ein. Titel in eckigen Klammern sind von den Herausgebern der *Nachgelassenen Schriften* gebildet.

Der Text wurde auf Druckfehler durchgesehen und gegebenenfalls verbessert. Ferner wurde er unter Beibehaltung des Lautstandes und der Zeichensetzung moderner Orthographie angeglichen. In einigen Fällen, vor allem der Getrennt- bzw. Zusammenschreibung von Wörtern, wurde aus inhaltlichen Gründen hiervon abgesehen.

In gleicher Weise wurde bei Zitaten aus Freges und anderen Schriften verfahren.

Anmerkungen Freges sind durch Sterne gekennzeichnet und erscheinen im selben Schriftgrad wie der Haupttext als Fußnoten. Textkritische Anmerkungen sind ebenfalls als Fußnoten gesetzt und von den Anmerkungen Freges durch kleineren Schriftgrad und Buchstabenzählung unterschieden. Um den Fortlauf des Textes zu gewährleisten, wurden die kommentierenden Anmerkungen an den Schluß des Gesamttextes gestellt. Die Zählung erfolgt durch arabische Ziffern für jede Schrift gesondert. Der Anmerkungsapparat wurde weitgehend gegenüber dem der *Nachgelassenen Schriften* verändert. Für die freundliche Erlaubnis, einen großen Teil der Anmerkungen der *Nachgelassenen Schriften* in die vorliegende Auswahl übernehmen zu dürfen, möchte ich den Herausgebern herzlich danken. Herr Professor Dr. F. Kambartel hat außerdem durch wertvolle Ratschläge diese Ausgabe unterstützt.

Ferner gilt mein Dank vor allem Herrn Heinz Albert Veraart für seine Hilfe bei der Manuskripterstellung und den Korrekturarbeiten.

Konstanz, im Juli 1970 *G. Gabriel*

EINLEITUNG
DES HERAUSGEBERS

Logik und Sprachphilosophie bei Frege

Zum Verhältnis von Gebrauchssprache, Dichtung und Wissenschaft[1])

Bei Frege besteht ein sehr enger Zusammenhang von Sprachphilosophie und Logik. Orientieren sich die *Logiken* seiner Zeitgenossen weitgehend an der Psychologie[2]), so ist es für Frege charakteristisch, daß er die Sprache zum Ausgangspunkt und Vergleichsobjekt seiner Überlegungen zur Logik macht[3]). Es kommt zwar der Ausdruck „Sprachphilosophie" bei ihm nicht vor, und er versteht sich selbst auch nicht als Sprachphilosoph; aber in seinem Bemühen um die Logik wird Sprachphilosophie sozusagen mitgeliefert.

Von der Logik sagt Frege, sie sei „die Wissenschaft der allgemeinsten Gesetze des Wahrseins" (p. 39), und entsprechend bestimmt er als ihre Aufgabe „die Aufstellung der Gesetze, nach denen ein Urteil durch andere gerechtfertigt wird, einerlei, ob jene selbst wahr sind" (p. 24). Dies macht deutlich, daß die Logik für alle Wissenschaften oder – noch allgemeiner – für jedes Denken, dessen Ziel die Wahrheit ist, die verbindlichen Normen des Schließens (Folgerns) aufzustellen hat. Frege hat eine Kunstsprache, die Begriffsschrift[4]), entwickelt, die der eindeutigen Formulierung der Gesetze und dem eindeutigen Schließen dienen soll. Die *Gebrauchssprache* ist ihm für diese Zwecke zu „unvollkommen". Was dies bedeutet, wird im folgenden deutlich werden. Genetisch ist es nach Freges eigenen Aussagen[5]) so, daß er die Begriffsschrift zunächst für die Zwekke der Mathematik geschaffen hat und so zur Logik kam. Allerdings war die Begriffsschrift von vornherein nicht *nur* auf die Mathematik hin angelegt. Sie soll vielmehr ganz im Sinne des Ziels der Logik „zunächst dazu dienen, die Bündigkeit einer Schlußkette auf die sicherste Weise zu prüfen“[6]). Somit hat sie das allen Wissenschaften gemeinsame formale Gerüst darzustellen, und sie soll außerdem „geeignet sein, sich mit einem Inhalte [d. h. mit einzelwissenschaftlichen Aussagen, d. Hrsg.] auf das Innigste zu verbinden“[7]). Diese „Inhalte“ zusammen mit der Begriffsschrift machen demnach die Wissenschaftssprache aus.

Frege verwendet den Ausdruck „Logik“, wie dies auch sonst üblich ist, in zwei Bedeutungen. Außer dem Begriffspaar „Sprachphilosophie – Logik“ läßt sich nämlich das Paar „Sprache – Logik“ bilden. Im ersten Fall versteht man unter „Logik“ eine Untersuchung, deren Ergebnis so etwas wie die Begriffsschrift sein soll. Im zweiten Fall dagegen soll die Logik eben dieses Ergebnis selbst sein und ist damit gleich der Begriffsschrift. Frege sagt hierzu: „Hätten wir eine logisch vollkommenere Sprache, so brauchten wir vielleicht weiter keine Logik [Logik II, was durch das folgende „sie“ belegt ist, d. Hrsg.] oder wir könnten sie aus der Sprache ablesen. Aber davon sind wir weit entfernt. Die logische Arbeit [Logik I, d. Hrsg.] ist gerade zu einem großen Teil ein Kampf mit den logischen Mängeln der Sprache, die uns doch wieder ein unentbehrliches Werkzeug ist. Erst nach Vollendung unserer logischen Arbeit werden wir ein vollkommeneres Werkzeug haben.“[8]) Dieser mit Hilfe der Sprache ausgeführte „Kampf“ mit der (gegen die) Sprache läßt Frege auch den „Gegner“ erkennen, d. h. führt zu Erkenntnissen auch über die „unvollkommene Sprache“, wobei Frege nicht vergißt darauf hinzuweisen, daß die „Unvollkommenheit“ für gewisse Zwecke, z. B. lebenspraktische gerade von Vorteil ist[9]). Er spricht deshalb meist von „logischer Unvollkommenheit“ (p. 61) oder „logischen Mängeln“ (s. o.). Frege ist sich auch klar darüber, wie das obige Zitat zeigt, daß die Begriffsschrift der Gebrauchssprache bedarf („unentbehrliches Werkzeug“), um eingeführt zu werden. So finden sich in dem Werk „Begriffsschrift“ neben begriffsschriftlichen stets auch Sätze der Gebrauchssprache. Entsprechendes gilt nach Frege für die gesamte Wissenschaftssprache, wie seine definitionstheoretischen Überlegungen zeigen, insbesondere die Charakterisierung der „Erläuterungen" als gebrauchssprachlich (p. 98).

Es war die Rede davon, daß ein Ergebnis von Freges Bemühen um die Logik sprachphilosophische Einsichten sind. Die Schriften der vorliegenden Auswahl sind hierfür deutliche Beispiele, und sie sollen im folgenden unter diesem Aspekt betrachtet werden, wobei ein Rückgriff auf andere Schriften Freges allerdings nicht vermeidbar ist. Das Verhältnis von *Gebrauchssprache* und *Wissenschaftssprache* ist bereits angedeutet worden. Hinzu kommt noch, daß Frege zur *Dichtungssprache* bedeutende Bemerkungen gemacht hat. Es soll nun versucht werden, diese Dreiteilung kritisch zu rekonstruieren, wozu zunächst eine Klärung des Sprachgebrauchs notwendig ist. Frege selbst verwendet weder „Gebrauchssprache" noch „Wissenschaftssprache". Statt „Dichtungssprache" findet man bei ihm zwar „dichterische Sprache" (p. 54), vorwiegend jedoch einfach „Dichtung". Diesem Sprachgebrauch Freges wollen wir uns hier anschließen, da Dichtung immer *sprachliche* Artikulation ist. Ebenso wollen wir an Stelle von „Wissenschaftssprache" Freges Kurzform „Wissenschaft" übernehmen. Hiermit ist bei Frege nicht die faktische Wissenschaft, sondern die Wissenschaft als Programm gemeint. Als Hindernis (und „unentbehrliches Werkzeug") für dieses Programm wurde die Gebrauchssprache genannt. Eine genaue terminologische Fixierung liegt jedoch bei Frege nicht vor. So verwendet er „Sprache des Lebens" (p. 51) oder „Volkssprache"[10]) und bringt damit einerseits eine starke Bindung an die praktische Lebenswelt zum Ausdruck, andererseits unter Hinweis auf die „Veränderlichkeit" (p. 57), Etymologie (p. 51) und „organische Natur" (p. 58) den Charakter von *natürlicher Sprache.* Dieses letztere diachronische Moment der Sprachbetrachtung wird bei Frege nur erwähnt, ohne weiter untersucht zu werden. Freges Bemerkungen gelten in diesem Zusammenhang vornehmlich einer synchronischen Sprachbetrachtung, und zwar von vornherein nicht unter Beschränkung auf nationalsprachliche Aspekte; vielmehr ist für Frege die deutsche Sprache *exemplarischer* Untersuchungsgegenstand.[11])

Unter Anerkennung dieser Tatsache könnte man auch meinen, daß sich der Ausdruck „Alltagssprache“ oder „Umgangssprache“ im Sinne der „ordinary language“[12]) empfehlen würde. Normalerweise werden jedoch diese Termini für eine von bildungs- und wissenschaftssprachlichen Elementen freie Sprache reserviert[13]), während diese einschränkende Unterscheidung bei Frege nicht ausdrücklich gemacht wird. Er spricht deshalb auch weitgehend von „der Sprache“ als „unvollkommen“[14]). Aus diesem Grunde verwenden wir hier den Terminus „Gebrauchssprache“ und begreifen darunter *Umgangssprache, Bildungssprache* und *faktische Wissenschaftssprache*[15]).

Die folgenden Ausführungen dürfen nicht dahingehend mißverstanden werden, als seien sie nach Frege hinreichend für eine vollständige Erfassung aller drei Arten von Sprachverwendung. So erstrecken sich seine Überlegungen zur Syntax (Grammatik) z. B. nur in Andeutungen auf den Unterschied von Gebrauchssprache und Dichtung (p. 58). Sein Hauptaugenmerk gilt hier gemäß seinen Forschungsintentionen dem Gegensatz zwischen einer logisch vollkommenen Syntax, die er in der *Begriffsschrift* realisiert sieht, und einer solcher Anforderung nicht entsprechenden Syntax, wie sie der Grammatik (der Gebrauchssprache) gehorcht. Er sagt hierzu: „Die Sprache ist nicht in der Weise durch logische Gesetze beherrscht, daß die Befolgung der Grammatik schon die formale Richtigkeit der Gedankenbewegung verbürgte“[16]). Grammatische Kategorien, wie z. B. „Subjekt“ und „Prädikat“ halten nach Frege einer logischen Analyse nicht stand[17]) und sollen deshalb durch logische Kategorien, wie z. B. „Argument“ und „Funktion“ ersetzt werden.[18])

Zu einer logisch vollkommenen Syntax gehört nach Frege, daß semantische Unterscheidungen syntaktisch eindeutig repräsentiert werden. Auch dies leistet die herkömmliche Grammatik nicht. Ein herausragendes Beispiel von Freges Analysen auf diesem Gebiet sind seine Untersuchungen zu den verschiedenen Verwendungen des Wörtchens „ist“ bzw. äquivalenter sprachlicher Ausdrücke in der Gebrauchssprache. Die Ergebnisse gehören zum festen Bestand der

heutigen Logik. Folgende Fälle werden bei Frege unterschieden:

1. *Fallen eines Gegenstandes unter einen Begriff (Subsumtion)*
   Beispiele: „7 ist eine Primzahl", „Sokrates ist sterblich", „der Entdecker der Planetenbahnen ist ein Mann mit Namen ‚Kopernikus'".
   Ein Gegenstand fällt nach Frege unter einen Begriff, wenn er die „Merkmale", die den Begriff konstituieren, als Eigenschaften besitzt.[19]) Eine heutige Redeweise drückt dies so aus, daß einem Gegenstand ein Prädikator zukommt.
2. *Unterordnung eines Begriffs unter einen anderen Begriff (Subordination)*
   Beispiel: „Das Pferd ist ein pflanzenfressendes Tier" im Sinne von „Pferde sind pflanzenfressende Tiere".
   Die Beziehung der Subordination liegt (in Freges Terminologie gesprochen) genau dann vor, wenn alle Merkmale des einen Begriffs auch Merkmale des anderen sind, aber nicht umgekehrt[20]). In einer anderen Formulierung Freges: wenn jeder Gegenstand, der unter den einen Begriff fällt, auch unter den anderen fällt, aber nicht umgekehrt. Gilt auch jeweils die Umkehrung (p. 29), so spricht Frege von „gegenseitiger Unterordnung"[21]).
3. *Identität von Gegenständen*
   Beispiele: „– 1 ist die kleinste negative ganze Zahl", „der Morgenstern ist der Abendstern", „der Entdecker der Planetenbahnen ist Kopernikus".
   Die Beziehung der Identität liegt nach Frege genau dann zwischen zwei Gegenständen vor, wenn diese unter dieselben Begriffe fallen bzw. nicht fallen (p. 28).
4. *Existenz*
   Die Verwendung des Wörtchens „ist" als Ausdruck der Existenz ist nach Frege insofern ein besonderer Fall, als die Gebrauchssprache hier über die *Mehrdeutigkeit* von „ist" hinaus „zu falschen Auffassungen verleitet" (p. 21), wie z. B. zu Aussagen der Art „der Himmel ist" (p. 17), „ich bin", „Gott ist" usw. Die Gebrauchssprache ver-

wende nämlich das Verbum „sein" hier als Ausdruck eines Begriffs, unter den Gegenstände fallen könnten. Existenz sei aber ein „Begriff zweiter Stufe" (p. 164), d. h. Eigenschaft nicht von Gegenständen, sondern Begriffen. Hat ein Begriff *A* diese Eigenschaft, so kann man nach Frege auch sagen „es gibt *A*'s"[22]).

Nach diesem Exkurs, der auch als Exempel des engen Zusammenhangs von Logik und Sprachphilosophie bei Frege dienen mag, wollen wir uns nun mit Freges Auffassung des Verhältnisses von *Gebrauchssprache, Dichtung* und *Wissenschaft* beschäftigen. Frege selbst geht meist so vor, daß er entweder das Begriffspaar Wissenschaft–Dichtung oder Wissenschaft–Gebrauchssprache behandelt und nicht *gleichzeitig* alle drei Bereiche. Wir wollen entsprechend zunächst Dichtung und Wissenschaft als Extreme einander gegenüberstellen und die entsprechenden Angaben über die Gebrauchssprache an geeigneter Stelle einfließen lassen.

Die einschlägigen Unterscheidungen werden von Frege in bezug auf (I) das Verhältnis von *Sinn* und *Bedeutung* und (II) das Verhältnis von *Sinn* und *Färbung des Sinns* getroffen.

Frege unterscheidet in *Über Sinn und Bedeutung*[23]) bei logischen Eigennamen, d. h. Eigennamen im engeren Sinne (z.B. Odysseus, Wallenstein), Kennzeichnungen (z.B. der Entdecker der Planetenbahnen) und Sätzen (Aussagesätzen)[24]),

1. das Zeichen selbst im Sinne der Zeichengestalt,
2. den Sinn, der durch das Zeichen „ausgedrückt" wird,
3. die Bedeutung, die durch das Zeichen „bezeichnet" wird und
4. die Vorstellung(en), die das Mitteilen oder Verstehen des Sinns eines Zeichens begleiten.

In *Ausführungen über Sinn und Bedeutung* (pp. 25—34) erweitert Frege diese Unterscheidungen mit entsprechenden Modifikationen auch auf Begriffsausdrücke (Prädikatoren)[25]). Für die Unterscheidung (I) zwischen Dichtung und Wissenschaft kommt nur das Verhältnis von Sinn und Bedeutung in Betracht. Unsere Erläuterungen seien deshalb zunächst hierauf beschränkt.

Den Unterschied von Sinn und Bedeutung macht Frege

u. a. an folgendem Beispiel deutlich: Die Ausdrücke „Morgenstern“ und „Abendstern“ haben dieselbe Bedeutung, nämlich den Planeten Venus; aber sie haben nicht denselben Sinn, da einmal die Sichtbarkeit des Sterns am Morgen und das andere Mal seine Sichtbarkeit am Abend ausgedrückt wird. Umgekehrt gilt aber, daß zwei Ausdrücke desselben Sinns immer dieselbe Bedeutung haben, sofern überhaupt eine vorhanden ist. Im letzten Nebensatz ist bereits der wesentliche Punkt der Unterscheidung I angesprochen. Frege meint, daß uns in der Dichtung im Gegensatz zur Wissenschaft zwar nicht der Sinn, aber die Bedeutung der Ausdrücke „gleichgültig“[26]) ist. Dies heißt für die einzelnen Sorten von Ausdrücken folgendes:

1. *Eigennamen.*
   A. *Eigennamen (im engeren Sinne)* und *Kennzeichnungen.* Es dürfen auch solche auftreten, die je nach ihrer Art keine Person (z. B. Odysseus), keinen geographischen Ort (z. B. Schlaraffenland), keinen „logischen“ Gegenstand (z. B. die größte natürliche Zahl) usw. bezeichnen.
   B. *Sätze.* Die Bedeutung eines Satzes wird bei Frege als einer der beiden Wahrheitswerte aufgefaßt, weil es uns dann und nur dann auf die Bedeutung der Bestandteile des Satzes ankomme, wenn wir nach dem Wahrheitswert des Satzes fragen würden[27]). Entsprechend kann Frege dann für die Dichtung sagen, daß auch Sätze auftreten dürfen, die weder wahr noch falsch sind.
2. *Begriffsausdrücke.*
   Die Bedeutung eines Begriffsausdrucks wird bei Frege als der Begriff selbst und nicht als Begriffs*umfang* bzw. Klasse angesehen (p. 25). Ein Begriffsausdruck hat nach Frege dann und nur dann eine Bedeutung, bezeichnet einen Begriff, wenn dieser Begriff „scharf begrenzt“ ist, d. h. für jeden Gegenstand gilt, daß er unter den Begriff fällt oder nicht. Kürzer gesagt: daß für die Subsumtion das *tertium non datur* gilt. Entsprechend kann Frege für die Dichtung sagen, daß Begriffsausdrücke auftreten dürfen, für die letzteres nicht gilt (p. 32).

Notwendige und hinreichende Bedingungen für das Wahr- oder Falschsein eines Satzes ist nach Frege, daß seine Bestandteile genau eine, d. h. überhaupt eine und nicht mehr als eine Bedeutung haben[28]). Wenn letzteres nicht für jeden Bestandteil der Fall ist, so heißt dies also nach Frege, daß der Satz keine Bedeutung hat, bzw. weder wahr noch falsch ist. Unter „Bestandteilen eines Satzes" versteht Frege nicht beliebige Teile des Satzes, sondern die oben genannten Ausdrucksarten einschließlich der Sätze selbst. Damit ist genau bestimmt, was es heißt, daß in der Dichtung Sätze auftreten dürfen, die weder wahr noch falsch sind. Frege sagt nun aber nicht nur, daß solche Sätze auftreten dürfen, sondern auch indirekt, daß ihr Auftreten in einem Text hinreichendes Kennzeichen dafür sein soll, daß es sich bei diesem Text um Dichtung handelt. Dies geht aus Freges Bemerkung hervor, daß er einen Satz, der weder wahr noch falsch ist, der Dichtung zurechne (pp. 41, 138). Es scheint im Sinne dieser Bemerkung zu sein, einen Text[29]), der (mindestens) einen solchen Satz enthält, als Dichtung zu verstehen. Hierzu folgende Begründung, die allerdings nicht durch Frege-Stellen gestützt werden kann, da Frege explizit keine Überlegungen zum Verhältnis von Satz und Text anstellt[30]). Sobald in einem Gefüge von Sätzen ein einziger dieser Sätze weder wahr noch falsch ist (und damit der Dichtung angehört), läßt sich auch vom Gesamtgefüge sagen, daß es weder wahr noch falsch ist, und der entsprechende Analogieschluß „und damit Dichtung ist" bietet sich förmlich an.

Die obige terminologische Regel „x ε Satz, der weder wahr noch falsch ist $\Longrightarrow$ x ε Satz der Dichtung" darf nach Frege nicht umgekehrt werden, d. h. es kann auch ein wahrer oder falscher Satz ein Satz der Dichtung sein[31]). Es kann sogar ein Text nur aus wahren oder falschen Sätzen bestehen und dennoch ein Text der Dichtung sein. Dies geht wiederum aus dem „gleichgültig" hervor, denn damit ist das „dürfen" nicht nur für das Auftreten von weder wahren noch falschen Sätzen, sondern auch für das Auftreten von ausschließlich wahren oder falschen Sätzen zugelassen. Es bleibt nun noch zu klären, ob es eine Möglichkeit gibt, auch bei Texten, die keinen Satz enthalten, der weder wahr noch falsch ist, ein unterscheidendes Merkmal von Texten der Dichtung und Texten der Wissenschaft anzugeben.

Frege unterscheidet den Behauptungscharakter eines Satzes vom Ausdruck seines Sinns (= seines „Gedankens"). Ein Satz bzw. sein Gedanke kann danach wahr sein, ohne daß er gleichzeitig behauptet wird (pp. 74 f.). Wenn ich z. B. behaupte „wenn 3 größer als 2 ist, so ist 6 größer als 4", so behaupte ich damit weder, daß 3 größer als 2 ist, noch, daß 6 größer als 4 ist, sondern nur den Gesamtsatz. Wäre dem nicht so, so müßte ich auch von der *wahren* Behauptung „wenn 2 größer als 3 ist, so ist 4 größer als 6" sagen, daß in ihr die *falschen* Teilsätze behauptet werden. Diese unangenehme Konsequenz wird durch die Fregesche Unterscheidung vermieden. Für die vorliegende Erörterung ergibt sich hieraus die Möglichkeit einer Unterscheidung von Dichtung und Wissenschaft selbst dann, wenn alle Sätze eines Textes entweder wahr oder falsch sind. Wir können nämlich im Anschluß an Frege (p. 41)[32]) sagen, daß die Texte der Dichtung im Gegensatz zu denen der Wissenschaft nicht-behauptend („Scheinbehauptungen") sind. Hierbei ist zu berücksichtigen, daß einzelne Sätze auch in der Wissenschaft nicht-behauptend sein können, wie das obige Beispiel zeigt. Nun sind aber die Eigenschaften *behauptend, nicht-behauptend* nicht den Texten als solchen eigen, d. h. jeder Text, der nur aus wahren oder falschen Sätzen besteht, kann behauptend oder nicht-behauptend *aufgefaßt* werden. Damit ist jedoch unser Kriterium nicht hinfällig geworden, sondern wir brauchen es nur folgendermaßen zu modifizieren: Die Auffassung eines Textes (der genannten Art) als Dichtung impliziert, daß er nicht-behauptend aufzufassen ist, während die Auffassung eines Textes als Wissenschaft impliziert, daß er behauptend aufzufassen ist. Dieser Vorschlag ist nicht nur deshalb von Bedeutung, weil er eine wesentliche Eigenschaft von Dichtung (und Wissenschaft) hervorhebt, sondern auch wegen der daraus folgenden Konsequenzen für die jeweilige Behandlung entsprechender Texte, die in einer Theorie der Interpretation zu erarbeiten wären.

Ein Einwand gegen diesen Vorschlag Freges bzw. diesen

Rekonstruktionsversuch seines Vorschlags könnte darin bestehen, daß man es als etwas „dürftig" ansieht, schon dann von Dichtung zu sprechen, wenn ein Text einen weder wahren noch falschen Satz (= Aussagesatz) enthält. Man könnte argumentieren, hier werde Dichtung und *Er*dichtung (= Fiktion) unrechtmäßig gleichgesetzt, zumal Frege selbst von der Dichtung sagt, sie habe es „auf den Schein abgesehen" (p. 41). Diesem Einwand wird man gerecht durch die Definition „x ε Text, der einen weder wahren noch falschen Satz enthält $=_{df}$ x ε fiktiver Text" und indem man die terminologische Regel „x ε fiktiver Text $\Rightarrow$ x ε Text der Dichtung" nicht zuläßt. Da die Umkehrung dieser Regel ebenfalls nicht gelten soll (s. o.), ergibt sich dann allerdings, daß wir zur Charakterisierung von Texten der Dichtung nur noch die terminologische Regel „x ε Text der Dichtung $\Rightarrow$ x ε nicht-behauptender Text" zur Verfügung haben. Es könnte deshalb die Ansicht entstehen, daß die Unterscheidung von fiktiven Texten und nicht-behauptenden Texten nun irrelevant sei. Jedoch betrifft dies nur die Charakterisierung von Dichtung. Ansonsten bleibt der Wert dieser Unterscheidung erhalten; denn ohne sie würde man auf Informationen darüber verzichten müssen, welches die Bedingungen dafür sind, daß ein Text nicht behauptend sein kann, also nicht-behauptend sein muß. Dies gilt nämlich für fiktive Texte.

Trotz des berechtigten Einwands gegen Freges Gebrauch des Terminus „Dichtung" wollen wir uns weiterhin auf diesen Gebrauch beziehen, weil wir uns sonst — zumindest terminologisch — zu weit von einer Darstellung der Frege-schen Überlegungen entfernen müßten, was im Rahmen einer Einleitung nicht wünschenswert sein dürfte. Die im Sinne dieses Einwandes notwendigen terminologischen Änderungen sind zudem leicht auf das Folgende übertragbar.

Ein weiterer Einwand könnte dieses geltend machen: Angenommen, jemand erzählt das Märchen vom Rotkäppchen und sagt im Verlauf seiner Erzählung „und dann fraß das Rotkäppchen den Wolf", so wird hierauf vermutlich Widerspruch erfolgen derart, „Nein, das stimmt nicht, der Wolf fraß das Rotkäppchen!" Sind solche Sätze der Dichtung nun doch in irgendeinem Sinne wahr oder falsch, obgleich sie bedeutungslose Bestandteile enthalten, wie hier z. B. „Rotkäppchen"?

Die Lösung liegt in einer genauen Analyse solcher Gesprächssituationen. Die Aussage „nein, das stimmt nicht, der Wolf fraß das Rotkäppchen" besagt nicht, daß hiermit ein Streit um Wahrheit oder Falschheit im bereits erläuterten Sinne entbrennt, sondern sie ist folgendermaßen zu interpretieren: „Nein, das stimmt nicht, im Märchen heißt es, daß der Wolf das Rotkäppchen fraß". Die Wahrheitsfrage hat sich hiermit verschoben. Es geht nicht mehr darum, wer wen gefressen hat, sondern darum, was im Text steht. Diese Frage ist aber im bereits besprochenen Sinne mit „wahr" oder „falsch" zu beantworten. Der Nebensatz „daß der Wolf das Rotkäppchen fraß" ist als indirekte Rede aufzufassen und hat dann nach Frege seine „ungerade Bedeutung", d. h. er bedeutet das, was gewöhnlich sein Sinn ist. Damit entfällt auch die Frage, ob „Rotkäppchen" hier nicht doch einen Gegenstand irgendeiner Art bezeichnen muß, um eine Bedeutung zu haben. Es ist für Frege vielmehr so, daß der Eigenname „Rotkäppchen" einen Sinn haben muß, damit er eine ungerade Bedeutung hat[33]).

Weitere Einwände[34]) werden sich möglicherweise von selbst erledigen, wenn wir nun übergehen zur Rekonstruktion von Freges Charakterisierung der Gebrauchssprache.

Wir gehen davon aus, daß Frege den Bereich, „wo uns die Frage nach der Wahrheit beschäftigt" (p. 25) nicht auf die Wissenschaft beschränkt.[35]) Frege vertritt für die Wissenschaft (als Programm), vornehmlich für die Mathematik, rigoros den *System*gedanken (pp. 95 ff., 152 f.). Schon aus diesem Grunde können Dichtung und Wissenschaft bei ihm nicht komplementär verstanden werden; denn wohin sollten *Wissens*gebiete, die noch keine systematische Darstellung erfahren haben, gerechnet werden — oder gar Reiseberichte etc. Es lassen sich beliebig Bereiche angeben, in denen es sehr wohl um die Wahrheit der Aussagen geht, ohne daß letztere bereits in einen systematischen Zusammenhang gebracht worden wären. Schließlich beklagt Frege ja sogar selbst die mangelnde Systemorientiertheit seiner mathematischen Zeitgenossen und spricht von der *Idee* eines Systems, die es zu verwirklichen gilt (p. 95). Zwischen der Dichtung und der *idealen* Wissenschaft, deren Sprache die mit Hilfe der Gebrauchssprache eingeführte Begriffsschrift ist (s. o.), liegt also für Frege der große Bereich, dessen Sprache die Gebrauchssprache ist. Wir haben betont, daß es auch hier nach Frege um Wahrheit gehen kann. Es muß aber genauso im Sinne Freges betont werden, daß es nicht immer um Wahrheit gehen muß. Hierauf stoßen wir, wenn nicht nur Aussagesätze, auf die wir uns zunächst beschränkt haben, sondern z. B. auch Imperativsätze in unsere Betrachtung einbezogen werden. Diese haben nämlich nach Freges eigenen Aussagen keine Bedeutung[36]) und können damit auch nicht entweder wahr oder falsch sein. Daraus ergibt sich nun folgende Schwierigkeit: Eine Erweiterung des oben angeführten Dichtungs-Kriteriums auf beliebige Sätze würde bedeuten, daß jeder Text, der einen Imperativsatz enthält, der Dichtung zugerechnet werden müßte, insbesondere jeder Imperativsatz selbst. Dies wäre natürlich Unsinn. Andererseits wären die vorliegenden Charakterisierungen unbefriedigend, wenn man sich auf Aussagesätze beschränken müßte. Indem die Imperativsätze der Gebrauchssprache zugerechnet werden, verschwinden aber diese Probleme. In bezug auf Dichtung und Wissenschaft müssen wir nun noch hinzufügen:

1. kommen in der Wissenschaft (als System) Imperativsätze nicht vor. Eine Wissenschaft ist vielmehr „ein Ganzes verbundener Wahrheiten".[37]) Dies kann Frege deshalb sagen, weil er einführende Überlegungen, Erläuterungen etc., die in der Gebrauchssprache erfolgen und auch Imperative enthalten, nicht zum System rechnet.

2. lassen sich Imperativsätze der Gebrauchssprache von solchen der Dichtung unterscheiden, indem das für Aussagesätze formulierte Kriterium so modifiziert wird, daß bei Sätzen, die als ganze keine Bedeutung haben, nur auf die Bedeutung der Bestandteile geachtet wird. Wenn einer der Bestandteile nicht genau eine Bedeutung hat, mögen diese Sätze der Dichtung zugerechnet werden. Das Vorhandensein

der einzelnen Bedeutungen soll wiederum nicht ausschließen, solche Sätze als Dichtung aufzufassen. Eine Unterscheidung mittels der Auffassungsweise würde z. B. für Imperativsätze besagen, daß die Auffassung eines Imperativs als zur Dichtung gehörig im Gegensatz zu einer gebrauchssprachlichen Auffassung impliziert, daß der Imperativ nie ernst zu nehmen ist.[38]) Entsprechendes kann man für Wunsch-, Frage-[39]) und Aufforderungssätze formulieren, die Frege ebenfalls zu den weder wahren noch falschen Sätzen zählt (p. 40).[40])

Es soll nun, auf die Aussagesätze zurückkommend, geklärt werden, wie hier für Frege Unterscheidungen der Gebrauchssprache von Dichtung und Wissenschaft möglich sind. Da bei den Aussagesätzen der Gebrauchssprache nach Frege, wie bei denjenigen der Wissenschaft die Wahrheitsfrage gestellt werden muß, ist die Unterscheidung von der Dichtung klar. Der Unterschied zur Wissenschaft ergibt sich daraus, daß deren Sätze in besonderer Weise dem Kriterium des *Bedeutunghabens* genügen müssen. Zunächst gilt nach Frege auch für die Gebrauchssprache, daß alle Ausdrücke genau eine Bedeutung haben müssen, da es ein „Fehler" sei, sich mit dem Sinn der Wörter zu begnügen, wenn „uns die Frage nach der Wahrheit beschäftigt" (p. 25). Während aber in der Wissenschaft der Aufbau des Systems so zu erfolgen habe, daß für jeden im System „rechtmäßig gebildeten" Ausdruck genau eine Bedeutung *gesichert* ist,[41]) scheint Frege an die Gebrauchssprache nur die Forderung zu stellen, daß Ausdrücke dann *nicht mehr* verwendet werden dürfen, wenn sich *herausgestellt* hat, daß sie nicht genau eine[42]) Bedeutung haben.[43]) Eine weitere Differenz besteht darin, daß die Bedingung, genau eine Bedeutung zu haben, in der Gebrauchssprache im Gegensatz zur Wissenschaft im pragmatischen Kontext erfüllt werden darf. So läßt Frege z. B. mehrdeutige Ausdrücke zu, wenn sie unter Berücksichtigung der Zeit, des Ortes oder des Sprechers und anderer Faktoren (p. 48) eindeutig werden, wobei das Gemeinte manchmal auch erraten werden müsse (p. 108)[44]). Frege spricht deshalb davon, daß die „begleitenden Umstände" zum Ausdruck dazugehören (pp. 48, 108), und er zieht die

Grenze zwischen Gebrauchssprache und Wissenschaft, wenn er sagt: „eine für den wissenschaftlichen Gebrauch bestimmte Sprache darf nichts dem Erraten überlassen" (p. 108).

Wir kommen nun zu Freges Unterscheidung II von Dichtung, Gebrauchssprache und Wissenschaft, die das Verhältnis von *Sinn* und *Färbung des Sinns* betrifft.

Frege rechnet die *Färbung*, er sagt hierfür auch „Beleuchtung" (p. 86), in *Über Sinn und Bedeutung* dem Vorstellungsbereich zu und unterscheidet sie dadurch grundlegend vom Sinn. Der Unterschied zwischen Sinn und Vorstellung besteht für Frege darin, daß die Vorstellung subjektiv ist, d. h. jeder *seine* Vorstellung hat und die Vorstellungen verschiedener Personen nicht genau vergleichbar sind, weil wir sie „nicht in demselben Bewußtsein zusammen haben können"[45]). Den Sinn dagegen hält Frege für objektiv, da er „gemeinsames Eigentum von vielen sein kann", d.h. mitteilbar und verstehbar ist. Entsprechend seiner Ansicht über Vorstellungen kann Frege dann sagen: „Die Färbungen und Beleuchtungen sind nicht objektiv, sondern jeder Hörer und Leser muß sie sich selbst nach den Winken des Dichters oder Redners hinzuschaffen"[46]). Daß diese Färbungen nicht beliebig aufgefaßt werden, beruht nach Frege auf einer „Verwandtschaft des menschlichen Vorstellens". Indem Frege die Färbungen dem Vorstellungsbereich zurechnet, muß er für das Verhältnis von Zeichen und Färbung auch die zwischen Zeichen und Vorstellung bestehende semantische Relation übernehmen. Während er das Verhältnis Zeichen–Bedeutung als Bezeichnungsrelation und das Verhältnis Zeichen–Sinn als Ausdrucksrelation versteht, betrachtet er das Verhältnis Zeichen–Vorstellung als Ursache–Wirkungsrelation (pp. 55 f.)[47]). Zunächst bringt Frege mit der Lautmalerei ein Beispiel dafür, daß die Zeichen direkt die Vorstellungen verursachen, wobei er die „Laute" „sinnliche Reize" nennt, fährt dann aber so fort, daß Worte auch vermittels des Sinns Vorstellungen hervorriefen, die allerdings ganz unterschiedlich ausfallen könnten. Um nun das Vorstellen in bestimmter Weise zu beeinflussen, kann man nach Frege verschiedene Worte desselben Sinns aber unterschiedlicher Färbung verwenden. Wenn man z.B. von einem

Köter statt von einem Hund spreche, so werde damit ein „Wink“ gegeben, „sich den Hund etwas ruppig vorzustellen“ (p. 56). Frege ist sich also zumindest in seinen späteren Schriften klar darüber gewesen, daß das Phänomen der Färbung nicht einfach dadurch zu erklären ist, daß das Vorstellen nur *direkt* durch ein Zeichen ursächlich beeinflußt wird, sondern daß hierbei auch ein Inhaltsmoment eine Rolle spielt. Diese Tendenz der Fregeschen Auffassung wird (p. 60) deutlich, wo Frege einen Unterschied macht zwischen dem Inhalt und dem Gedanken eines Satzes. Allerdings hat Frege hieraus nicht mehr die ausdrückliche Konsequenz gezogen, die *Färbung* wenigstens zum Teil aus dem Bereich der Vorstellungen und der Subjektivität in den der Objektivität hinüberzunehmen. Frege lag nur daran, den Bereich des Sinns (des Gedankens) als objektiv nachzuweisen, und zwar vor allem, um die Rede von wahren und falschen Gedanken (Sätzen) zu ermöglichen, wobei er nur solche Inhalte zum Gedanken rechnet, die zu dessen Wahrheit oder Falschheit beitragen (pp. 56 f., 60 f.). Da Freges Begriff der Färbung das „Überbleibsel“ dieser Ausgrenzung ist, wird er auch nicht so klar formuliert wie seine Unterscheidung von Sinn und Bedeutung. Eine teilweise Rekonstruktion der Fregeschen Intentionen dürfte durch den Begriff der „emotive meaning“ von Stevenson u. a. gegeben sein. Allerdings wird auch hier nicht immer klar zwischen „emotive meaning“ im Sinne von *Verursachung* und im Sinne von *Inhalt* unterschieden[48]). Dieser Unterschied ist kurz gesagt folgender: Gewisse Prädikatoren, z. B. „Kommunist“ bewirken, obwohl ihr Inhalt wertneutral ist, meistens eine negative oder positive Einstellung demjenigen gegenüber, dem sie *zugesprochen* werden. Anders verhält es sich z. B. mit dem Ausdruck „Prädikator“, dessen Inhalt sicher noch „harmloser“ ist als der eben besprochene Fall. Seine Verwendung erweckt (verursacht) bisweilen Zustimmung oder Ablehnung demjenigen gegenüber, der ihn *verwendet.* Dies hängt damit zusammen, daß solche Ausdrücke eine Schulzugehörigkeit u. a. zu signalisieren scheinen. In den genannten beiden Fällen sprechen wir besser von „emotive force“ statt von „emotive meaning“. Verwendet man dagegen Ausdrücke wie „Köter", so gibt man durch den *Inhalt* dieser Worte seine Ablehnung gegenüber einem bestimmten Hund zu verstehen. Hier eignet sich deshalb der Terminus „emotive meaning". „Emotive meaning" in diesem Sinne unterscheidet sich von dem, was Frege „Sinn" nennt nur dadurch, daß eine Bewertung vorliegt, die aber genauso *allgemein* verstehbar und damit „objektiv" ist, wie der Sinn des Wortes „Hund".

Außer bei Bewertungen liegt nach Frege auch Färbung vor, wenn ein Ausdruck oder Satzteil besonders betont oder hervorgehoben wird, um auf Gefühle zu wirken (p. 56) oder die Aufmerksamkeit in bestimmter Weise zu lenken (p. 58). Dies geschieht durch besondere Satzstellung, z. B. die grammatischen Formen des Aktivs und Passivs (p. 58), oder durch Rhythmus, Tonfall und Füllwörter („leider", „gottlob", „schon", „aber" etc.)[49]).

Von Dichtung, Gebrauchssprache und Wissenschaft sagt Frege nun, daß solche Mittel der Färbung in allen drei Bereichen auftreten, und zwar in der Dichtung stärker als in der Gebrauchssprache (p. 54). In der Wissenschaft sollten sie eigentlich nicht vorkommen; „denn die strenge Wissenschaft ist auf die Wahrheit gerichtet und nur auf die Wahrheit"[50]), aber völlig vermeidbar sind sie nach Frege auch hier nicht. Der Unterschied zur Gebrauchssprache besteht darin, daß diese eben nicht „nur auf die Wahrheit gerichtet" ist. Abgesehen von den bereits in I besprochenen Fällen (Imperativ etc.) heißt dies nun auch für Aussagesätze (Behauptungssätze), daß sie der Gebrauchssprache zuzurechnen sind, wenn mit ihnen noch ein anderer Zweck verfolgt wird als der, eine wahre Aussage zu machen (p. 56). Da für Frege in der Dichtung die Wahrheit „gleichgültig" ist, wie in I ausgeführt wurde, kann für sie dieser Nebenzweck der Gebrauchssprache als „dichterischer Wert" wesentlich werden; denn was „wesentlich ist, hängt von dem Zwecke ab. Dem auf das Schöne in der Sprache gerichteten Sinne kann gerade das wichtig erscheinen, was dem Logiker gleichgültig ist".[51])

In dieser Einleitung wurde zu zeigen versucht, daß Freges Bemühungen um die Logik auch ein großes Stück

Sprachphilosophie hervorgebracht haben. Das Schwergewicht lag hierbei auf der Rekonstruktion einer Unterscheidung von Gebrauchssprache, Dichtung und Wissenschaft aus verstreuten Bemerkungen Freges. Auf einen Kommentar der einzelnen in den vorliegenden Schriften enthaltenen logischen und sprachphilosophischen Analysen wurde verzichtet, da diese Aufgabe dem Anmerkungsteil zugedacht ist. Lediglich einige kurze Hinweise auf den Inhalt der Schriften seien noch angefügt.

Über die Stücke *Dialog mit Pünjer über Existenz* und *Logische Allgemeinheit* gibt der Titel Auskunft. *Logik* und *17 Kernsätze zur Logik* setzen sich vor allem mit dem Psychologismus auseinander und analysieren den Wahrheitsbegriff. In *Ausführungen über Sinn und Bedeutung* wird die in *Über Sinn und Bedeutung* auf Eigennamen beschränkte Unterscheidung von Sinn und Bedeutung auf Begriffsausdrücke erweitert. *Einleitung in die Logik* behandelt „Gedanke", „Urteil", „hypothetische Satzverbindung", „Allgemeinheit" und „Sinn und Bedeutung". *Logik in der Mathematik* legt Freges Systemgedanken für die Mathematik dar und enthält neben einer losen Darstellung nahezu aller Ansichten Freges vor allem eine Zusammenfassung seiner definitionstheoretischen Überlegungen.

Anmerkungen zur Einleitung

Ziffern in Winkelklammern beziehen sich auf die Bibliographie

1 In diese Einleitung sind Teile des Aufsatzes *G. Frege über semantische Eigenschaften der Dichtung* ⟨34'⟩ eingegangen. Seitenangaben ohne weitere Hinweise beziehen sich auf die vorliegende Auswahl.

2 Zur Auseinandersetzung mit der „psychologischen Logik" cf. pp. 23 f., 59 ff.; ferner *Grundgesetze der Arithmetik* I ⟨23⟩, pp. XIV ff. und *Der Gedanke* ⟨41⟩.

3 Cf. z. B. *Über Begriff und Gegenstand* ⟨21⟩, pp. 195 f. und *Der Gedanke* ⟨41⟩, p. 66, Anm.

4 Cf. hierzu *Begriffsschrift* ⟨7⟩ und *Grundgesetze der Arithmetik* I ⟨23⟩ / II ⟨30⟩.

5 *Begriffsschrift* ⟨7⟩, p. IV und *Nachgelassene Schriften* ⟨50⟩, p. 273.
6 *Begriffsschrift* ⟨7⟩, p. IV.
7 *Über die wissenschaftliche Berechtigung einer Begriffsschrift* ⟨11⟩, p. 55.
8 *Nachgelassene Schriften* ⟨50⟩, p. 272.
9 Cf. z. B. seinen Vergleich des Verhältnisses von *Begriffsschrift* und *Sprache des Lebens* mit dem Verhältnis von *Mikroskop* und *Auge, Begriffsschrift* ⟨7⟩, p. V.
10 *Über Sinn und Bedeutung* ⟨20⟩, pp. 27 f.
11 So hat Frege z. B. in der von ihm veröffentlichten Fassung von *Über Begriff und Gegenstand* ⟨21⟩ die in der ursprünglichen Fassung enthaltene Bemerkung „denn nur auf die deutsche Sprache bezieht sich zunächst mein Kennzeichen" gestrichen. Cf. *Nachgelassene Schriften* ⟨50⟩, p. 103.
12 Cf. *Ch. E. Caton* (Hrsg.): *Philosophy and Ordinary Language.* Urbana, 1963, pp. V—XI.
13 Cf. z. B. *W. Kamlah* und *P. Lorenzen: Logische Propädeutik.* Mannheim, 1967, pp. 23 ff.
14 Cf. Das Zitat zu Anm. 8; ferner hier pp. 61, 83, 86 f.
15 Cf. zu diesem Sprachgebrauch *K. Lorenz: Elemente der Sprachkritik. Eine Alternative zum Dogmatismus und Skeptizismus in der Analytischen Philosophie.* Frankfurt, 1970, pp. 37 f.
16 *Über die wissenschaftliche Berechtigung einer Begriffsschrift* ⟨11⟩, p. 50
17 *Begriffsschrift* ⟨7⟩, § 3; ferner hier pp. 28, 58, 61.
18 *Begriffsschrift* ⟨7⟩, § 9.
19 *Über Begriff und Gegenstand* ⟨21⟩, p. 201.
20 Ibid., pp. 201 f.
21 Der *Unterordnung* entspricht bei *Russell* die *formale Implikation,* der *gegenseitigen Unterordnung* die *formale Äquivalenz.* Cf. Anm. 6, p. 179 und Anm. 12, p. 180 zu *Einleitung in die Logik;* ferner p. 87.
22 Dieses Ergebnis bahnt sich im hier abgedruckten *Dialog mit Pünjer über Existenz* erst an. Cf. aber Anm. 13, p. 174 zum *Dialog;* ferner *Über Begriff und Gegenstand* ⟨21⟩, p. 200, wo Frege sagt, daß Aussagen der Art „es gibt Julius Cäsar" Unsinn seien.
23 *Über Sinn und Bedeutung* ⟨20⟩, pp. 29 ff.
24 „Satz" wird hier zunächst nur im Sinne von „Aussagesatz (Behauptungssatz)" verstanden. Zur Erweiterung auf andere als Aussagesätze cf. pp. XXII f.

25 Das gleiche gilt auch für Ausdrücke von Beziehungen. Diese sind im Gegensatz zu den einstelligen Begriffsausdrücken zweistellig. Begriffe und Beziehungen werden bei Frege verstanden als solche Funktionen, deren Wert für jedes (zulässige) Argument stets einer der beiden Wahrheitswerte ist (p. 155; cf. ferner: *Funktion und Begriff* ⟨18⟩, pp. 15 f.). Der Einfachheit wegen ist im folgenden nur von „Begriffsausdrücken" bzw. „Prädikatoren" die Rede.

26 *Über Sinn und Bedeutung* ⟨20⟩, p. 33.

27 Ibid.

28 Cf. p. XXIII und Anm. 41.

29 Ein einziger solcher Satz kann als Grenzfall eines Textes der Dichtung verstanden werden.

30 Einen Hinweis auf die folgende Interpretation könnte man in Freges Bemerkung sehen, daß eine Wissenschaft „ein Ganzes verbundener Wahrheiten" sei. Cf. *Nachgelassene Schriften* ⟨50⟩, p. 183.

31 Die Bemerkung, daß in der Dichtung die Wörter *nur* einen Sinn haben (p. 25) wird (p. 32) richtiggestellt, wenn es heißt, daß der Dichtung der Sinn *genügt*. Hiermit ist nämlich nicht ausgeschlossen, daß *außerdem* eine Bedeutung vorhanden ist.

32 Cf. auch *Der Gedanke* ⟨41⟩, p. 63.

33 Cf. hier p. 41, Anm.*. Der Terminus „ungerade Bedeutung" wird von Frege in *Über Sinn und Bedeutung* ⟨20⟩, pp. 28 ff. ausführlich erläutert. Cf. außerdem *Nachgelassene Schriften* ⟨50⟩, p. 276.

34 Cf. vom Hrsg. *Frege über semantische Eigenschaften der Dichtung* ⟨34'⟩, pp. 13 f.

35 Die Aussage in *Über Sinn und Bedeutung* ⟨20⟩, p. 33, daß wir uns schon mit der „Frage nach der Wahrheit ... einer wissenschaftlichen Betrachtung zuwenden", wird hier von Frege eingeschränkt.

36 *Über Sinn und Bedeutung* ⟨20⟩, p. 38.

37 *Nachgelassene Schriften* ⟨50⟩, p. 183.

38 Cf. Freges ähnliche Formulierung für Behauptungen (pp. 41 f.).

39 In *Der Gedanke* ⟨41⟩, p. 62 wird allerdings den Fragesätzen, sofern sie Satzfragen ausdrücken, eine Zwischenstellung zugesprochen, da auf sie mit ja bzw. nein geantwortet werden kann, also über Wahrheit bzw. Falschheit befunden werden kann. Angedeutet ist diese Auffassung der Fragesätze hier p. 54.

40 Mit diesen Andeutungen hat Frege die Unterscheidung *J. L. Austins* zwischen performativen und konstatierenden Äuße-

rungen vorweggenommen. Cf. dessen Aufsatz *Performatif – Constatif.* Deutsche Übers. in *R. Bubner* (Hrsg.): *Sprache und Analysis.* Göttingen, 1968, pp. 140–153.

41 Cf. *Grundgesetze der Arithmetik* I ⟨23⟩, § 33, 1; ferner: *Über Sinn und Bedeutung* ⟨20⟩, p. 41, wo Frege diese Forderung allgemein für die Sprache der Wissenschaft, die Begriffsschrift formuliert. Er spricht dort zwar nur (unter Beschränkung auf Eigennamen) von der Forderung, (wenigstens) eine Bedeutung zu sichern und nicht auch von der Forderung, höchstens eine Bedeutung zu sichern; aber dies liegt nur am Kontext seiner Argumentation. Ansonsten fordert Frege ausdrücklich die Eindeutigkeit. Cf. z. B. *Über die wissenschaftliche Berechtigung einer Begriffsschrift* ⟨11⟩, p. 50 und hier pp. 130, 144.

42 Cf. das in Anm. 41 zu der Forderung „höchstens eine Bedeutung" Gesagte.

43 In *Über Sinn und Bedeutung* ⟨20⟩, p. 41 fordert Frege jedenfalls nur, daß „wenigstens für die Wissenschaft" diese Sicherung vorgenommen wird.

44 Cf. ferner pp. 99, 110; *Der Gedanke* ⟨41⟩, p. 64 und *Über die wissenschaftliche Berechtigung einer Begriffsschrift* ⟨11⟩, p. 51.

45 *Über Sinn und Bedeutung* ⟨20⟩, p. 30.

46 Ibid., p. 31.

47 Cf. ferner *Der Gedanke* ⟨41⟩, p. 63, wo der Terminus „Vorstellung" aber nicht (mehr) vorkommt!

48 Cf. hierzu den klärenden Artikel „Emotive meaning" von *W. P. Alston* in: *The Encyclopedia of Philosophy.* Ed. *P. Edwards.* New York, London, 1967, II, pp. 486–493.

49 Cf. hierzu *Der Gedanke* ⟨41⟩, pp. 63 f.

50 Ibid., p. 63.

51 Ibid., p. 64.

GOTTLOB FREGE

Schriften zur Logik und Sprachphilosophie

Aus dem Nachlaß

[Dialog mit Pünjer über Existenz.][1])

[Vor 1884]

[I. *Der Dialog.*]

1. *Pünjer:* „Einiges hat nicht das Merkmal des Fliegens, gehört aber doch unter den Begriff ‚Vogel'". Ist dies gleichbedeutend mit „Unter dem, was *ist*, ist einiges, was nicht das Merkmal des Fliegens hat, aber doch unter den Begriff ‚Vogel' fällt"?

2. *Frege:* Was heißt *ist*?

3. *P.:* Es ist etwas *Erfahrbares* (für uns).[2])

4. *Fr.:* Ist es nicht überflüssig, die Erfahrbarkeit von etwas auszusagen?

5. *P.:* Nein, da wir die Fähigkeit haben, durch freie Umbildung der von der Erfahrung hergenommenen Vorstellungen, uns Vorstellungen zu bilden, denen nichts Erfahrbares entspricht.

6. *Fr.:* Ist in dem Satz „*A* ist etwas Erfahrbares" das nicht sprachliche, sondern sachliche Subjekt *A* oder die Vorstellung von *A*?

7. *P.:* *A*.

8. *Fr.:* „Die Aussage ‚*A* ist nicht erfahrbar' ist die Verneinung der Aussage ‚*A* ist erfahrbar'". Ist das richtig?

9. *P.:* Ja, wenn unter „*A* ist nicht erfahrbar" verstanden wird: Der Satz „*A* ist erfahrbar", ist falsch.

10. *P.:* Die Aussage „*A* ist nicht erfahrbar" ist nicht möglich. Daher ist die Frage unsinnig. Auch die Verneinung der Erfahrbarkeit hat keinen Sinn.

11. *Fr.:* Dann scheint es mir überflüssig zu sein, die Erfahrbarkeit von etwas auszusagen.

12. *P.:* „Es gibt Menschen" heißt „Dem Begriff Mensch entspricht etwas Erfahrbares" oder „Etwas von dem Erfahrbaren fällt unter den Begriff Mensch". „Es gibt keine Zentauren" heißt „Der

Vorstellung oder dem Begriff[3]) Zentaur entspricht nichts Erfahrbares".

13. *Fr.*: Hier gehört die Verneinung zu dem „entspricht".

14. *P.*: Ja. Oder keins von dem Erfahrbaren fällt unter den Begriff Zentaur.

15. *Fr.*: Durch die Aussage der Erfahrbarkeit wird dasjenige, von dem sie ausgesagt wird, nicht irgendwie bestimmt.

16. *P.*: Nein. Dies ist der Unterschied dieser Aussage von den anderen.

17. *Fr.*: Es scheint mir danach immer noch so, als ob es überflüssig sei, die Erfahrbarkeit von etwas auszusagen, weil man dadurch nichts Neues über das erfährt, von dem sie ausgesagt wird. Sie erklärten eben „Es gibt" und weshalb solche Urteile nicht überflüssig seien, aber nicht, daß das Urteil „Dies ist erfahrbar" nicht überflüssig sei.

18. *P.*: „Dies ist erfahrbar" heißt: „Die Vorstellung von dem „dies" ist nicht eine Halluzination, nicht etwas bloß von mir aus Gebildetes; sondern die Vorstellung ist gebildet aus Anlaß einer Affektion des Ich durch das dies".

19. *Fr.*: Sie unterscheiden also zwei Arten von Vorstellungen?

20. *P.*: Ja; es gibt zwei Arten von Vorstellungen: die einen, die gebildet werden bloß vom Ich heraus, die anderen, die auf Grund einer Affektion des Ich gebildet werden. Um diese zu unterscheiden, sage ich: die Gegenstände der letzteren Vorstellungen sind erfahrbar; den ersteren entsprechen keine erfahrbaren Gegenstände.

21. *Fr.*: Danach scheint es mir, als ob das sachliche Subjekt bei Ihrer Auffassung die Vorstellung sei. Geben Sie nicht zu, daß in jeder materiellen Aussage das sachliche Subjekt in eine Klasse gebracht werde und dadurch von anderem unterschieden werde, was nicht in diese Klasse fällt?

22. *P.*: Das gebe ich zu; aber die Aussage der Existenz ist keine materielle. Ich gebe es nicht zu, wenn

unter „materiell“ verstanden wird, „nicht selbstverständlich“, „nicht ein bloß logisches Gesetz enthaltend“.

23. *Fr.:* In den Sätzen „Es gibt Menschen“ und „Es gibt keine Zentauren“ findet auch eine Klassifikation statt. Sie klassifizieren aber nicht das Ding, das in dem einen Falle gar nicht da ist, in dem anderen nicht in eine von zwei Klassen eingereiht wird, sondern Sie klassifizieren die Begriffe „Mensch“ und „Zentaur“, indem Sie den einen in die Klasse von Begriffen bringen, unter die etwas fällt, den anderen von dieser Klasse ausschließen. Deshalb meine ich, daß in diesen Sätzen die Begriffe die sachlichen Subjekte sind. Wenn Sie sagen „Dies ist erfahrbar“ in dem Sinne „Diese meine Vorstellung ist nicht bloß etwas von mir aus Gebildetes“, so klassifizieren Sie die Vorstellung. Sie bringen sie in eine der beiden von Ihnen vorhin unterschiedenen Arten. Deshalb meine ich, ist die Vorstellung hier das sachliche Subjekt. Sie können es auch sprachlich so ausdrücken: die Vorstellung hat die Eigenschaft, daß ihr etwas entspricht.

24. *P.:* Es wird hier darauf ankommen, was Negation ist. Die Negation ist nur nach einer vorangehenden Position möglich. Wenn wir daher sagen „Zentauren existieren nicht“, so ist das nur dadurch möglich, daß wir sie erst außer uns denken. Wir haben den doppelten Grund, die Existenz abzusprechen: 1. einem logischen Widerspruch, 2. [einem Widerspruch] außerhalb des Begriffes oder der Vorstellung in der Erfahrung. Also ist nicht eigentlich die Vorstellung oder der Begriff das sachliche Subjekt.

25. *Fr.:* Hiermit geben Sie nur den Grund an, auf den hin wir das Urteil über Existenz fällen. Man kann auch ein Urteil wie „Es gibt Quadratwurzeln aus 4“ aus dem Begriffe der Quadratwurzel aus 4 ableiten.

26. *P.*: „Es gibt Quadratwurzeln aus 4" heißt nicht: „es ist etwas Erfahrbares, was unter den Begriff Quadratwurzel aus 4 fällt", sofern wir unter Erfahrbarem etwas Selbständiges, für sich Seiendes verstehen. Zahlen existieren nur an etwas. Daher ist dies Urteil wesentlich verschieden von dem „es gibt Menschen". Ich werde nie sagen: „4 existiert". Ebensowenig: „eine Quadratwurzel aus 4 existiert". Das „es gibt" wird hier in einem anderen Sinne gebraucht. Es heißt: die 4 hat die Eigenschaft, daß sie durch Multiplikation einer Zahl mit sich selbst entstehen kann, daß man eine Zahl finden kann, die mit sich selbst multipliziert 4 gibt. Wir können das Urteil nur fällen, wenn wir vorher den Satz $2^2 = 4$ (oder $(-2)^2 = 4$) gebildet haben. Dies ist das Übereinstimmende mit den sonstigen Existentialurteilen, wie „es gibt Menschen".

27. *Fr.*: Es wurde mir früher[4]) bei dem Beispiele „es gibt Quadratwurzeln aus 4" eingewandt, es sei ein Existentialurteil: Jetzt scheinen Sie es nicht dahin zu rechnen, weil Sie nicht sagen wollen: „Eine Quadratwurzel aus 4 existiert".

28. *P.*: „Es gibt Quadratwurzeln aus 4" ist ein Existentialurteil.

---

29. *Fr.*: (zu 18) Der Satz „Die Vorstellung von dem Dies ist aus Anlaß einer Affektion des Ich durch das Dies gebildet" ist, wenn sein Inhalt überhaupt rechtmäßig gebildet werden darf, selbstverständlich; denn man kann den Ausdruck „Die Vorstellung von dem Dies" nicht gebrauchen, bevor man nicht das Urteil „Dieser meiner Vorstellung entspricht etwas", oder „Diese meine Vorstellung ist aus Anlaß einer Affektion des Ich gebildet", bevor man, sage ich, dies Urteil nicht gefällt hat.[5]) Erst dann kann man das, was affiziert hat, was meiner Vorstellung entspricht, „Dies" nennen.

30. *P.*: „Die Vorstellung von dem Dies ist aus Anlaß einer Affektion des Ich durch das Dies gebildet" ist nur ein anderer Ausdruck für „Dieser meiner Vorstellung entspricht etwas Erfahrbares".

31. *Fr.*: Ich verstehe Ihre Äußerung (20) so: Wenn Sie sagen wollen: *B* ist eine Vorstellung, die nicht bloß vom Ich heraus, sondern auf Grund einer Affektion des Ich gebildet wird, so drücken Sie das aus: „Der Gegenstand von *B* ist erfahrbar". Beide Ausdrücke sind gleichbedeutend. Ist dies so?

32. *P.*: Ich würde sagen statt „*B* ist eine Vorstellung, die etc." „Die Vorstellung *B* wird etc.", indem ich gleich voraussetze, daß *B* eine Vorstellung sei.

33. *Fr.*: Ich gebe es zu, daß es nicht selbstverständlich und überflüssig ist, zu sagen: „Die Vorstellung *B* wird nicht bloß vom Ich heraus, sondern auf Grund einer Affektion des Ich gebildet"; denn nicht jede Vorstellung wird auf Grund einer Affektion des Ich gebildet, oder es kann wenigstens streitig sein. Die Verneinung davon würde sein: „Die Vorstellung *B* wird nicht auf Grund einer Affektion des Ich gebildet", wenn wir voraussetzen, daß *B* eine Vorstellung sei.[6]) Diese Verneinung hat dann einen vollkommen guten Sinn und deshalb ist es nicht überflüssig und selbstverständlich, den Satz selbst: „Die Vorstellung *B* wird auf Grund einer Affektion des Ich gebildet" auszusprechen, oder den, wie Sie wollen, gleichbedeutenden „Der Gegenstand von *B* ist erfahrbar". Wenn aber diese beiden Ausdrücke gleichbedeutend sind, so kann man in dem Urteile „Die Verneinung des Satzes 'Die Vorstellung *B* wird auf Grund einer Affektion des Ich gebildet' hat einen guten Sinn" an die Stelle von „Die Vorstellung *B* wird auf Grund einer Affektion des Ich gebildet" setzen „Der Gegenstand von *B* ist erfahrbar" und erhält

dann das Urteil: Die Verneinung des Satzes „Der Gegenstand von *B* ist erfahrbar“ hat einen guten Sinn. Dies widerspricht Ihrer früheren Aufstellung.

34. *P.*: Es liegt kein Widerspruch darin, die Verneinung der Aussage „Der Gegenstand der Vorstellung *B* ist erfahrbar“ als zulässig zu bezeichnen, dagegen die Verneinung der Aussage „Der Gegenstand *B'*[7]) ist erfahrbar“ als unzulässig.

35. *Fr.*: Wenn ich Sie recht verstehe, löst sich der Widerspruch so: In dem Ausdrucke „Der Gegenstand der Vorstellung“ ist „Gegenstand“ in einem anderen Sinne gebraucht wie in „Der Gegenstand *A* ist erfahrbar“.

36. *P.*: Nein. Das Wort „Gegenstand“ hat dieselbe Bedeutung, aber „Gegenstand der Vorstellung“ bedeutet etwas anderes als „der Gegenstand“.

37. *Fr.*: Liegt eine bloße Beschränkung in dem Zusatze „der Vorstellung“?

38. *P.*: „Gegenstand“ für sich bedeutet Gegenstand, der nicht bloß Gegenstand der Vorstellung ist, sondern der Erfahrung. Eigentlich müßte der Gegensatz heißen: Gegenstand der Vorstellung — Gegenstand der Erfahrung.

---

39. *P.*: (in Beziehung auf (26) und (27)): Zahl ist nicht in demselben Sinne erfahrbar wie Paul.

40. *Fr.*: Sie unterscheiden also zwei Sinne des Wortes „erfahrbar“?

41. *P.*: Nein. Die Zahl ist in demselben allgemeinen Sinne erfahrbar. Der Begriff des Erfahrbaren ist in beiden Fällen derselbe, ist derselbe, mag ich Zahl, Ding, Farbe erfahrbar nennen.

42. *Fr.*: Sie verstehen unter „Erfahrbarem“ nicht immer etwas selbständiges Erfahrbares?

43. *P.*: Erfahrbar ist auch, was nicht selbständig erfahrbar ist, wie z. B. eine Farbe, die nur an etwas erfahrbar ist.

44. *Fr.*: Sie sagten (26), daß Sie nicht sagen würden „4

existiert". Brauchen Sie hier „existieren" in demselben Sinne wie „erfahrbar sein"?

45. *P.*: Ja, ich nehme zurück, daß ich nicht sagen würde: „4 existiert", „eine Quadratwurzel aus 4 existiert".

46. *Fr.*: Der Unterschied in den Urteilen „Es gibt Menschen" und „Es gibt Quadratwurzeln aus 4" liegt nicht in dem „es gibt" sondern in der Verschiedenheit der Begriffe „Mensch" und „Quadratwurzel aus 4". Unter einem Menschen denken wir uns etwas Selbständiges, unter Quadratwurzel aus 4 nicht.

47. *P.*: Damit bin ich einverstanden.

48. *Fr.*: Ist der Satz „*A* ist erfahrbar" richtig, wenn unter *A* eine Vorstellung verstanden wird?

49. *P.*: Ja. Eine Vorstellung ist erfahrbar.

50. *Fr.*: Gibt es eine Vorstellung von einer Vorstellung?

51. *P.*: Es gibt Vorstellungen von Vorstellungen.

52. *Fr.*: Sie nannten einmal die Vorstellung ein schwankendes Bild, eine Reihe von Anschauungen. Welches sind nun die Anschauungen, aus denen die Vorstellung der Vorstellung *A* besteht?

53. *P.*: Die einzelnen Tätigkeiten der Vorstellung *A* sind diese Anschauungen.

54. *Fr.*: Ist Tätigkeit des Vorstellens gleichbedeutend mit Vorstellung?

55. *P.*: Ja.

56. *Fr.*: Wir unterscheiden also Tätigkeit des Vorstellens mit Unrecht von Vorstellung?

57. *P.*: Ja.

58. *Fr.*: Aus Ihren Äußerungen (18) und (30) folgt, daß „dies ist erfahrbar" gleichbedeutend ist mit „Dieser meiner Vorstellung entspricht etwas Erfahrbares". Hier ist „erfahrbar" durch sich selbst erklärt.

59. *P.*: Es soll auch keine Erklärung sein. Ich bleibe dabei, daß der Ausdruck „Die Vorstellung von dem Dies" immer gebraucht werden kann.

60. *Fr.*: Hat jede Vorstellung einen Gegenstand?

61. *P.*: Ja. Jede Vorstellung hat notwendig einen Gegenstand. „Gegenstand der Vorstellung" ist dasselbe wie „Inhalt der Vorstellung".

62. *Fr.*: Ist der Inhalt der Vorstellung *A* dasselbe wie *A*?

63. *P.*: Nein. Das Vorstellungsbild ist das schwankende Bild. Genau genommen ist das Vorstellungsbild von der Vorstellung zu unterscheiden. Bei Vorstellungsbild wird von der Tätigkeit abgesehen.

64. *Fr.*: Ist Gegenstand der Vorstellung verschieden von Vorstellungsbild?

65. *P.*: Ja.[8])

66. *Fr.*: Wenn Sie eine Fata Morgana sehen oder eine Halluzination haben, was ist da Gegenstand der Vorstellung? (Antwort schuldig geblieben).

---

67. *Fr.*: Geben Sie zu, daß die Verneinung des Satzes „Der Gegenstand von *B* ist erfahrbar" einen guten Sinn hat?

68. *P.*: Ja.

69. *Fr.*: Geben Sie zu, daß man den Gegenstand der Vorstellung *B* *A* nennen kann?

70. *P.*: Ja.

71. *Fr.*: Dann geben Sie zu, daß die Verneinung des Satzes „*A* ist erfahrbar" einen guten Sinn habe.

72. *P.*: Ja. Aber in Ihrer Frage (8) war unter *A* nicht ein Gegenstand der Vorstellung, sondern der Erfahrung verstanden.

73. *Fr.*: Ich habe von *A* weder gesagt, daß es Gegenstand der Erfahrung noch, daß es Gegenstand der Vorstellung sein solle, sondern es ganz unbestimmt gelassen. Daher habe ich Ihre Antwort (10) allgemeiner verstanden, als Sie sie jetzt zu verstehen scheinen. Übrigens lag es näher, *A* als Gegenstand der Vorstellung zu verstehen, da ich in (6) den Ausdruck „Vorstellung von *A*" gebraucht hatte.

74. *P.*: Es war aber doch darin unter *A* ausdrücklich ein Gegenstand der Erfahrung verstanden.

75. *Fr.*: Das sehe ich nicht. Vielleicht kommen wir so

weiter: Geben Sie zu, daß es Gegenstände von Vorstellungen gibt, die nicht durch Affektion des Ich entstanden sind?

76. *P.*: Ja.

77. *Fr.*: Geben Sie zu, daß Gegenstände von Vorstellungen, die nicht durch Affektion des Ich entstanden sind, nicht existieren?

78. *P.*: Ja.

79. *Fr.*: Daraus folgt, daß es Gegenstände von Vorstellungen gibt, die nicht durch Affektion des Ich entstanden sind, die also nicht existieren. Wenn Sie nun das Wort „existieren" in demselben Sinne gebrauchen, wie den Ausdruck „es gibt", so haben Sie hier demselben Subjekte dasselbe Prädikat zu- und zugleich abgesprochen. Der Schluß ist richtig; denn der Begriff „Gegenstände von Vorstellungen, die nicht durch Affektion des Ich entstanden sind", ist in den beiden Prämissen genau derselbe und ebenso genau derselbe, wie im Schlußsatze. Geben Sie das zu?

80. *P.*: Ja. Aber das Wort „es gibt" ist hier mißbräuchlich gebraucht.

81. *Fr.*: Dann setzen Sie dafür einen anderen Ausdruck, der die Sache besser ausdrückt.

82. *P.*: Das geht nicht, der würde dann wieder das nicht sagen, was ausgedrückt werden soll.

83. *Fr.*: Wir haben also hier nach Ihrer Meinung einen sachlichen Widerspruch, in den die Vernunft notwendig gerät; denn durch bloße Änderung der Ausdrucksweise kann ihm nicht abgeholfen werden.

84. *P.*: Bevor wir die Existenz von irgend etwas verneinen, müssen wir es als existierend vorstellen, um ihm dann die Existenz abzusprechen. Aber ich glaube, wir kommen auf diese Weise nicht weiter. Wie erklären Sie „es gibt Menschen"?
(Das hier Folgende ist weggelassen, weil es sich als Zirkel erwies, indem wir wieder auf die Frage kamen:)

85. *P.*: Wie erklären Sie „Es gibt lebende Wesen"?

86. *Fr.*: Das erkläre ich so: der Satz, daß, was ich auch unter *A* verstehen möge, *A* nicht unter den Begriff „lebendes Wesen" falle, ist falsch.

87. *P.*: Was soll unter *A* gedacht werden können?

88. *Fr.*: Die Bedeutung, die ich *A* gebe, soll gar keiner Beschränkung unterworfen sein. Wenn ich etwas davon aussagen soll, so kann es nur etwas Selbstverständliches sein, wie z. B. $A = A$.

89. *P.*: Der Fehler beruht darauf, daß Sie in dem *A* immer ein Seiendes denken und also das „es gibt" einfach voraussetzen.

90. *Fr.*: Ich unterwerfe *A* nicht der Beschränkung, daß es etwas Seiendes sei, sofern nicht unter Sein etwas Selbstverständliches verstanden wird, so daß keine Beschränkung darin liegt.

91. *P.*: Was ist „selbstverständlich"?

92. *Fr.*: Selbstverständlich nenne ich eine Aussage, welche dasjenige, von dem sie ausgesagt wird, nicht näher bestimmt.

93. *P.*: Sie kennen nur Aussagen, die von etwas gemacht werden?

94. *Fr.*: „Es gibt Aussagen, die nicht von etwas gemacht werden" würde heißen: „Es gibt Urteile, in welchen ein Subjekt von einem Prädikat nicht unterschieden werden kann".

95. *P.*: Was verstehen Sie unter etwas, von dem etwas ausgesagt werden kann?

96. *Fr.*: Was zum Subjekte eines Urteils gemacht werden kann.

[97.] *Fr.*: „Einige Menschen sind Deutsche" bedeutet dasselbe wie „Es gibt deutsche Menschen". Aus dem Satze: „Sachse[9]) ist ein Mensch" folgt ebenso „Es gibt Menschen" wie aus den Sätzen „Sachse ist ein Mensch", „Sachse ist ein Deutscher" folgt: „Einige Menschen sind Deutsche" oder „es gibt deutsche Menschen".

[98.] *P.:* „Einige Menschen sind Deutsche" bedeutet nicht dasselbe wie „Es gibt deutsche Menschen". Sie dürfen aus dem Satze „Sachse ist ein Mensch" allein nicht schließen „Es gibt Menschen", sondern Sie bedürfen dazu noch des Satzes: „Sachse existiert".

[99. *Fr.:*] Hierauf würde ich sagen: Wenn „Sachse existiert" heißen soll „Das Wort 'Sachse' ist nicht ein leerer Schall, sondern bezeichnet etwas", so ist es richtig, daß die Bedingung „Sachse existiert" erfüllt sein muß. Dies ist aber keine neue Prämisse, sondern die selbstverständliche Voraussetzung[10]) bei allen unseren Worten. Die Regeln der Logik setzen immer voraus, daß die gebrauchten Worte nicht leer sind, daß die Sätze Ausdrücke von Urteilen sind, daß man nicht mit bloßen Worten spiele. Sobald „Sachse ist ein Mensch" ein wirkliches Urteil ist, muß das Wort „Sachse" etwas bezeichnen und dann gebrauche ich eine weitere Prämisse nicht, um daraus zu schließen, „Es gibt Menschen". Die Prämisse „Sachse existiert" ist überflüssig, wenn sie etwas anderes bedeuten soll, als jene selbstverständliche Voraussetzung bei allem unserem Denken. Können Sie ein Beispiel angeben, wo ein Satz von der Form „*A* ist ein *B*" einen Sinn hat und wahr ist, [in dem][a]) *A* der Name eines Einzelnen ist, während „es gibt *B*'s" falsch ist? „Einige Menschen sind Deutsche" kann man auch so ausdrücken „Ein Teil der Menschen fällt unter den Begriff 'Deutscher'". Hierbei ist aber unter Teil ein nicht verschwindender Teil zu verstehen, ein Teil, der Individuen enthält. Wäre das nicht der Fall, gäbe es keine Menschen, die Deutsche sind, so würde man sagen: „Kein Mensch ist ein Deutscher"; dies ist aber das kontradiktorische Gegenteil von „Einige Menschen

---

[a] Im Manuskript steht: „indem".

sind Deutsche". Daher kann umgekehrt aus „Einige Menschen sind Deutsche" gefolgert werden „es gibt deutsche Menschen". „Einige Menschen sind Deutsche" kann man auch so ...[a])

[II. *Freges Nachwort.*]

Formulierung der Streitfrage

Wir betrachteten die Sätze „Dieser Tisch existiert" und „Es gibt Tische". Es fragte sich, ob in dem Worte „existiert" des ersteren Satzes im wesentlichen derselbe Inhalt liege wie in dem „es gibt" des zweiten.

Auch Sie bestritten, glaube ich, nicht, daß eine gewisse Verschiedenheit auch in dem Prädikate liege, daß der Unterschied nicht nur in der Verschiedenheit der Subjekte liege; aber Sie behaupteten trotzdem, daß im wesentlichen die Bedeutung dieselbe sei. Können Sie mir nun angeben, worin nach Ihrer Meinung das Gemeinsame bestehe, wie weit es gehe und wo die Verschiedenheit beginne?

Wir müssen uns darüber verständigen, wie ein partikulär bejahendes Urteil mit „einige" zu verstehen sei. Ich glaube, daß allgemein in der Logik es so verstanden werde, wie durch die erläuternden Zusätze „vielleicht auch alle, mindestens aber ein" deutlich wird, so daß also „Einige Menschen sind Neger" heißen würde „Einige, vielleicht auch alle, mindestens aber ein Mensch ist Neger".

Wenn hierüber Einverständnis herrscht, so kann man ein partikulär bejahendes Urteil, wie „Einige Menschen sind Neger" umkehren in „Einige Neger sind Menschen". Das Widerstrebende, das hierin zunächst liegt, hat darin seinen Grund, daß man unwillkürlich hinzudenkt: „aber einige Neger sind nicht Menschen". Dieser Nebengedanke wird durch unseren Zusatz „vielleicht auch alle" ausgeschlossen.

Sie wollten nun den Ausdruck „Menschen existieren" aufgefaßt wissen als gleichbedeutend mit „Einiges Existierende ist Mensch". Dieser Ausdruck hat das Mißliche, daß in ihm

---

[a] Hier bricht das Manuskript ab.

als Prädikat nicht das Existieren, sondern das Menschsein der sprachlichen Form nach auftritt. Nun soll aber sachlich das Existieren die Aussage sein. Wir können dies nun auch sprachlich zum Ausdruck bringen, indem wir umkehren: „Einige Menschen existieren" in dem Sinne „Einige, vielleicht auch alle, mindestens aber ein Mensch existiert". Dies ist dann also gleichbedeutend mit „Menschen existieren".

Ich habe nun Ihre Auffassung immer so verstanden, daß Sie den Unterschied der Bedeutung des Wortes „existieren" in den Sätzen „Leo Sachse existiert" und „Einige Menschen existieren" von derselben Art annehmen, wie den Unterschied der Bedeutung von „ist ein Deutscher" in den Sätzen „Leo Sachse ist ein Deutscher" und „Einige Menschen sind Deutsche", so daß „existiert" sich zu „existieren" in den ersten beiden Sätzen verhält wie „ist ein Deutscher" zu „sind Deutsche" in den letzten beiden Sätzen. Ich habe die Subjekte „Leo Sachse" und „einige Menschen" absichtlich in beiden Fällen gleich gewählt, um ihr Entsprechen anzudeuten. Ich glaube, daß man nur deshalb das „einige" wegläßt in dem Satze „Menschen existieren", um dem Einwande zu entgehen: „nicht alle?"

Ich glaube nun Ihren Feldzugsplan im Folgenden richtig wiederzugeben.

Sie wollten mich zunächst zu dem Zugeständnis bringen, daß „Es gibt Menschen" dasselbe bedeute wie „Unter dem Seienden ist einiges Mensch" oder „Ein Teil des Seienden ist Mensch" oder „Einiges Seiende ist Mensch". Statt Seiendes gebrauchten Sie als gleichbedeutend auch die Ausdrücke „erfahrbar" „existierend" „dessen Vorstellung[en] auf Anregung einer Affektion des Ich entstanden sind". Dies sind, glaube ich, nur unwesentliche Abänderungen. Es treten dabei vielleicht einige sekundäre Schwierigkeiten hinzu oder fallen weg. Die Hauptschwierigkeit bleibt aber immer dieselbe und die allgemeine Idee des Angriffsplanes bleibt auch dieselbe. Ich mußte nun aber ferner zu dem Zugeständnis bewogen werden, daß der Ausdruck Sein (Existieren) in demselben Sinne gebraucht sei wie in dem Satze „Leo Sachse *ist*" oder „existiert". Dann schien die Sache für Sie gewonnen zu sein.

Nun kann ich wohl zugeben, daß der Ausdruck „es gibt Menschen" dasselbe bedeute wie „Einiges Existierende ist Mensch", jedoch nur unter der Bedingung, daß das Wort „existieren" eine selbstverständliche Aussage enthalte, also eigentlich keinen Inhalt habe. Dasselbe gilt von den anderen Ausdrücken, die Sie statt „existieren" gebrauchen.

Wenn aber der Satz „Leo Sachse ist" selbstverständlich ist, so kann in dem „ist" nicht derselbe Inhalt liegen wie in dem „es gibt" des Satzes „Es gibt Menschen", denn dieser sagt nicht etwas Selbstverständliches. Wenn Sie nun den Satz „es gibt Menschen" auch ausdrücken „Menschen existieren" oder „Unter dem Seienden ist Einiges Mensch", so kann der Inhalt der Aussage nicht in dem „existieren" oder „Seienden" usw. liegen. Und dies ist das πρῶτον ψεῦδος, von dem aus Sie zu widersprechenden Urteilen fortgetrieben werden mußten, daß[11]) der Inhalt der Aussage in dem Satze „Einige Menschen existieren" oder „Einiges Existierende ist Mensch" oder „Menschen existieren" in dem Worte „existieren" enthalten sei. Dies ist nicht der Fall, sondern darin ist nur die Form der Aussage enthalten wie in dem Satze „Der Himmel ist blau" die Form der Aussage in der Kopula „ist" enthalten ist. „Existieren" ist in diesem Satze als ein bloßes Formwort aufzufassen in ähnlicher Weise wie in „es regnet" das „es". Wie die Sprache da in der Verlegenheit um ein grammatisches *Subjekt* das „es" erfand, so hat sie hier in der Verlegenheit um ein grammatisches *Prädikat* das „existieren" erfunden.

Daß der Inhalt der Aussage nicht in dem Worte „existieren" liegt, weise ich dadurch nach, daß man statt desselben auch sagen kann „sich selbst gleich sein". „Es gibt Menschen" bedeutet dasselbe wie „Einige Menschen sind sich selbst gleich" oder „Einiges sich selbst gleiche ist Mensch". In dem Satze „*A* ist sich selbst gleich" erfährt man ebensowenig etwas Neues über das *A*, wie in dem Satze „*A* existiert". Keiner dieser beiden Sätze kann verneint werden. Man kann in beiden für *A* setzen, was man will, sie bleiben immer richtig. Sie weisen nicht das *A* einer von zwei Klassen zu, um es von einem *B* etwa zu trennen, das dieser Klasse nicht angehört. Wenn man den Satz „*A* ist sich selbst gleich" ausspricht, so kann das nur den Zweck haben, das logische Gesetz der Identität auszusprechen, nicht aber den, das *A* in irgendeiner Weise näher kennen zu lernen. Ebensogut wie man behaupten könnte, in den Sätzen „Dieser Tisch existiert" und „Tische existieren" bedeute „existieren" dasselbe, kann man auch sagen, in den Sätzen „Dieser Tisch ist sich selbst gleich" und „Tische sind sich selbst gleich" habe das Prädikat „sich selbst gleich" denselben Sinn. Nur muß man dann auch anerkennen, daß die Urteile „Dieser Tisch existiert" und „Dieser Tisch ist sich selbst gleich" vollkommen selbstverständlich sind, daß also ein eigentlicher Inhalt in ihnen nicht von diesem Tische ausgesagt wird. Ebensogut wie man Sätze wie „Menschen existieren" Existentialurteile nennt, in der Meinung, der Inhalt der Aussage liege in dem Worte „existieren", könnte man den Satz „Einige Menschen sind sich selbst gleich" [ein Identitätsurteil][a]) nennen, und „Es gibt Menschen" wäre ein Identitätsurteil. Überhaupt könnte man in jeder Beweisführung, die versucht würde, um den Inhalt der Aussage des Satzes „Es gibt Menschen" in dem „existieren" des Satzes „Menschen existieren" wiederzufinden, überall „existieren" mit „sich selbst gleich sein" vertauschen, ohne daß neue Fehler dadurch hineingebracht werden. Ich mache mich dazu anheischig.

Wenn aber der Inhalt der Aussage des Urteils „Menschen existieren" nicht in dem „existieren" liegt, wo liegt er dann? Ich antworte: in der Form des partikulären Urteils. Jedes partikuläre Urteil ist ein Existentialurteil, das in die Form mit „es gibt" umgesetzt werden kann. Z. B. „Einige Körper sind leicht" ist dasselbe wie „Es gibt leichte Körper". „Einige Vögel können nicht fliegen" ist dasselbe wie „Es gibt Vögel, die nicht fliegen können" usw. Schwieriger ist es, umgekehrt ein Urteil mit „es gibt" in ein partikuläres umzusetzen. Das Wort „einige" hat außer dem Zusammenhange keinen Sinn; es ist ein Formwort wie „alle", „jeder", „keine" usw., das im Zusammenhange des Satzes eine logische Funktion auszuüben hat. Diese besteht darin, daß es zwei Begriffe in eine gewisse logische Beziehung zu setzen

---

[a] Im Manuskript steht: „Identitätsurteile".

hat. In dem Satze „Einige Menschen sind Neger“ werden die Begriffe „Mensch“ und „Neger“ in diese Beziehung gesetzt. Man hat also immer zwei Begriffe nötig, wenn man ein partikuläres Urteil bilden will. Nun läßt sich zwar der Satz „Es gibt fliegende Fische“ sehr leicht umsetzen in „Einige Fische können fliegen“, weil man zwei Begriffe „Fisch“ und „fliegen könnend“ hat. Schwieriger wird es, wenn man den Satz „Es gibt Menschen“ in die Form eines partikulären Urteils bringen will. Wenn man definiert Mensch = vernünftiges lebendes Wesen, so kann man sagen: „Einige lebende Wesen sind vernünftig“, und dies ist unter Voraussetzung der Richtigkeit der Definition gleichbedeutend mit „Es gibt Menschen“.

Die Anwendbarkeit dieses Verfahrens setzt voraus, daß man den Begriff in zwei Merkmale zerlegen könne. Eine andere Weise hängt hiermit enge zusammen. Wenn man z. B. umzusetzen hat „Es gibt Neger“, so kann man sagen [„]Neger = Neger, der Mensch ist[“], weil der Begriff „Neger“ dem Begriffe „Mensch“ untergeordnet ist. Nun hat man wieder zwei Begriffe und kann sagen „Einige Menschen sind Neger“ oder „Einige Neger sind Menschen“. Dies ist aber nur eine besondere Auskunft für den Fall des Begriffes „Neger“. Für den Satz „Es gibt Birken“ müßte man einen anderen übergeordneten Begriff, etwa „Baum“ wählen. Wenn man die Sache ganz allgemein machen will, muß man einen Begriff aufsuchen, der allen Begriffen übergeordnet ist. Ein solcher Begriff, wenn man es so nennen will, kann gar keinen Inhalt mehr haben, indem sein Umfang grenzenlos wird; denn jeder Inhalt kann nur in einer gewissen Beschränkung des Umfangs bestehen. Als solchen Begriff könnte man den des „Sich selbst gleichen“ wählen, indem man sagte „Es gibt Menschen“ ist dasselbe wie „Es gibt sich selbst gleiche Menschen“ ist dasselbe wie „Einige Menschen sind sich selbst gleich“ oder „Einiges sich selbst gleiche ist Mensch“.

Die Sprache hat sich anders geholfen. Zur Bildung eines Begriffes ohne Inhalt eignete sich vorzüglich die Kopula, d. i. die bloße Form der Aussage ohne Inhalt. In dem Satz „Der Himmel ist blau“ ist die Aussage „ist blau“, der eigentliche Inhalt der Aussage liegt aber in dem Worte „blau". Wenn man dies wegläßt, so erhält man eine Aussage ohne Inhalt[:] „Der Himmel ist" übrig. So bildet man einen Quasibegriff „Seiendes" ohne Inhalt [, da] von unendlichem Umfang. Man kann nun so sagen: Menschen = seiende Menschen; „Es gibt Menschen" ist dasselbe wie „Einige Menschen sind" oder „Einiges Seiende ist Mensch". Es liegt also hier der eigentliche Inhalt der Aussage nicht in dem Worte „Seiend", sondern in der Form des partikulären Urteils. Das Wort „Seiend" ist nur eine Verlegenheitsschöpfung der Sprache, um die Form des partikulären Urteils zur Anwendung bringen zu können. Wenn die Philosophen von dem „absoluten Sein" sprechen, so ist dies eigentlich eine Vergötterung der Kopula.

Es ist nun aber leicht einzusehen, wie man dazu kam. Man fühlte, daß der Satz „Es gibt einen Massenmittelpunkt der Erde" nicht selbstverständlich sei, daß also die Aussage einen Inhalt habe. Es ist nun weiter sehr erklärlich, daß man diesen Inhalt in dem Worte „existieren" enthalten glaubte, wenn man die Wendung „Ein Massenmittelpunkt der Erde existiert" gebrauchte. So dichtete man in das Wort „existieren" einen Inhalt hinein, ohne doch angeben zu können, worin dieser eigentlich bestehe.

Es mag jetzt gezeigt werden, wie Pünjer durch das πρῶτον ψεῦδος, den Inhalt der Aussage „Menschen existieren" in dem „existieren" zu sehen, zu widersprechenden Behauptungen fortgetrieben werden mußte. Ich konnte ihn leicht überzeugen, daß die Verneinung des Satzes „A ist erfahrbar" unmöglich sei, worin erfahrbar sein = sein = existieren ist. Er mußte ebenso zugeben, daß die Aussage der Erfahrbarkeit dasjenige, von dem sie ausgesagt wird, in keiner Weise bestimmt. Andererseits wollte er aber doch für die Aussage der Erfahrbarkeit den Inhalt retten. In dem Satze „Dieser Tisch ist erfahrbar", „Dieser Tisch existiert" sollte doch etwas gesagt sein, er sollte doch keine überflüssige, selbstverständliche Aussage enthalten. So mußte er also zu dem Widerspruche getrieben werden, die Verneinung des Satzes „Dieser Tisch ist erfahrbar" nicht als überflüssig und selbstverständlich aufzufassen. Er mußte dem Worte „erfahrbar" jeden Inhalt nehmen, ohne es doch inhaltsleer zu machen. Den Inhalt des Urteils „Dies ist erfahrbar" wollte Pünjer so wiedergeben: „Die Vorstellung von dem Dies ist nicht eine Halluzination, nicht etwas bloß von mir aus Gebildetes; sondern die Vorstellung ist gebildet aus Anlaß der Affektion des Ich durch das Dies". Hiergegen mußte ich einwenden, daß man die Ausdrücke „Vorstellung von dem Dies" und „Affektion des Ich durch das Dies" rechtmäßig nur bilden dürfe, nachdem man das Urteil „dieser meiner Vorstellung entspricht etwas" gefällt habe. Wenn dieser meiner Vorstellung nichts entspricht, so hat der Ausdruck „Vorstellung von dem Dies" keinen Sinn und damit ist der ganze Satz sinnlos.[12]) Pünjer änderte zunächst seine Erklärung so ab, ohne sie jedoch als unrichtig zuzugeben: „Der Gegenstand der Vorstellung *B* ist erfahrbar" heißt: „Die Vorstellung *B* ist auf Grund einer Affektion des Ich gebildet". Hieraus konnte ich nun folgern, daß die Verneinung des Satzes „Der Gegenstand der Vorstellung *B* ist erfahrbar" einen guten Sinn habe. Nun hatte früher Pünjer gesagt, daß die Verneinung des Satzes „*A* ist erfahrbar" unmöglich sei. Jetzt müssen wir dies etwas einschränken und sagen: Wenn *A* Gegenstand der Erfahrung ist, so ist die Verneinung des Satzes „*A* ist erfahrbar" unmöglich, wenn aber *A* Gegenstand der Vorstellung ist, so ist die Verneinung jenes Satzes möglich. Wir sehen an diesem Beispiele bestätigt, daß es unmöglich ist, dem Prädikate „erfahrbar" einen nicht selbstverständlichen Sinn zu geben und zugleich allgemein festzuhalten, daß die Verneinung der Erfahrbarkeit sinnlos sei. Wir sehen zugleich, daß der Begriff des Erfahrbaren nur dadurch einen Inhalt gewinnt, daß sein Umfang beschränkt wird. Es werden in der Tat alle Gegenstände in zwei Klassen geteilt: die Gegenstände der Erfahrung und die der Vorstellung. Letztere fallen nicht sämtlich unter den Begriff des „Erfahrbaren". Hieraus kann weiter gefolgert werden, daß nicht jeder Begriff dem Begriff des Erfahrbaren untergeordnet ist, nämlich nicht der Begriff „Gegenstand der Vorstellung". Daraus folgt weiter, daß der Begriff des Erfahrbaren nicht allgemein geeignet zu dem Zwecke ist, ein Urteil mit „es gibt" in die Form des partikulären zu bringen. Pünjer mußte, um den Ausdruck „Gegenstand der Vorstellung" allgemein zu rechtfertigen, behaupten, daß jede Vorstellung einen Gegenstand habe, daß es Gegenstände von Vorstellungen gäbe, die nicht auf Grund einer Affektion des Ich gebildet sind. Wenden wir hierauf seine Definition der Sätze mit „es gibt" an, so muß ein Widerspruch herauskommen. In der Tat, nach dieser Definition ist das Urteil „es gibt Gegenstände von Vorstellungen, die nicht auf Grund einer Affektion des Ich gebildet sind" gleichbedeutend mit „Unter dem Erfahrbaren ist einiges, was unter den Begriff „Gegenstand einer Vorstellung, die nicht auf Grund einer Affektion des Ich gebildet ist", fällt". Nun sind aber nach Pünjers Erklärung die Gegenstände von Vorstellungen, die nicht auf Grund einer Affektion des Ich gebildet werden, nicht erfahrbar. So kommen wir zu dem Satze: „Unter dem Erfahrbaren ist einiges, was nicht erfahrbar ist".

Man kann auch so sagen: aus den beiden Prämissen

1. Es gibt Gegenstände von Vorstellungen, die nicht auf Grund einer Affektion des Ich gebildet werden;
2. Gegenstände von Vorstellungen, die nicht auf Grund einer Affektion des Ich gebildet werden, sind nicht erfahrbar;

folgt der Schluß:

Es gibt Gegenstände von Vorstellungen, welche Gegenstände nicht erfahrbar sind. Das ist ein Widerspruch, sobald man durch „es gibt" dieselbe Art von Existenz ausgedrückt sein läßt, die in dem Worte „erfahrbar" liegen soll.

Allgemein kann man folgendes aufstellen:

Wenn man dem Worte „Sein" einen Inhalt geben will, so, daß der Satz „*A* ist" nicht überflüssig und selbstverständlich ist, wird man dazu genötigt, zuzugeben, daß die Verneinung des Satzes „*A* ist" unter Umständen möglich ist; d. h. daß es Subjekte gibt, denen das Sein abgesprochen werden muß. Dann aber ist der Begriff des „Seins" nicht mehr allgemein geeignet, zur Erklärung des „es gibt" zu dienen in der Weise, daß „es gibt *B*'s" gleichbedeutend ist mit „einiges Seiende fällt unter den Begriff *B*"; denn wenden wir diese Erklärung an auf den Satz „Es gibt Subjekte, denen das

Sein abgesprochen werden muß", so erhalten wir „Einiges Seiende fällt unter den Begriff des Nichtseienden" oder „Einiges Seiende ist nicht". Darüber ist in keiner Weise hinwegzukommen, sobald man dem Begriff des Seienden irgendwelchen Inhalt, sei es welchen es sei, geben will. Es ist eben nötig, wenn die Erklärung „es gibt *B*'s" ist gleichbedeutend mit „Einiges Seiende ist *B*", richtig sein soll, daß unter Sein etwas vollkommen Selbstverständliches verstanden wird.

Der Widerspruch bleibt aus diesem Grunde auch bestehen, wenn man sagt, „*A* existiert" bedeutet „Die Vorstellung des *A* ist auf Grund einer Affektion des Ich entstanden". Es kommen aber hier noch andere Schwierigkeiten hinzu, von denen ich nur einige erwähnen will.

Als Leverrier sich die Frage vorlegte, ob es jenseits der Uranusbahn Planeten gäbe, fragte er nicht, ob seine Vorstellung von einem Planeten jenseits der Uranusbahn auf Grund einer Affektion des Ich entstanden sei oder entstehen könne. Wenn man darüber streitet, ob es einen Gott gebe, streitet man nicht darüber, ob unsere Vorstellung eines Gottes auf Grund einer Affektion des Ich entstanden sei oder entstehen könne. Viele, welche glauben, daß es einen Gott gibt, werden bestreiten, daß ihre Vorstellung von ihm auf Grund einer unmittelbaren Affektion ihres Ich durch Gott entstanden sei, denn nur eine unmittelbare Affektion kann hier in Frage kommen. Doch dies ist nur nebensächlich. Das Ergebnis ist folgendes:

Man kann sagen, daß die Bedeutungen des Wortes „existieren" in den Sätzen „Leo Sachse existiert" und „Einige Menschen existieren" keinen größern Unterschied zeigen wie [die von] „Ein Deutscher sein" in den Sätzen „Leo Sachse ist ein Deutscher" und „Einige Menschen sind Deutsche". Aber der Satz „Einige Menschen existieren" oder „Einiges Existierende ist Mensch" ist nur dann gleichbedeutend mit „Es gibt Menschen", wenn der Begriff „Existierendes" dem Begriffe „Mensch" übergeordnet ist. Wenn also jene Ausdrucksweisen allgemein gleichbedeutend sein sollen, so muß der Begriff „Existierendes" jedem Begriffe übergeordnet sein. Dies ist nur dadurch möglich, daß das

Wort „existieren“ etwas vollkommen Selbstverständliches bedeutet, daß also in dem Satze „Leo Sachse existiert“ gar nichts ausgesagt werde, und daß in dem Satze „Einige Menschen existieren“ der Inhalt der Aussage nicht in dem Worte „existieren“ liege. Die durch das Wort „es gibt“ ausgedrückte Existenz ist nicht in dem Worte „existieren“, sondern in der Form des partikulären Urteils enthalten. „Einige Menschen sind Deutsche“ ist ebensogut ein Existentialurteil wie „Einige Menschen existieren“. Sobald man aber dem Worte „existieren“ einen Inhalt gibt, der von einzelnem ausgesagt wird, kann dieser Inhalt auch zum Merkmal eines Begriffes gemacht werden, unter den das einzelne fällt, von dem das existieren ausgesagt wird. Wenn man z. B. alles in die zwei Klassen teilt,

1. Was in meinem Geiste ist, die Vorstellungen, Gefühle etc. und
2. Was außer mir ist,

und von dem letzteren sagt, es existiere, so kann man als Merkmal des Begriffes Zentaur die Existenz auffassen, obwohl es keine Zentauren gibt. Ich würde nichts als Zentaur anerkennen, was nicht außer meinem Geiste wäre; d. h. bloße Vorstellungen, Gefühle in mir werde ich nicht Zentauren nennen.

Die durch „es gibt“ ausgedrückte Existenz kann nicht Merkmal des Begriffes sein, dessen Eigenschaft sie ist, eben weil sie seine Eigenschaft ist. In dem Satze „Es gibt Menschen“ scheint von Individuen gesprochen zu werden, die unter den Begriff „Mensch“ fallen, während doch nur vom Begriffe „Mensch“ die Rede ist. Der Inhalt des Wortes „existieren“ kann nicht gut zum Merkmal eines Begriffes genommen werden, weil „existieren“ keinen Inhalt hat, [so wie][a]) es in dem Satze „Menschen existieren“ gebraucht wird.[13])

Man sieht hieraus, wie leicht man durch die Sprache zu falschen Auffassungen verleitet wird, und welchen Wert es daher für die Philosophie haben muß, sich der Herrschaft

[a] Im Manuskript steht: „sowie“.

der Sprache zu entziehen. Wenn man versucht, auf ganz anderen Grundlagen mit ganz anderen Mitteln ein Zeichensystem zu errichten, wie ich es bei der Erfindung meiner Begriffsschrift[14]) versucht habe, wird man auf die falschen Analogien in der Sprache sozusagen mit der Nase gestoßen.

[17 Kernsätze zur Logik.][1])

[1882]

1. Die Verknüpfungen, die das Wesen des Denkens ausmachen[,] sind eigentümlich verschieden von den Vorstellungsassoziationen.
2. Der Unterschied besteht nicht bloß in einem Nebengedanken, der den Rechtsgrund für die Verknüpfung hinzufügt.
3. Beim Denken werden nicht eigentlich Vorstellungen verknüpft, sondern Dinge, Eigenschaften, Begriffe, Beziehungen.
4. Der Gedanke enthält immer etwas über den besondern Fall Hinübergreifendes, wodurch dieser als fallend unter etwas Allgemeines zum Bewußtsein kommt.
5. Der sprachliche Ausdruck für die Eigentümlichkeit des Gedankens ist die Kopula oder die Personalendung des Verbums.
6. Als äußeres Kennzeichen für die denkende Verknüpfung kann dienen, daß bei ihr die Frage, ob sie wahr oder unwahr sei, einen Sinn hat. Vorstellungsassoziationen sind weder wahr noch unwahr.
7. Was wahr sei, halte ich für nicht erklärbar.
8. Der sprachliche Ausdruck eines Gedankens ist der Satz. Man spricht im übertragenen Sinne auch von Wahrheit eines Satzes.
9. Ein Satz kann nur dann wahr oder unwahr sein, wenn er Ausdruck eines Gedankens ist.
10. Der Satz „Leo Sachse[2]) ist ein Mensch" ist nur dann Ausdruck eines Gedankens, wenn „Leo Sachse" etwas bezeichnet[3]). Ebenso ist der Satz „dieser Tisch ist rund" nur dann Ausdruck eines Gedankens, wenn die Worte „dieser Tisch" mir etwas Bestimmtes bezeichnen, nicht leere Worte sind.
11. „2 mal 2 ist 4" bleibt wahr, auch wenn infolge darwinscher Entwicklung alle Menschen dahin kämen zu be-

haupten[,] 2 mal 2 sei 5. Jede Wahrheit ist ewig und unabhängig davon, ob sie gedacht werde, und von der psychologischen Beschaffenheit dessen, der sie denkt.

12. Die Logik beginnt erst mit der Überzeugung, daß ein Unterschied zwischen Wahrheit und Unwahrheit bestehe.
13. Man rechtfertigt ein Urteil entweder durch Zurückgehen auf schon anerkannte Wahrheiten oder ohne Benutzung andrer Urteile. Nur der erstere Fall, das Folgern, ist Gegenstand der Logik.
14. Die Lehren vom Begriff und vom Urteil dienen nur als Vorbereitung für die Lehre vom Folgern.
15. Die Aufgabe der Logik ist die Aufstellung der Gesetze, nach denen ein Urteil durch andere gerechtfertigt wird, einerlei, ob jene selbst wahr sind.
16. Die Befolgung der logischen Gesetze kann die Wahrheit eines Urteils nur insoweit verbürgen, als die Urteile wahr sind, auf die man zur Rechtfertigung zurückgeht.
17. Die Gesetze der Logik können nicht durch psychologische Untersuchung gerechtfertigt werden.

[Ausführungen über Sinn und Bedeutung.][1])

[1892—1895]

Ich habe in einem Aufsatz (Über Sinn und Bedeutung[2])) zunächst nur bei Eigennamen[3]) (oder, wenn man lieber will, Einzelnamen) unterschieden zwischen Sinn und Bedeutung. Derselbe Unterschied kann auch bei Begriffswörtern gemacht werden. Es kann nun leicht Unklarheit dadurch entstehen, daß man die Einteilung in Begriffe und Gegenstände mit der Unterscheidung von Sinn und Bedeutung so vermengt, daß man Sinn und Begriff einerseits und Bedeutung und Gegenstand andererseits zusammenfließen läßt. Jedem Begriffsworte oder Eigennamen entspricht in der Regel ein Sinn und eine Bedeutung, so wie ich diese Wörter gebrauche. In der Dichtung haben die Wörter freilich nur einen Sinn, aber in der Wissenschaft und überall, wo uns die Frage nach der Wahrheit beschäftigt, wollen wir uns nicht mit dem Sinne begnügen, sondern auch eine Bedeutung mit den Eigennamen und Begriffswörtern verbinden; und wenn wir es etwa aus Versehen doch nicht tun, so ist das ein Fehler, der leicht unser Nachdenken zuschanden machen kann. Die Bedeutung eines Eigennamens ist der Gegenstand, den er bezeichnet oder benennt. Ein Begriffswort bedeutet einen Begriff, wenn das Wort so gebraucht wird, wie es in der Logik zweckmäßig ist. Um dies zu erklären, erinnere ich an einen Umstand, der sehr zugunsten der Logiker des Umfangs gegen die des Inhalts zu sprechen scheint, daß nämlich, unbeschadet der Wahrheit, in jedem Satze Begriffswörter einander vertreten können, wenn ihnen derselbe Begriffsumfang entspricht, daß also auch in Beziehung auf das Schließen und für die logischen Gesetze Begriffe nur insofern sich verschieden verhalten, als ihre Umfänge verschieden sind.[4]) Die logische Grundbeziehung ist die des Fallens eines Gegenstandes unter einen Begriff: auf sie lassen sich alle Beziehungen zwischen Begriffen zurückführen. Indem ein Gegenstand unter einen Begriff fällt,

fällt er unter alle Begriffe desselben Umfangs, woraus das Gesagte folgt. Wie also Eigennamen desselben Gegenstandes unbeschadet der Wahrheit einander vertreten können, so gilt dasselbe auch von Begriffswörtern, wenn der Begriffsumfang derselbe ist. Freilich wird sich bei solchen Ersetzungen der Gedanke ändern; dieser aber ist der Sinn des Satzes, nicht dessen Bedeutung.*) Diese aber, nämlich der Wahrheitswert, bleibt ungeändert. Man könnte so leicht dahin kommen, den Begriffsumfang für die Bedeutung des Begriffswortes auszugeben; aber hierbei würde man übersehen, daß Begriffsumfänge Gegenstände und nicht Begriffe sind (vgl. meinen Vortrag Funktion und Begriff[5])). Aber immerhin ist ein Kern Wahrheit darin enthalten. Um diesen reiner hervorscheinen zu lassen, muß ich an das anknüpfen, was ich in meinem Büchlein über Funktion und Begriff gesagt habe. Der Begriff ist danach eine Funktion eines Argumentes, deren Wert immer ein Wahrheitswert ist. Ich entlehne dabei das Wort „Funktion" der Analysis und brauche es mit Beibehaltung des Wesentlichen in etwas weiterer Bedeutung, wozu die Geschichte der Analysis selbst die Anleitung gibt. Ein Funktionsname führt immer leere Stellen (mindestens eine) für das Argument mit sich, das in der Analysis meist durch den Buchstaben „*x*" angedeutet wird, der jene leeren Stellen ausfüllt. Aber das Argument ist nicht mit zur Funktion zu rechnen, und somit auch der Buchstabe „*x*" nicht mit zum Funktionsnamen, so daß man immerhin bei diesem von leeren Stellen sprechen kann, insofern das sie Ausfüllende nicht eigentlich dazugehört. Demgemäß ist die Funktion selbst von mir ungesättigt oder ergänzungsbedürftig genannt, weil ihr Name erst durch das Zeichen eines Arguments ergänzt werden muß, um eine abgeschlossene Bedeutung zu erhalten. Eine solche nenne ich Gegenstand und in unserem Falle Wert der Funktion für das Argument, das die Ergänzung oder Sättigung bewirkt. In den zunächst sich darbietenden Fällen ist das Argument selbst ein Gegenstand; und auf diese Fälle wollen wir uns hier zunächst beschränken. Beim Begriffe haben wir nun den

---

* Vgl. meinen Aufsatz über Sinn und Bedeutung.

besonderen Fall, daß der Wert immer ein Wahrheitswert ist. Wenn wir nämlich einen Begriffsnamen durch einen Eigennamen ergänzen, so erhalten wir einen Satz, dessen Sinn ein Gedanke ist; und dazu gehört als Bedeutung ein Wahrheitswert. Indem wir diesen als den des Wahren (als das Wahre) anerkennen, urteilen wir, daß der als Argument genommene Gegenstand unter den Begriff falle. Was wir bei der Funktion Ungesättigtheit nennen, können wir beim Begriffe seine prädikative*) Natur nennen. Diese zeigt sich auch da, wo man von einem Subjektsbegriffe spricht. („Alle gleichseitigen Dreiecke sind gleichwinklig"; d.h.: „Wenn etwas gleichseitiges Dreieck ist, so ist es gleichwinkliges Dreieck".)[7])

Dies Wesen des Begriffes ist nun ein großes Hindernis für den sachgemäßen Ausdruck und für die Verständigung. Wenn ich von einem Begriffe reden will, zwingt mir die Sprache mit kaum entrinnbarer Gewalt einen unpassenden Ausdruck auf, wodurch der Gedanke verdunkelt — fast könnte ich sagen verfälscht — wird. Wenn ich sage „der Begriff *gleichseitiges Dreieck*", so sollte man nach der sprachlichen Analogie annehmen, daß ich damit einen Begriff bezeichne, so, wie ich ohne Zweifel einen Planeten benenne, wenn ich sage „der Planet Neptun". Aber dies ist nicht der Fall; denn es fehlt die prädikative Natur. Daher ist die Bedeutung des Ausdrucks „der Begriff *gleichseitiges Dreieck*" (sofern eine vorhanden ist) ein Gegenstand. Wir können Worte wie „der Begriff" nicht entbehren, müssen dabei aber immer ihrer Unangemessenheit eingedenk sein.**) Aus dem Gesagten geht hervor, daß Gegenstände und Begriffe grundverschieden sind und einander nicht vertreten können. Das gilt auch von den entsprechenden Wörtern oder Zeichen. Eigennamen können nicht wirklich als Prädi-

* Die Wörter „ungesättigt" und „prädikativ" scheinen besser auf den Sinn als auf die Bedeutung zu passen; aber es muß dem doch auch etwas bei der Bedeutung entsprechen; und ich weiß keine besseren Wörter.
Vgl. Wundts Logik.[6])

** Ich behandle diese Schwierigkeit.

kat gebraucht werden. Wo es etwa so scheint, lehrt die genauere Betrachtung, daß sie dem Sinne nach nur ein Teil des Prädikates sind: Begriffe können nicht in denselben Beziehungen stehen wie Gegenstände. Sie in diesen zu denken, wäre nicht falsch, sondern unmöglich. Daher bezeichnen die Wörter „Beziehung des Subjekts zum Prädikat" zwei ganz verschiedene Beziehungen, je nachdem das Subjekt ein Gegenstand oder selbst ein Begriff ist. Am besten wäre es daher, die Wörter „Subjekt" und „Prädikat" ganz aus der Logik zu verbannen, da sie immer wieder dazu verführen, die beiden grundverschiedenen Beziehungen des Fallens eines Gegenstandes unter einen Begriff und [der] Unterordnung eines Begriffes unter einen Begriff zu vermengen. Die Wörter „alle" und „einige", die beim grammatischen Subjekt stehen, gehören dem Sinne nach zum grammatischen Prädikat, wie man erkennt, wenn man zur Verneinung übergeht (nicht alle, nonnulli).[8]) Daraus allein folgt schon, daß das Prädikat in diesen Fällen verschieden ist von dem, was wir von einem Gegenstande aussagen. So ist auch die Beziehung der Gleichheit, worunter ich völliges Zusammenfallen, Identität, verstehe, nur bei Gegenständen, nicht bei Begriffen denkbar. Wenn wir sagen „Die Bedeutung des Begriffswortes 'Kegelschnitt' ist dieselbe wie die des Begriffswortes 'Kurve zweiter Ordnung'" oder „Der Begriff *Kegelschnitt* fällt zusammen mit dem Begriffe *Kurve zweiter Ordnung*", so sind die Worte „Bedeutung des Begriffswortes 'Kegelschnitt'" Name eines Gegenstandes, nicht eines Begriffes; denn es fehlt die prädikative Natur, die Ungesättigtheit, die Möglichkeit, den unbestimmten Artikel zu gebrauchen. Dasselbe gilt von den Worten „der Begriff *Kegelschnitt*". Aber wenn auch die Beziehung der Gleichheit nur bei Gegenständen denkbar ist, so kommt doch bei Begriffen eine ähnliche vor, die als Beziehung zwischen Begriffen von mir Beziehung zweiter Stufe genannt wird, während ich jene Gleichheit Beziehung erster Stufe nenne. Wir sagen, ein Gegenstand *a* sei gleich einem Gegenstande *b* (im Sinne des völligen Zusammenfallens), wenn *a* unter jeden Begriff fällt, unter den *b* fällt, und umgekehrt.[9]) Wir erhalten etwas Entsprechendes für Begriffe, wenn wir Begriff und Gegenstand ihre Rollen vertauschen lassen. Wir könnten dann sagen, die oben gedachte Beziehung findet zwischen dem Begriffe Φ und dem Begriffe X statt, wenn jeder Gegenstand, der unter Φ fällt, auch unter X fällt und umgekehrt. Hierbei lassen sich freilich wieder die Ausdrücke „Der Begriff Φ“, „der Begriff X“ nicht vermeiden, wodurch der eigentliche Sinn wieder verdunkelt wird. Deshalb will ich für Leser, die vor der Begriffsschrift nicht erschrecken, noch folgendes hinzufügen: Die Ungesättigtheit des Begriffes (erster Stufe) stellt sich in der Begriffsschrift so dar, daß seine Bezeichnung mindestens eine leere Stelle enthält zur Aufnahme des Namens eines Gegenstandes, um dessen Fallen unter den Begriff es sich handelt. Diese Stelle oder diese Stellen müssen immer irgendwie ausgefüllt sein. Dies kann außer durch einen Eigennamen auch durch ein Zeichen geschehen, das einen Gegenstand nur andeutet. Daraus ist zu ersehen, daß auf einer Seite eines Gleichheitszeichens oder eines ähnlichen [Zeichens] nie nur die Bezeichnung eines Begriffes stehen kann, sondern immer wird außer dem Begriffe noch ein Gegenstand bezeichnet oder angedeutet werden müssen. Auch wenn wir Begriffe nur schematisch durch einen Funktionsbuchstaben andeuten, darf das nur so geschehen, daß dabei die Ungesättigtheit durch eine mitgeführte leere Stelle zur Anschauung kommt wie in $\Phi(\quad)$ und $X(\quad)$. Mit anderen Worten: wir dürfen die Buchstaben (Φ, X), die Begriffe andeuten oder bezeichnen sollen, immer nur als Funktionsbuchstaben gebrauchen, d. h. so, daß sie eine Stelle für das Argument (den Innenraum der folgenden Klammer) mit sich führen. Man darf dann also nicht schreiben $\Phi = X$, weil dabei die Buchstaben Φ und X nicht als Funktionsbuchstaben auftreten. Man darf aber auch nicht schreiben $\Phi(\quad) = X(\quad)$, weil die Argumentstellen ausgefüllt sein müssen. Wenn sie aber ausgefüllt werden, so werden nicht nur die Funktionen (Begriffe) einander gleichgesetzt, sondern an jeder Seite des Gleichheitszeichens steht dann außer dem Funktionsbuchstaben noch etwas, was nicht zur Funktion gehört.

Man[a]) kann diese Buchstaben nicht durch solche ersetzen, die nicht als Funktionsbuchstaben gebraucht werden: es muß immer eine Argumentstelle dasein zur Aufnahme des „α". Man könnte auf den Einfall kommen, einfach zu schreiben $\Phi = X$. Dies mag anzugehen scheinen, solange man die Begriffe schematisch andeutet; aber eine wahrhaft sachgemäße Bezeichnungsweise muß auf alle Fälle passen. Nehmen wir ein Beispiel, das ich schon in meiner Schrift über Funktion und Begriff[10]) benutzt habe.

Die Funktion $x^2 = 1$ hat für jedes Argument denselben (Wahrheits-)Wert wie die Funktion $(x + 1)^2 = 2(x + 1)$; d. h. unter den Begriff *Quadratwurzel aus 1* fällt jeder Gegenstand, der unter den Begriff *was um 1 kleiner ist als eine Zahl, deren Quadrat ihrem Doppelten gleich ist*, fällt, und umgekehrt. Wir würden diesen Gedanken in der oben angegebenen Weise[11]) so ausdrücken:

$$(\alpha^2 = 1) \underset{\frown}{\overset{\alpha}{\smile}} ((\alpha + 1)^2 = 2(\alpha + 1)).$$

Hier haben wir in Wahrheit jene Beziehung zweiter Stufe, die der Gleichheit (dem völligen Zusammenfallen) bei Gegenständen entspricht, aber nicht mit ihr verwechselt werden darf. Schreiben wir so $\overset{\mathfrak{a}}{\smile}\ (\mathfrak{a}^2 = 1) = ((\mathfrak{a} + 1)^2 = 2(\mathfrak{a} + 1))$, so haben wir im wesentlichen denselben Gedanken ausgedrückt, aufgefaßt als die Allgemeinheit[12]) einer Gleichung zwischen Funktionswerten. Wir haben hier dieselbe Beziehung zweiter Stufe; wir haben auch das Gleichheitszeichen; aber dieses reicht allein nicht hin, diese Beziehung zu bezeichnen, sondern nur in Verbindung mit der Allgemeinheitsbezeichnung: wir haben in erster Linie eine Allgemeinheit, nicht eine Gleichung. In $\grave{\varepsilon}(\varepsilon^2 = 1) = \grave{\alpha}((\alpha + 1)^2 = 2(\alpha + 1))$ haben wir zwar eine Gleichheit, aber nicht zwischen Begriffen (was unmöglich ist), sondern zwischen Gegenständen, nämlich Begriffsumfängen.[13])

Wir haben nun erkannt, daß die Beziehung der Gleichheit zwischen Gegenständen nicht auch zwischen Begriffen gedacht

[a] Notizen von *Scholz* und seinen Mitarbeitern auf dem Manuskript lassen es als möglich erscheinen, daß Frege den folgenden Absatz (bis „... benutzt habe") durchgestrichen oder eingeklammert hat.

werden kann, daß es aber da eine entsprechende Beziehung gibt. Das Wort „derselbe", das zur Bezeichnung jener Beziehung zwischen Gegenständen gebraucht wird, kann mithin nicht eigentlich auch zur Bezeichnung dieser dienen. Es bleibt uns aber für diesen Zweck kaum etwas anderes übrig als zu sagen „der Begriff Φ ist derselbe wie der Begriff X", wobei wir dann freilich eine Beziehung zwischen Gegenständen*) nennen, wo wir eine Beziehung zwischen Begriffen meinen. Denselben Fall haben wir, wenn wir sagen „die Bedeutung des Begriffswortes *A* ist dieselbe wie die des Begriffswortes *B*". Eigentlich ist ja der Ausdruck „die Bedeutung des Begriffswortes *A*" zu verwerfen, weil der bestimmte Artikel vor „Bedeutung" auf einen Gegenstand hinweist und die prädikative Natur des Begriffes verleugnet. Besser wäre es schon zu sagen „was das Begriffswort *A* bedeutet"; denn dies ist allenfalls prädikativ zu gebrauchen: „Jesus ist, was das Begriffswort 'Mensch' bedeutet" in dem Sinne von „Jesus ist ein Mensch".

Wenn wir nun dies alles im Auge behalten, sind wir wohl imstande zu behaupten „Was zwei Begriffswörter bedeuten, ist dann und nur dann dasselbe, wenn die zugehörigen Begriffsumfänge zusammenfallen", ohne durch den uneigentlichen Gebrauch des Wortes „dasselbe" zu Fehlern verleitet zu werden. Und damit ist den Umfangslogikern, wie ich glaube, ein bedeutendes Zugeständnis gemacht. Sie haben recht, wenn sie durch ihre Vorliebe für den Begriffsumfang gegenüber dem Begriffsinhalt zu erkennen geben, daß sie die Bedeutung der Worte als das Wesentliche für die Logik ansehen, nicht den Sinn. Die Inhaltslogiker bleiben nur zu gerne beim Sinn stehen; denn, was sie Inhalt nennen, ist, wenn nicht gar Vorstellung, so doch Sinn. Sie bedenken nicht, daß es in der Logik nicht darauf ankommt, wie Gedanken aus Gedanken hervorgehen ohne Rücksicht auf den Wahrheitswert, daß der Schritt vom Gedanken zum Wahrheitswert, daß, allgemeiner, der Schritt vom Sinne zur Bedeutung getan werden muß; daß die logischen Gesetze zu-

* Diese Gegenstände haben die Namen „der Begriff Φ" und „der Begriff X".

nächst Gesetze im Reich der Bedeutungen sind und sich erst mittelbar auf den Sinn beziehen. Wenn es einem auf die Wahrheit ankommt — und auf die Wahrheit zielt die Logik hin — muß man auch nach den Bedeutungen fragen, muß man Eigennamen verwerfen, welche keinen Gegenstand bezeichnen oder benennen, wiewohl sie einen Sinn haben mögen; muß man Begriffswörter verwerfen, die keine Bedeutung haben. Das sind nicht etwa solche, die Widersprechendes vereinigen — denn ein Begriff kann recht wohl leer sein — sondern solche, bei denen die Umgrenzung verschwommen ist. Es muß von jedem Gegenstand bestimmt sein, ob er unter den Begriff falle oder nicht; ein Begriffswort, welches dieser Anforderung an seine Bedeutung nicht genügt, ist bedeutungslos. Dahin gehört auch z. B. das Wort „μῶλυ"[14]) (Homers Od. X, 305), obwohl ja einige Merkmale angegeben sind. Darum braucht jene Stelle noch nicht sinnlos zu sein, ebensowenig wie andere, in denen der Name „Nausikaa" vorkommt, der wahrscheinlich nichts bedeutet oder benennt. Aber er tut so, als benenne er ein Mädchen, und damit sichert er sich einen Sinn. Und der Dichtung genügt der Sinn, der Gedanke auch ohne Bedeutung, ohne Wahrheitswert, aber nicht der Wissenschaft.

Ich habe in meinen Grundlg.[15]) und in dem Vortrage Über formale Theorien der Arithmetik[16]) gezeigt, daß es für gewisse Beweise durchaus nicht gleichgültig ist, ob eine Zeichenverbindung — z. B. $\sqrt{-1}$ — eine Bedeutung[*]) habe oder nicht, daß vielmehr die ganze Beweiskraft damit steht und fällt. So erweist sich überall die Bedeutung als das für die Wissenschaft Wesentliche. Wenn also auch den Inhaltslogikern zuzugeben ist, daß der Begriff selbst gegenüber seinem Umfange das Ursprüngliche ist, so ist er doch hierbei nicht als Sinn des Begriffswortes aufzufassen, sondern als Bedeutung, und die Umfangslogiker kommen insofern der Wahrheit näher, als sie in dem Umfange eine Bedeu-

[*] Allerdings hatte ich meinen nun angenommenen Gebrauch der Wörter „Sinn" und „Bedeutung" noch nicht festgesetzt, so daß ich zuweilen „Sinn" sagte, wo ich jetzt „Bedeutung" sagen würde.

tung als das Wesentliche hinstellen, die zwar nicht der Begriff selbst ist, aber doch sehr enge mit ihm zusammenhängt.

Herr Husserl rügt die Unklarheit bei Schröder[17]), wo er die Wörter „unsinnig", „einsinnig" und „mehrsinnig", „undeutig", „eindeutig", „mehrdeutig" (SS. 48 ff. und 69) erörtert[18]), und Unklarheit ist hier in der Tat vorhanden; aber auch Husserl unterscheidet nicht hinreichend. Wie kaum anders zu erwarten, gebraucht Herr Schröder die Wortteile „sinnig" und „deutig" anders als ich, woraus ihm ja an sich um so weniger ein Vorwurf zu machen ist, als von mir hierüber beim Erscheinen seines Werkes nichts Gedrucktes vorlag. Bei ihm hängt dieser Unterschied zusammen mit dem zwischen Gemeinnamen und Eigennamen, und die Unklarheit rührt her von der mangelhaften Auffassung des Unterschiedes von Begriff und Gegenstand. Gemeinnamen können nach ihm ohne Fehler mehrdeutig sein, und das sind sie, wenn unter den zugehörigen Begriff mehrere Gegenstände fallen.*) Danach würde ein Gemeinname auch ohne Fehler undeutig sein können, wie „Rundes Quadrat". Schröder nennt ihn aber auch unsinnig und wird damit seiner eigenen Redeweise untreu; denn danach würde „Rundes Quadrat" einsinnig genannt werden müssen, und Husserl hat recht, wenn er ihn univoken Gemeinnamen nennt; denn „univok" und „äquivok" entsprechen dem Schröderschen „einsinnig" und „mehrsinnig". Husserl sagt (S. 250): „Offenbar vermengt er hier zwei sehr verschiedene Fragen, nämlich 1) ob einem Namen eine Bedeutung (ein „Sinn") zu-

* Wenn, wie Husserl in der Anm.[a]) auf S. 252 sagt, ein distributiver Name ein solcher ist, „dessen Bedeutung es ausmacht, irgendeines aus seiner Vielheit zu bezeichnen", so ist ein Begriffswort (Gemeinname) jedenfalls kein distributiver Name.[b])

[a] Im Manuskript steht: „in den Ann."

[b] Nach einer Notiz von *Scholz* und seinen Mitarbeitern auf dem Manuskript ist es vom Originalmanuskript her offenbar nicht ganz klar gewesen, auf welche Stelle seiner Überlegungen Frege den hier als Anmerkung gedruckten Zusatz beziehen wollte. Der Herausgeber ist einem Vorschlag von Scholz gefolgt.

komme; und 2) ob einem Namen entsprechend ein Gegenstand existiere oder nicht". Diese Unterscheidung genügt nicht. Das Wort „Gemeinname" verleitet zu der Annahme, daß der Gemeinname sich im wesentlichen ebenso auf Gegenstände beziehe wie der Eigenname, nur daß dieser nur einen einzigen benennt, während jener im allgemeinen auf mehrere anwendbar ist. Aber das ist falsch; und darum sage ich statt „Gemeinname" lieber „Begriffswort". Der Eigenname muß wenigstens einen Sinn haben (wie ich das Wort gebrauche); sonst wäre er eine leere Folge von Schällen und mit Unrecht Name zu nennen. Für den wissenschaftlichen Gebrauch muß aber von ihm verlangt werden, daß er auch eine Bedeutung habe; daß er einen Gegenstand bezeichne oder benenne. So bezieht sich der Eigenname durch Vermittlung des Sinnes und nur durch diese auf den Gegenstand.

Auch das Begriffswort muß einen Sinn und für den wissenschaftlichen Gebrauch eine Bedeutung haben; aber diese besteht weder aus einem Gegenstande noch aus mehreren, sondern ist ein Begriff. Beim Begriffe kann nun freilich wieder gefragt werden, ob ein Gegenstand unter ihn falle oder mehrere oder keiner. Aber dies geht unmittelbar nur den Begriff an. So kann ein Begriffswort logisch durchaus unanfechtbar sein, ohne daß es einen Gegenstand gibt, auf den es sich durch seinen Sinn und seine Bedeutung (den Begriff selbst) hindurch beziehe. Diese Beziehung auf einen Gegenstand ist, wie man sieht, eine mehr vermittelte und unwesentliche, so daß es wenig passend scheint, die Begriffswörter danach einzuteilen, ob unter den entsprechenden Begriff kein oder ein oder mehrere Gegenstände fallen. Die Logik muß sowohl vom Eigennamen als auch vom Begriffsworte fordern, daß der Schritt vom Worte zum Sinne und der vom Sinne zur Bedeutung unzweifelhaft bestimmt sei. Sonst würde man gar nicht von einer Bedeutung sprechen dürfen. Das gilt natürlich von allen Zeichen und Zeichenverbindungen, die denselben Zweck wie Eigennamen oder Begriffswörter haben.

Logik.[1])

[1897]

[Kurze Inhaltsangabe der einzelnen Seiten. Frege hat diese nur bis p. 57 durchgeführt.]

[38] Das Wort „wahr" gibt das Ziel an. Die Logik beschäftigt sich in besonderer Weise mit dem Prädikate „wahr". Das Wort „wahr" kennzeichnet die Logik.

[39] Wahr läßt sich nicht definieren; man kann nicht sagen: wahr ist eine Vorstellung, wenn sie mit der Wirklichkeit übereinstimmt. Wahr ursprünglich und einfach. Durch Vergleichung ist dies Eigentümliche unseres Prädikates ins Licht zu setzen. Es wird immer mit ausgesagt, wenn irgend etwas ausgesagt wird.

[40] Gebiet aufsuchen, wo das Prädikat „wahr" anwendbar ist. Nicht in der Körperlichkeit. Man legt es am häufigsten Sätzen bei; doch nur Behauptungssätzen. Doch kommt es nicht der Folge von Lauten zu. Übersetzung.

[41 f.] [Scheinaussagen braucht man in der Logik nicht zu betrachten.][a])

[42] Der Sinn eines Satzes wird Gedanke genannt. Das Prädikat „wahr" ist auf Gedanken anwendbar. Ist es auch auf Vorstellungen anwendbar? Auch dann, wenn eine Vorstellung wahr genannt wird, ist es eigentlich ein Gedanke, dem dies Prädikat beigelegt wird.

[43] Gedanke ist keine Vorstellung und nicht aus solchen zusammengesetzt. Gedanken und Vorstellungen sind grundverschieden. Durch Assoziation von Vorstellungen entsteht nie etwas, was wahr sein könnte.

Das eigentliche Ausdrucksmittel für den Gedanken ist der Satz. Dieser ist dagegen wenig geeignet, Vorstellungen wiederzugeben. Bilder und Musikstücke

---

[a] Bei diesem Satze stehen die eckigen Klammern bereits im Manuskript.

dagegen ungeeignet, Gedanken auszudrücken. Vergleich des Prädikats „wahr" mit „schön". Dieses hat einen Grad, jenes nicht.

[44] Das Schöne ist nur für den schön, der es als solches empfindet. Über den Geschmack ist nicht zu streiten. Das Wahre ist an sich wahr; nichts ist an sich schön. Beim objektiven Schönheitsurteil liegt die Annahme eines Normalmenschen zu Grunde. Doch, was ist normal? Das objektiv Schöne ist doch immer auf das subjektiv Schöne zu gründen. Es nützt auch nichts, statt eines normalen einen idealen Menschen vorauszusetzen.

[45] Das Kunstwerk ist ein Vorstellungsgebilde in uns. Jeder hat sein eigenes. Kein Widerspruch zwischen den Schönheitsurteilen. Jemand, der behauptet, daß etwas nur durch unsere Anerkennung wahr ist, würde durch die Tat seiner Behauptung ihrem Inhalte widersprechen. Er könnte in Wahrheit nichts behaupten. Jede Meinung wäre dann unberechtigt; es gäbe keine Wissenschaft. Es gäbe eigentlich nichts Wahres. Die Unabhängigkeit von unserer Anerkennung ist mit dem Sinne des Wortes „wahr" aufs innigste verbunden.

[46] Gedanken brauchen auch nicht von uns gedacht zu werden, um wahr zu sein. Naturgesetze werden entdeckt (nicht ersonnen). Gedanken sind unabhängig von unserem Denken. Der Gedanke ist den Denkenden nicht so besonders zu eigen, wie die Vorstellung den Vorstellenden, sondern steht den Denkenden als derselbe in gleicher Weise gegenüber. Sonst verbänden nie zwei Menschen mit demselben Satze denselben Gedanken. Ein Widerspruch zwischen den Behauptungen verschiedener Menschen wäre unmöglich. Streit über die Wahrheit wäre eitel. Es fehlte an einem gemeinsamen Kampfplatze.

[47] Hinsichtlich der Schönheit beurteilt jeder sein Lied, so beurteil[te] auch jeder seinen Gedanken, wenn er sich zu dem Satze ähnlich verhielte, wie das

Tonvorstellungsgebilde zu den Luftschwingungen. Wenn der Gedanke etwas Seelisches wäre, so könnte seine Wahrheit nur in einer Beziehung zu etwas Äußerem bestehen, und daß diese Beziehung stattfände, wäre ein Gedanke, nach dessen Wahrheit zu fragen wäre. Tretmühle. Der Gedanke ist etwas Unpersönliches. An die Wand geschrieben.

[48] Einwand: ein Satz wie „ich friere". Das gesprochene Wort bedarf oft der Ergänzung. Das Wort „ich" bezeichnet nicht immer denselben Menschen. Der Satz mit „ich" kann in eine angemessenere Form gegossen werden. Unterschied von Interjektion. Wörter „nun", „hier" ähnlich wie „ich". Beim subjektiven Geschmacksurteil ist es wesentlich, wer es ausspricht.

[49] Einwurf: ich gebrauche das Wort „Gedanke" ungewöhnlich.

[50 f.] Anm. Dedekinds Gebrauchsweise stimmt mit meiner überein.

[51] Das Denken ist nicht Hervorbringen, sondern Fassen von Gedanken.

[52] Gedanke nichts Räumliches. Stoffliches.

[53] Gedanke nur in einem besonderen Sinne etwas Wirkliches. Auch die falschen Gedanken unabhängig vom Sprechenden.

[54] Das Prädikat „wahr" wird immer mit ausgesagt. Im Behauptungssatze pflegt der Ausdruck eines Gedankens und die Anerkennung seiner Wahrheit verbunden zu sein. Diese Verbindung nicht notwendig. Nicht immer liegt im Behauptungssatze eine Behauptung. Erfassen des Gedankens geht oft der Anerkennung der Wahrheit vorher. Urteilen, Behaupten. Ein Satz soll auch auf Vorstellen und Fühlen wirken.

[55] Als Ganzes von Lautempfindungen ist er dazu im Stande. Onomatopöie. Durch ihren Sinn wirken die Worte gleichfalls auf das Vorstellen. Doch Vorstellung nicht mit Sinn zu verwechseln.

[56] Das Wort bestimmt allein nicht die Vorstellung. Vorstellungen bei demselben Worte sind verschieden.

Worte geben Winke für das Vorstellen. Mittel für den Dichter. „Hund“ und „Köter“ können einander vertreten, ohne den Gedanken zu ändern. Das Unterscheidende hat den Wert einer Interjektion.

[57] Kriterium. Zu unterscheiden: Gedanken, die man ausdrückt, und solche, die man nur zu fassen veranlaßt. Traurige Stimme, „ach“, „leider“. Zweifelhafte Fälle infolge der Veränderlichkeit der Sprache.

Einleitung.

Das Prädikat *wahr*, Gedanke, Folgerungen für die Behandlung der Logik.

Beim Eintritt in eine Wissenschaft hat man das Bedürfnis, vorläufig wenigstens eine Ahnung von ihrem Wesen zu erlangen. Man wünscht ein Ziel zu sehen, dem man zustreben wird, einen Zielpunkt aufzustellen, der die Richtung gibt, in der man fortschreiten will. Für die Logik kann das Wort „wahr“ dazu dienen, ein solches kenntlich zu machen, in ähnlicher Weise wie „gut“ für die Ethik und „schön“ für die Ästhetik. Zwar haben alle Wissenschaften die Wahrheit als Ziel, aber die Logik beschäftigt sich in ganz besonderer Weise mit dem Prädikate „wahr“, nämlich ähnlich wie die Physik mit den Prädikaten „schwer“ und „warm“ oder wie die Chemie mit den Prädikaten „sauer“ und „alkalisch“ zu tun hat; mit dem Unterschiede jedoch, daß diese Wissenschaften außer den genannten noch andere Eigenschaften in Betracht zu ziehen haben und durch keine einzige so vollkommen in ihrem Wesen gekennzeichnet sind, wie die Logik durch das Wort „wahr“.

Wie die Ethik kann man auch die Logik eine normative Wissenschaft nennen. Wie muß ich denken, um das Ziel, die Wahrheit, zu erreichen? Die Beantwortung dieser Frage erwarten wir von der Logik, aber wir verlangen nicht von ihr, daß sie auf das Besondere jedes Wissensgebietes und deren Gegenstände eingehe; sondern nur das Allgemeinste, was für alle Gebiete des Denkens Geltung hat, anzugeben, weisen wir der Logik als Aufgabe zu. Die Regeln für unser Denken und Fürwahrhalten müssen wir [als] bestimmt denken durch die Gesetze des Wahrseins. Mit diesen sind jene gegeben. Wir können mithin auch sagen: die Logik ist die Wissenschaft der allgemeinsten Gesetze des Wahrseins. Man findet vielleicht, daß man sich nichts ganz Bestimmtes dabei denken könne. Unbeholfenheit des Schriftstellers und der Sprache mögen daran Schuld sein. Aber es handelt sich auch nur darum, ungefähr das Ziel kenntlich zu machen. Was noch fehlt, muß die Durchführung ergänzen.

Es wäre nun vergeblich, durch eine Definition deutlicher zu machen, was unter „wahr" zu verstehen sei. Wollte man etwa sagen: „wahr ist eine Vorstellung, wenn sie mit der Wirklichkeit übereinstimmt", so wäre damit nichts gewonnen, denn, um dies anzuwenden, müßte man in einem gegebenen Falle entscheiden, ob eine Vorstellung mit der Wirklichkeit übereinstimme, mit anderen Worten: ob es wahr sei, daß die Vorstellung mit der Wirklichkeit übereinstimme. Es müßte also das Definierte selbst vorausgesetzt werden. Dasselbe gälte von jeder Erklärung von dieser Form: „*A* ist wahr, wenn es die und die Eigenschaften hat, oder zu dem und dem in der und der Beziehung steht".[2]) Immer käme es wieder im gegebenen Falle darauf an, ob es wahr sei, daß *A* die und die Eigenschaften habe, zu dem und dem in der und der Beziehung stehe. Wahrheit ist offenbar etwas so Ursprüngliches und Einfaches, daß eine Zurückführung auf noch Einfacheres nicht möglich ist. Wir sind daher darauf angewiesen, das Eigentümliche unseres Prädikates durch Vergleichung mit anderen ins Licht zu setzen. Zunächst unterscheidet es sich von allen anderen Prädikaten dadurch, daß es immer mit ausgesagt wird, wenn irgend etwas ausgesagt wird.

Wenn ich behaupte, daß die Summe von 2 und 3 5 ist, so behaupte ich damit, daß es wahr ist, daß 2 und 3 5 ist. Und so behaupte ich, es sei wahr, daß meine Vorstellung des Kölner Domes mit der Wirklichkeit übereinstimme, wenn ich behaupte, daß sie mit der Wirklichkeit übereinstimme. Die Form des Behauptungssatzes ist also eigentlich das, womit wir die Wahrheit aussagen, und wir bedürfen dazu des Wortes „wahr" nicht. Ja, wir können sagen: selbst da, wo wir die Ausdrucksweise „es ist wahr, daß ..." anwenden.

ist eigentlich die Form des Behauptungssatzes das Wesentliche.[3])

Fragen wir nun: Wo ist das Prädikat „wahr“ anwendbar? Es handelt sich darum, ein Gebiet abzugrenzen, außerhalb dessen von einer Anwendung überhaupt keine Rede sein kann. Das ganze Gebiet der Körperlichkeit ist jedenfalls auszuschließen. Nur bei Kunstwerken könnte allenfalls ein Zweifel entstehen. Aber, wenn man bei diesen von Wahrheit spricht, gebraucht man doch dies Wort in einer von der hier gemeinten verschiedenen Bedeutung. Jedenfalls wird man das Ding nur als Kunstwerk wahr nennen. Wäre es durch blindwirkende Naturgewalten gebildet, erschiene unser Prädikat nicht angebracht. Aus demselben Grunde schließen wir die Gebrauchsweise von der Betrachtung aus, in der man Gefühle oder Empfindungen wahr nennt, etwa bei Gelegenheit einer Kunstkritik.

Am meisten legt man wohl unser Prädikat Sätzen bei; jedoch sind die Wunsch-, Frage-, Aufforderungs-, Befehlssätze auszuschließen und nur die Behauptungssätze kommen in Betracht, solche Sätze, in denen wir Tatsachen mitteilen, mathematische Gesetze oder Naturgesetze aufstellen.

Es ist weiter klar, daß es nicht die Folge von Lauten ist, als welche sich ein Satz darstellt, sondern sein Sinn, dem wir eigentlich Wahrheit zuschreiben; denn einerseits bleibt die Wahrheit bestehen, wenn wir einen Satz richtig in eine andere Sprache übersetzen, andererseits ist es wenigstens denkbar, daß dieselbe Lautfolge in der einen Sprache einen wahren, in der anderen einen falschen Sinn hat.

Wir begreifen hier unter dem Worte „Satz“ den Hauptsatz und die von ihm abhängigen Nebensätze.

In den für die Logik allein in Betracht kommenden Fällen ist der Sinn eines Behauptungssatzes entweder wahr oder falsch, und wir nennen ihn dann einen eigentlichen Gedanken. Es gibt aber noch einen dritten Fall, der hier wenigstens erwähnt werden muß.

Der Satz „Die Skylla hat sechs Rachen“ ist nicht wahr; aber auch der Satz „Die Skylla hat nicht sechs Rachen“ ist nicht wahr; denn dazu wäre nötig, daß der Eigenname „Skylla“ etwas bezeichnete. Man meint vielleicht, daß der

Name „Skylla“ doch etwas bezeichne, nämlich eine Vorstellung. Dann fragt sich zunächst: wessen Vorstellung? Man spricht oft so, als ob eine und dieselbe Vorstellung mehreren Menschen zukäme, aber das ist falsch, wenn man einmal das Wort „Vorstellung“ im psychologischen Sinne gebraucht: jeder hat seine eigene. Dann aber hat eine Vorstellung keine Köpfe; man kann ihr also auch keine abhauen. Also bezeichnet „Skylla“ keine Vorstellung. Namen, die den Zweck verfehlen, den ein Eigenname zu haben pflegt, nämlich etwas zu benennen, mögen Scheineigennamen heißen. Obwohl die Erzählung von Tell eine Sage und keine Geschichte ist, und der Name „Tell“ ein Scheineigenname ist, können wir dieser doch nicht jeden Sinn absprechen; aber der Sinn des Satzes „Tell schoß seinem Sohne einen Apfel vom Kopfe“ ist ebensowenig wahr wie der des Satzes „Tell schoß nicht seinem Sohne einen Apfel vom Kopfe“. Aber ich sage auch nicht, daß der Sinn falsch sei, sondern erkläre ihn für Dichtung.[4]) Dies erläutere den Sinn, in dem ich das Wort „falsch“ gebrauche, von dem eine eigentliche Definition ebensowenig wie von „wahr“ zu geben ist.

Wenn der erkenntnistheoretische Idealismus recht hätte, so gehörten alle Naturwissenschaften ins Gebiet der Dichtung.[5]) Man könnte zwar versuchen, alle Sätze so umzudeuten, daß sie von Vorstellungen handelten. Damit veränderte man aber ganz deren Sinn, erhielte eine ganz andere Wissenschaft, und diese neue Wissenschaft wäre ein Zweig der Psychologie.

Statt „Dichtung“ könnten wir auch „Scheingedanke“ sagen. Wenn der Sinn eines Behauptungssatzes also nicht wahr ist, so ist er entweder falsch oder Dichtung, und dies letzte ist er im allgemeinen, wenn ein Scheineigenname darin vorkommt.*) Die Dichtkunst hat es, wie z. B. auch die Malerei, auf den Schein abgesehen. Die Behauptungen sind in der Dichtung nicht ernst zu nehmen: es sind nur Scheinbehauptungen. Auch die Gedanken sind nicht ernst zu neh-

* Eine Ausnahme findet statt, wenn der Scheineigenname in einer indirekten Rede vorkommt, die einen Teil des Satzes bildet.[6])

men wie in der Wissenschaft: es sind nur Scheingedanken. Wenn Schillers Don Carlos als Geschichte aufzufassen wäre, so wäre dies Drama zu einem großen Teile falsch. Aber ein Werk der Dichtkunst will gar nicht in dieser Weise ernst genommen werden; es ist ein Spiel. Auch die Eigennamen sind hier Scheineigennamen, obwohl sie mit Namen von geschichtlichen Personen übereinstimmen; sie sollen hier nicht ernst genommen werden. Ähnliches haben wir bei einem geschichtlichen Gemälde. Als Kunstwerk macht es gar nicht den Anspruch, den wirklichen Hergang vor Augen zu führen. Ein Bild, das mit photographischer Treue einen geschichtlich bedeutsamen Moment darstellen sollte, wäre kein Kunstwerk im höheren Sinne des Wortes, sondern eher einer anatomischen Abbildung in einem wissenschaftlichen Werke zu vergleichen.

Um die Scheingedanken braucht sich die Logik nicht zu kümmern, wie auch der Physiker, der das Gewitter erforschen will, das Bühnengewitter unbeachtet lassen wird. Wenn im Folgenden von Gedanken die Rede sein wird, so sollen darunter die eigentlichen Gedanken verstanden werden, die entweder wahr oder falsch sind.

Ich nenne nun den Sinn eines Behauptungssatzes Gedanken. Gedanken sind z. B. Naturgesetze, mathematische Gesetze, geschichtliche Tatsachen; alle diese finden ihren Ausdruck in Behauptungssätzen. Nun kann ich genauer sagen: Das Prädikat „wahr“ ist auf Gedanken anwendbar.

Man spricht auch wohl von wahren Vorstellungen. Unter einer Vorstellung versteht man ein Phantasiebild, das nicht wie die Anschauung aus gegenwärtigen Empfindungen, sondern aus den wiedererweckten Spuren vergangener Empfindungen oder Tätigkeiten besteht. Eine Vorstellung ist, wie jedes andere Bild, an sich nicht wahr, sondern nur in Hinsicht auf etwas, dem es entsprechen soll. Wenn gesagt wird, ein Bild solle den Kölner Dom darstellen, nun gut, dann kann man fragen, ob diese Absicht erreicht ist; ohne Hinblick auf eine Absicht, etwas abzubilden, kann von keiner Wahrheit des Bildes die Rede sein. Daraus ist zu entnehmen, daß eigentlich nicht der Vorstellung selbst das Prädikat *wahr* zuerkannt wird, sondern dem Gedanken, daß sie einen gewissen Gegenstand abbilde. Und dieser Gedanke ist keine Vorstellung und nicht aus Vorstellungen irgendwie zusammengesetzt. Gedanken sind von Vorstellungen (im psychologischen Sinne) grundverschieden. Die Vorstellung von einer roten Rose ist etwas anderes als der Gedanke, daß diese Rose rot ist. Wie man auch Vorstellungen assoziieren oder verschmelzen mag, man wird immer nur wieder eine Vorstellung erhalten, aber nie etwas, was wahr sein könnte. Dieser Unterschied zeigt sich auch in der Art der Mitteilung. Das eigentliche Ausdrucksmittel für den Gedanken ist der Satz. Dieser ist aber wenig geeignet, um eine Vorstellung wiederzugeben. Ich brauche nur daran zu erinnern, wie unvollkommen jede Beschreibung ist im Vergleiche mit einer bildlichen Darstellung. Etwas günstiger liegt die Sache bei Gehörvorstellungen; es kann da die Onomatopöie helfen; aber gerade diese hat mit dem Gedankenausdrucke nichts zu tun, und bei einer Übersetzung geht diese Tonmalerei leicht verloren, während doch der Gedanke erhalten bleiben muß, wenn überhaupt von einer Übersetzung die Rede sein soll. Andererseits sind Bilder und Musikstücke ohne Worte wenig geeignet, Gedanken auszudrücken. Zwar wird man sich bei einem solchen Kunstwerke mancherlei denken können, aber ein notwendiger Zusammenhang besteht dabei nicht, und man wird sich nicht wundern, wenn ein anderer sich etwas anderes dabei denkt.

Um[a]) das Eigentümliche unseres Prädikates *wahr* in helleres Licht zu setzen, vergleichen wir es mit dem Prädikate *schön*. Zunächst erkennen wir, daß das Schöne einen Grad hat, nicht aber das Wahre. Wir können zwei Gegenstände schön finden, aber den einen schöner als den anderen. Wenn dagegen zwei Gedanken wahr sind, so ist der eine nicht wahrer als der andere. Ferner ergibt sich dabei der wesentliche Unterschied, daß das Wahre unabhängig von unserer Anerkenung wahr ist, daß aber das Schöne nur für den

[a] Die folgenden beiden Absätze hatte Frege durchgestrichen, wie eine Notiz von *Scholz* und seinen Mitarbeitern auf dem Manuskript erkennen läßt.

schön ist, der es als solches empfindet. Was dem einen schön ist, ist es nicht notwendig dem anderen. Über den Geschmack ist nicht zu streiten. Beim Wahren ist ein Irrtum möglich, nicht aber beim Schönen. Eben dadurch, daß ich etwas für schön halte, ist es für mich schön. Darum aber, daß ich etwas für wahr halte, braucht es nicht wahr zu sein; und wenn es nicht an sich wahr ist, ist es auch nicht für mich wahr. An sich ist nichts schön, sondern immer nur für ein empfindendes Wesen, und das muß bei einem Schönheitsurteile immer hinzugedacht werden. Nun werden ja solche Urteile auch gefällt, die den Anspruch auf Objektivität zu erheben scheinen. Hierbei liegt immer bewußt oder unbewußt die Annahme eines Normalmenschen zugrunde, und jeder meint unwillkürlich dem Normalmenschen so nahe zu stehen, daß er in dessen Namen sprechen zu können glaubt. „Diese Rose ist schön" soll dann besagen: für einen normalen Menschen ist diese Rose schön. Aber, was ist normal? Das hängt ganz von dem Umkreis von Menschen ab, den man in Betracht zieht. Wenn in einem abgelegenen Gebirgstale fast alle Menschen Kröpfe haben, so wird das dort als normal gelten, und die eines solchen Schmuckes Ermangelnden werden als häßlich gelten. Wie soll man einen Neger im Innern Afrikas davon abbringen, daß die schmalen Nasen der Europäer häßlich, die breiten der Neger hingegen schön seien? Und kann nicht ein Neger als Neger ebenso normal sein wie ein Weißer als Weißer? Kann nicht ein Kind ebenso normal sein wie ein Erwachsener? Die durch Assoziation miterweckten Vorstellungen werden beim Schönheitsurteil von großem Einflusse sein, und diese hängen davon ab, was der Mensch früher in sich aufgenommen hat. Das ist aber immer verschieden bei verschiedenen Menschen. Aber wenn es auch gelänge, den normalen Menschen und damit das objektiv Schöne zu definieren, so müßte das doch immer auf Grund des subjektiv Schönen geschehen. Dieses wäre damit keineswegs beseitigt, sondern als das Ursprüngliche anerkannt. Wenn man an die Stelle des normalen den idealen Menschen setzen wollte, könnte man die Sachlage nicht ändern. Ohne Empfindungen und Vorstellungen gäbe es in keinem Falle ein subjektives Schönes und also auch kein objektives. Es wird also wohl die Ansicht viel für sich haben, daß das eigentliche Kunstwerk ein Vorstellungsgebilde in uns ist, und daß das äußere Ding — das Gemälde, das Standbild — nur ein Mittel ist, dies eigentliche Kunstwerk in uns zu erzeugen. Jeder Genießende hat demnach sein eigenes Kunstwerk, so daß gar kein Widerspruch zwischen den verschiedenen Schönheitsurteilen besteht. Daher: *de gustibus non disputandum!*

Wenn jemand dem widersprechen wollte, daß das Wahre unabhängig von unserer Anerkennung wahr ist, so würde er eben durch seine Behauptung dem was er behauptete widersprechen, in ähnlicher Weise, wie ein Kreter, der sagte, daß alle Kreter lögen.

Wenn nämlich etwas nur für den wahr wäre, der es für wahr hielte, so gäbe es keinen Widerspruch zwischen den Meinungen verschiedener Menschen. Jemand, der diese Meinung hätte, dürfte also folgerichtig gar nicht der entgegengesetzten widersprechen, er müßte dem Grundsatze huldigen: *non disputandum est.* Er könnte im gewöhnlichen Sinne gar nichts behaupten, und wenn er es der Form nach täte, so hätte das doch nur den Wert einer Interjektion; d. h., der Äußerung eines seelischen Zustandes oder Vorganges, der mit einem solchen Zustande oder Vorgange bei einem anderen Menschen nicht im Widerspruch stehen könnte. Und diesen Wert hätte dann auch seine Behauptung, daß etwas nur durch unsere Anerkennung und für uns wahr wäre. Wenn diese Meinung wahr wäre, so wäre der Anspruch unhaltbar, daß die eigene Meinung auch bei anderen größeres Recht habe, als die entgegengesetzte. Eine Meinung, die diesen Anspruch erhöbe, wäre unberechtigt; das hieße aber jede Meinung im gewöhnlichen Sinne des Wortes wäre unberechtigt, also auch die von uns bekämpfte; es gäbe keine Wissenschaft, es gäbe keinen Irrtum, keine Berichtigung des Irrtums, es gäbe eigentlich nichts Wahres im gewöhnlichen Sinne des Wortes. Mit diesem hängt die hier betonte Unabhängigkeit von unserer Anerkennung so enge zusammen, daß sie nicht davon getrennt werden kann. Wenn jemand die hier bekämpfte Meinung ernst und ehrlich verteidigte, so bliebe nur übrig, anzunehmen, daß er mit dem Worte „wahr“ einen anderen Sinn verbände.

Wir gehen noch einen Schritt weiter. Gedanken — z. B. Naturgesetze — bedürfen nicht nur unserer Anerkennung nicht, um wahr zu sein, sie brauchen dazu nicht einmal von uns gedacht zu werden. Ein Naturgesetz wird nicht von uns ersonnen, sondern entdeckt. Und wie eine wüste Insel im Eismeer längst da war, ehe sie von Menschen gesehen wurde, so gelten auch die Gesetze der Natur und ebenso die mathematischen von jeher und nicht erst seit ihrer Entdeckung. Wir entnehmen hieraus, daß Gedanken nicht nur, falls sie wahr sind, unabhängig von unserer Anerkennung wahr sind, sondern, daß sie [überhaupt unabhängig][a]) von unserem Denken sind. Der Gedanke ist den Denkenden nicht so besonders zu eigen, wie die Vorstellung den Vorstellenden, sondern steht allen, die ihn auffassen, in derselben Weise und als derselbe gegenüber. Nie verbänden zwei Menschen denselben Gedanken mit demselben Satze[7]), sondern jeder hätte seinen eigenen: und wenn nun z. B. jener $2 \cdot 2 = 4$ als wahr hinstellte, während dieser es verneinte, so wäre das kein Widerspruch, weil das, was jener behauptete, verschieden wäre von dem, was dieser verwürfe. Ein Widerspruch zwischen den Behauptungen verschiedener Menschen wäre überhaupt unmöglich; denn nur, wenn genau von demselben Gedanken einerseits die Wahrheit, andererseits die Falschheit behauptet wird, liegt ein Widerspruch vor. Ein Streit über die Wahrheit wäre also eitel. Es fehlte eben der gemeinsame Kampfplatz; jeder Gedanke wäre in seiner Innenwelt eingeschlossen und ein Widerspruch der Gedanken verschiedener Menschen wäre ähnlich einem Kriege zwischen uns und den Marsbewohnern. Man sage nicht, daß einer dem anderen seinen Gedanken mitteilen könne und daß dann in dessen Innenwelt der Kampf entbrennen werde. Ein Gedanke könnte dann eben gar nicht so mitgeteilt werden, daß er aus der Innenwelt des einen in die des anderen überginge; sondern der in

---

[a] Im Manuskript steht: „überhaupt, unabhängig“.

der Seele des zweiten infolge der Mitteilung auftretende Gedanke wäre verschieden von dem Gedanken des ersten; und eine sehr geringe Änderung kann die Wahrheit in Falschheit verkehren. Wenn man den Gedanken als etwas Psychologisches, als ein Vorstellungsgebilde ansehen wollte, ohne sich jedoch ganz auf den subjektiven Standpunkt zu stellen, so müßte man die Behauptung, daß $2 + 3 = 5$ ist, schon etwa so erläutern: „Man hat bemerkt, daß bei vielen Menschen gewisse Vorstellungsgebilde vorkommen, die mit dem Satze '$2 + 3 = 5$' verknüpft sind. Wir nennen ein Gebilde dieser Gattung Sinn des Satzes '$2 + 3 = 5$'. Soweit man bisher beobachtet hat, sind diese Vorstellungsgebilde immer wahr, so daß wir vorläufig sagen können: „Nach den bisherigen Beobachtungen ist der Sinn des Satzes '$2 + 3 = 5$' wahr"." Aber diese Erläuterung wäre offenbar ganz verfehlt. Man käme dadurch auch nicht von der Stelle, denn der Sinn des Satzes: „Man hat bemerkt, daß bei vielen Menschen gewisse Vorstellungsgebilde vorkommen etc." wäre ja nun auch ein Vorstellungsgebilde und die Sache finge wieder von vorne an. Eine Suppe, die diesem wohlschmeckt, findet jener vielleicht abscheulich. Jeder beurteilt dann eigentlich seine eigene Geschmacksempfindung, die von der des anderen verschieden ist. So wäre es auch mit dem Gedanken, wenn er sich ähnlich zu dem Satze verhielte, wie die Geschmacksempfindungen zu den sie anregenden chemischen Reizen.

Wenn der Gedanke etwas Inneres, Seelisches wäre, wie die Vorstellung, so könnte seine Wahrheit doch nur in einer Beziehung bestehen zu etwas, was kein Inneres, Seelisches wäre. Wenn man also wissen wollte, ob ein Gedanke wahr wäre, so müßte man fragen, ob diese Beziehung stattfände, mithin, ob der Gedanke wahr wäre, daß diese Beziehung bestände. Und so wären wir in der Lage eines Menschen in einer Tretmühle. Er macht einen Schritt vorwärts und aufwärts; aber die Stufe, auf die er tritt, gibt immer nach, und er sinkt auf den vorigen Stand zurück.

Der Gedanke ist etwas Unpersönliches. Wenn wir an einer Wand den Satz „$2 + 3 = 5$" angeschrieben sehen, so erkennen wir den damit ausgedrückten Gedanken vollständig, und es ist für das Verständnis ganz gleichgültig, zu wissen, wer ihn angeschrieben hat.

Unserer Lehre, daß der Gedanke vom Denkenden unabhängig ist, kann ein Satz wie „ich friere“ zu widersprechen scheinen, insofern er für den einen wahr, für den anderen falsch sein kann, so daß er nicht an sich wahr ist. Dies beruht darauf, daß der Satz in dem Munde des einen einen anderen Gedanken ausdrückt als in dem des anderen. Die bloßen Worte enthalten hier nicht den ganzen Sinn, sondern es kommt noch in Betracht, wer sie ausspricht. So bedarf in vielen Fällen das gesprochene Wort der Ergänzung durch Gebärden, Mienen und begleitende Umstände. Das Wort „ich“ bezeichnet eben verschiedene Menschen in Sätzen im Munde von verschiedenen Menschen. Es ist nicht notwendig, daß der Gedanke, er friere, von dem Frierenden selbst ausgesprochen werde. Das kann auch von einem anderen geschehen, indem er den Frierenden mit Namen bezeichnet.

So kann der Gedanke in einen Satz gekleidet werden, der seiner Unabhängigkeit vom Denkenden angemessener ist. Und durch diese Möglichkeit unterscheidet er sich von dem durch eine Interjektion geäußerten seelischen Zustande. Wörter wie „hier“, „nun“ erhalten ihren vollen Sinn immer erst durch die Umstände, bei denen sie gebraucht werden. Wenn gesagt wird „es regnet“, so muß man das Wann und Wo ergänzen. Ein solcher Satz hat geschrieben oft keinen vollständigen Sinn mehr, weil die Winke fehlen, die darin liegen, von wem, wo und wann er gesagt wird. Für einen Satz, der ein subjektives Geschmacksurteil enthält wie „diese Rose ist schön“, ist es für den Sinn wesentlich, wer ihn ausspricht, auch ohne daß das Wort „ich“ darin vorkommt. Alle diese scheinbaren Ausnahmen sind also so zu erklären, daß derselbe Satz nicht immer denselben Gedanken ausdrückt, weil die Worte einer Ergänzung bedürfen, um einen vollständigen Sinn zu ergeben, und daß diese Ergänzung nach den Umständen verschieden sein kann.

Während die Vorstellungen (im psychologischen Sinne des Wortes) ohne bestimmte Begrenzung zerfließend und proteusartig veränderlich sind, bleiben die Gedanken beständig. Sie sind in ihrem Wesen unzeitlich und unräumlich.

Bei dem Gedanken, daß $3 + 4 = 7$ ist, bei den Naturgesetzen bedarf dies kaum einer Begründung. Wenn sich z. B. herausstellen sollte, daß das Gravitationsgesetz von einem gewissen Augenblicke ab nicht mehr wahr sei, so würden wir schließen, daß es überhaupt nicht wahr sei, und würden uns bemühen, ein anderes aufzufinden, das sich von ihm durch eine Bedingung unterschiede, die zu einer Zeit erfüllt, zu einer anderen nicht erfüllt wäre. Ebenso beim Orte: Wenn sich zeigen sollte, daß in der Gegend des Sirius das Gravitationsgesetz nicht gelte, so würden wir ein anderes Gesetz aufsuchen, mit einer Bedingung, die in unserem Sonnensystem erfüllt wäre, in der Gegend des Sirius dagegen nicht.[8]) Will man als Beispiel gegen die Zeitlosigkeit der Gedanken etwa anführen, „Die Einwohnerzahl des Deutschen Reiches beträgt 52 000 000", so antwortete ich: Dieser Satz ist gar kein vollständiger Ausdruck eines Gedankens, da die Zeitbestimmung fehlt. Fügt man diese hinzu, z. B. den 1. Januar 1897 mittags nach mitteleuropäischer Zeit, so ist der Gedanke entweder wahr und dann ist er immer —, oder besser, zeitlos wahr, oder er ist falsch und dann ist er es schlechthin. Das gilt von jeder einzelnen geschichtlichen Tatsache: Sie ist, falls sie wahr ist, unabhängig von der Zeit der Beurteilung wahr. Man wende auch nicht ein, daß ein Satz im Laufe der Zeit einen anderen Sinn erhalten kann; denn das Veränderliche hierbei ist doch die Sprache, nicht der Gedanke. In einer anderen Sprache braucht diese Verschiebung nicht stattzufinden. Man spricht ja freilich von der Veränderlichkeit der Gedanken der Menschen. Indessen sind es nicht die Gedanken, die bald wahr und bald falsch sind, sondern sie werden nur bald für wahr, bald für falsch gehalten.

Wirft man mir etwa ein, daß ich mit dem Worte „Gedanke" einen ungewöhnlichen Sinn verbinde, daß man sonst darunter eine Tat des Denkens verstehe, die offenbar eine innere seelische sei? Nun, zunächst kommt es darauf an, daß ich meiner Gebrauchsweise treu bleibe; ob sie mit der gewöhnlichen übereinstimme, ist von minderer Wichtigkeit. Es mag wohl vorkommen, daß man zuweilen unter dem Worte „Gedanke" eine Denktat versteht, aber jedenfalls ist das nicht immer der Fall*) und eine solche Tat kann nicht wahr sein.

* Herr Dedekind gebraucht dies Wort, wie ich es tue, im 66. Satze seiner Schrift *Was sind und was sollen die Zahlen?* Er will dort nämlich beweisen, daß die Gesamtheit aller Dinge, die Gegenstand seines Denkens sein können, unendlich ist. Es sei s ein solcher Gegenstand; dann nennt Herr D. φ (s) den Gedanken, daß s Gegenstand seines Denkens sein könne. Und dieser Gedanke φ (s) kann nun selbst Gegenstand seines Denkens sein. Demnach ist φ (φ (s)) der Gedanke, daß der Gedanke, daß s Gegenstand seines Denkens sein könne, Gegenstand seines Denkens sein könne. Man sieht daraus, was „$\varphi(\varphi(\varphi(s)))$", „$\varphi$ (φ (φ (φ (s))))" usw. bedeuten sollen. Für den Beweis ist es wesentlich, daß der Satz „s kann Gegenstand des Denkens des Herrn Dedekind sein" immer einen Gedanken ausdrückt, sobald der Buchstabe „s" einen solchen Gegenstand bezeichnet. Wenn es nun, wie Herr D. beweisen will, unendlich viele solche Gegenstände s gibt, muß es auch unendlich viele solcher Gedanken φ (s) geben. Nun wird man aber wohl Herrn D. nicht zu nahe treten, mit der Annahme, daß er nicht unendlich viele Gedanken gedacht habe. Ebensowenig darf er voraussetzen, daß von andern schon unendlich viele Gedanken gedacht seien, die Gegenstände seines Denkens sein könnten; denn damit würde er das zu Beweisende voraussetzen. Wenn nun noch nicht unendlich viele Gedanken gedacht worden sind, so muß es unter jenen unendlich vielen Gedanken $\varphi(s)$ unendlich viele geben, die nicht gedacht sind, so daß das Gedachtwerden nicht wesentlich für den Gedanken ist. Und das ist es gerade, was ich behaupte. Gäbe es nur gedachte Gedanken, so hätte das Zeichen „φ (s)" nicht immer eine Bedeutung; und, um ihm eine solche zu sichern, genügt es nicht, daß „s" etwas bedeutete, was Gegenstand des Denkens des Herrn D. sein könnte, sondern, daß es das sein könnte, müßte auch gedacht worden sein. Wäre das nicht der Fall, so hätte das Zeichen „φ (s)" für das betreffende s keine Bedeutung. Die Sonne ($\odot$) kann Gegenstand des Denkens des Herrn D. sein; mithin werden die ersten beiden Glieder und vielleicht noch einige folgende der Reihe von Zeichen „$\odot$", „φ ($\odot$)", „φ (φ ($\odot$))", . . . eine Bedeutung haben; aber beim Fortschreiten in dieser Reihe

Wie in anderen Wissenschaften wird es auch in der Logik erlaubt sein, Kunstausdrücke zu prägen, unbekümmert darum, ob in der Sprache des Lebens die Wörter immer genauso gebraucht werden. Es kommt bei der Festsetzung der Bedeutung gar nicht darauf an, den Sprachgebrauch genau zu treffen oder der Ableitung[9]) gerecht zu werden, sondern das Wort möglichst geeignet für den Ausdruck der Gesetze zu machen. Um so geeigneter aber ist ein Ganzes von Kunstausdrücken, je kürzer es die gesamte Gesetzmäßigkeit genau wiederzugeben vermag.

Wir können nun das Denken nicht als ein Hervorbringen der Gedanken auffassen. Ebensowenig ist der Gedanke eine Denktat, so daß er sich zum Denken verhielte wie der Sprung zum Springen. Und diese Auffassung steht mit vielen Redeweisen im Einklang. Sagt man nicht, derselbe Gedanke sei von diesem und jenem erfaßt, jemand habe denselben Gedanken wiederholt gedacht? Wenn nun der Gedanke erst durch das Denken entstände oder im Denken bestände, so würde derselbe Gedanke entstehen, vergehen und wieder entstehen können, was ungereimt ist. Wie ich den Baum nicht dadurch erzeuge, daß ich ihn sehe, und wie

---

müßte man schließlich immer zu einem Gliede gelangen, das bedeutungslos wäre, weil der Gedanke, den es bezeichnen sollte, nicht gedacht, also nicht vorhanden wäre. „φ (s)“ wäre dann ähnlich einer Potenzreihe, die nicht für jeden Wert des Arguments konvergierte. Das Divergieren der Reihe entspräche dem Bedeutungsloswerden des Zeichens „$\varphi(s)$“. Nehmen wir an, eine Potenzreihe konvergiere zwischen 0 und 4, divergiere aber für Werte des Arguments größer als 4; nehmen wir ferner an, die Reihe habe für das Argument 1 den Wert 2, für das Argument 2 den Wert 5, so bricht die entsprechende Folge von Zahlen 1, 2, 5 hiermit ab und läuft nicht ins Unendliche fort. Ebenso liefe die Folge $\odot$, φ ($\odot$), φ (φ ($\odot$)), . . . nicht ins Unendliche fort, wenn es nur gedachte Gedanken gäbe. Es beruht also die Bündigkeit des Beweises des Herrn D. auf der Voraussetzung, daß die Gedanken unabhängig von unserem Denken bestehen. Man sieht, wie sich diese Gebrauchsweise des Wortes „Gedanke“ ganz ungezwungen von selbst einstellt.

ich den Bleistift nicht dadurch entstehen lasse, daß ich ihn ergreife, so bringe ich auch den Gedanken nicht durch Denken hervor. Und noch viel weniger sondert ihn das Gehirn ab, wie die Leber die Galle.

Die Gleichnisse, die den sprachlichen Ausdrücken des Fassens eines Gedankens, des Auffassens, Erfassens, Begreifens, Einsehens, des Capere, Percipere, Comprehendere, Intelligere zugrunde liegen, geben die Sachlage in der Hauptsache richtig wieder. Das Gefaßte, Begriffene ist schon da, und man bemächtigt sich nur seiner. Ebenso ist das, wohinein man schaut, oder das, was man aus einem Gemenge herausliest, schon da und entsteht nicht erst durch diese Tätigkeiten. Freilich hinken alle Gleichnisse irgendwie. Wir sind geneigt, das von unserem Seelenleben Unabhängige als etwas Räumliches, Stoffliches anzusehen, und die eben angeführten Wörter lassen den Gedanken in der Tat so erscheinen. Aber darin ist der Vergleichspunkt nicht zu sehen. Das von unserem Seelenleben Unabhängige, das Objektive braucht durchaus nicht räumlich, stofflich, wirklich zu sein. Wenn man das nicht beachten wollte, würde man leicht in eine Art von Mythologie verfallen. Wenn man sagte: „Die Gesetze der Gravitation, der Trägheit, des Parallelogramms der Kräfte bewirken, daß die Erde sich so bewegt, wie sie sich bewegt", so könnte das den Anschein erwecken, als ob jene Naturgesetze die Erde, sozusagen, beim Ohre nähmen und zu pflichtmäßigem Wandel anhielten. Ein solcher Gebrauch der Wörter „wirken", „bewirken" wäre irreleitend. Dagegen kann man wohl sagen, daß die Sonne und die Planeten nach dem Gravitationsgesetze aufeinander wirken.

Wenn also auch in der Unabhängigkeit von meinem Innenleben eine Ähnlichkeit zwischen den physikalischen Körpern und den Gedanken besteht, so darf man doch daraus nicht schließen, daß die Gedanken etwa wie Körper bewegt werden, gerochen oder geschmeckt werden können und der aus der Ungereimtheit dieser Folgerungen etwa hergenommene Einwand gegen unsere Lehre wäre hinfällig. Obwohl ein Naturgesetz ganz unabhängig davon besteht, ob wir daran denken oder nicht, sendet es doch keine Licht-

oder Schallwellen aus, die unsere Seh- oder Hörnerven erregen könnten. Aber, sehe ich denn nicht, daß diese Blume fünf Blumenblätter hat? Man kann das sagen, gebraucht aber das Wort „sehen" dann nicht in dem Sinne des bloßen Lichtempfindens, sondern man meint damit verbunden ein Denken und Urteilen. Auch Newton entdeckte das Gravitationsgesetz nicht durch seine vollkommeneren Sinneseindrücke.

Wenn man von einer Wirklichkeit der Gedanken sprechen will, so kann das nur in dem Sinne geschehen, daß die Kenntnis, die jemand z. B. von einem Naturgesetze hat, auf seine Entschlüsse einwirkt, die dann wieder Massenbewegungen zur Folge haben können. Es wäre dabei das Erkennen eines Gesetzes als dessen Wirkung auf den Erkennenden aufgefaßt, was vielleicht möglich ist, ähnlich wie etwa das Sehen einer Blume als eine mittelbare Wirkung der Blume auf den Sehenden betrachtet werden kann.

Der Mensch kann die Gedanken unbeachtet lassen und kann sich ihrer bemächtigen. Dies könnte als ein Wirken des Menschen auf die Gedanken aufgefaßt werden, was gegen deren Zeitlosigkeit zu sprechen schiene. Aber eine wesentliche Veränderung wird dabei an den Gedanken nicht bewirkt, wie es auch den Mond nicht anzufechten scheint, ob man ihn beachtet oder nicht. Wenn es demnach auch vielleicht möglich ist, von einer Wirkung der Gedanken auf den Menschen zu sprechen, so kann doch von einer Wirkung des Menschen auf den Gedanken nicht die Rede sein. Man könnte für die Veränderlichkeit der Gedanken anführen, daß sie nicht immer gleich klar sind. Aber, was man die Klarheit der Gedanken nennt, ist eigentlich eine Vollkommenheit der Aneignung, der Auffassung der Gedanken in unserem Sinne des Wortes, nicht eine Eigenschaft der Gedanken.

Es wäre falsch zu meinen, daß nur die wahren Gedanken einen von unserem Seelenleben unabhängigen Bestand hätten, daß die falschen dagegen wie die Vorstellungen unserem Inneren angehörten. Fast alles, was wir vom Prädikate *wahr* gesagt haben, gilt auch vom Prädikate *falsch*. Es ist im eigentlichen Sinne nur auf Gedanken anwendbar. Wenn man es von Sätzen oder Vorstellungen der Form nach aussagt, so sagt man es doch im Grunde von Gedanken aus. Was falsch ist, ist falsch an sich und unabhängig von unserer Meinung. Ein Streit um die Falschheit ist zugleich immer ein Streit um die Wahrheit. Dasjenige, um dessen Falschheit gestritten werden kann, gehört also nicht der einzelnen Seele an.

Trennung des Gedankens von den Umhüllungen.

Im Behauptungssatze pflegt zweierlei aufs innigste miteinander verbunden zu sein: der ausgedrückte Gedanke und die Behauptung seiner Wahrheit. Und daher kommt es, daß dies oft nicht deutlich unterschieden wird. Man kann aber auch einen Gedanken ausdrücken, ohne ihn zugleich als wahr hinzustellen. Ein Forscher, der eine wissenschaftliche Entdeckung macht, erfaßt meist zunächst nur den Gedanken und fragt sich nun, ob er als wahr anzuerkennen sei; und erst, nachdem die Untersuchung zu Gunsten der Hypothese ausgefallen ist, wagt er es, sie als wahr hinzustellen. In der Frage „ist Sauerstoffgas kondensierbar?“ und in dem Satze „Sauerstoffgas ist kondensierbar“ haben wir denselben Gedanken ausgedrückt, einmal mit einer Aufforderung, das andere Mal mit einer Behauptung verbunden.

Wenn wir einen Gedanken innerlich als wahr anerkennen, so urteilen wir; wenn wir eine solche Anerkennung kundgeben, so behaupten wir.

Wir können denken, ohne zu urteilen.

Wir haben gesehen, daß die Lautfolge eines Satzes oft nicht hinreicht, um einen Gedanken vollständig auszudrücken. Wenn wir das Wesen des Gedankens in voller Schärfe erfassen wollen, dürfen wir nicht übersehen, daß auch der umgekehrte Fall nicht selten ist, wo der Satz mehr tut, als einen Gedanken auszudrücken und seine Wahrheit zu behaupten. In vielen Fällen soll er daneben auf die Vorstellungen und Gefühle des Hörenden wirken; und dies um so mehr, je mehr sich die Sprache der dichterischen nähert. Wir haben zwar hervorgehoben, daß die Sprache wenig geeignet ist, beliebige Vorstellungen genau nach Wunsch im

Hörer hervorzurufen. Wer wollte es wagen, das Bild eines Apollo durch Worte in der Seele eines anderen genau so entstehen zu lassen, wie es durch die Anschauung eines Kunstwerkes ohne Schwierigkeit erzeugt wird. Aber doch sagt man, daß der Dichter male. Und in der Tat ist es nicht zu leugnen, daß das gehörte Wort in die Vorstellungen eingreift, schon dadurch, daß es selber als Ganzes von Gehörempfindungen ins Bewußtsein tritt. Schon die bloße Folge von Lauten, der Klang der Stimme, die Betonung, der Rhythmus werden mit Lust oder Unlustgefühlen empfunden. Mit diesen Lautempfindungen sind ähnliche Gehörvorstellungen und mit diesen wieder andere Vorstellungen verknüpft, die durch sie wiedererweckt werden. Dies ist das Gebiet der Onomatopöie. Man vergleiche dazu den homerischen Vers (Odyss. IX, 71): τριχθά τε καὶ τετραχθὰ διέσχισεν ἴς ἀνέμοιο.

Dies ist noch ganz unabhängig von dem Zwecke der Worte, Gedanken auszudrücken. Die Laute wirken hier nur als sinnliche Reize. Dadurch aber, daß ihre Folgen einen Sinn haben sollen, üben sie noch auf einem anderen Wege auf das Vorstellen Einfluß aus. Wer das Wort „Pferd“ mit Verständnis hört, dem wird wohl alsbald das Bild eines Pferdes vor die Seele treten. Dieses Bild ist aber nicht mit dem Sinne des Wortes „Pferd“ zu verwechseln; denn über die Farbe des Pferdes, über seine Haltung in Ruhe oder Bewegung, über die Seite, von der es gesehen wird, und dergl. ist kein Wink im Worte „Pferd“ gegeben. Wenn verschiedene Menschen ihre beim Worte „Pferd“ auftauchenden Vorstellungen etwa auf eine Leinwand sofort projizieren könnten, so würden recht verschiedene Bilder zum Vorschein kommen. Aber auch bei demselben Menschen wird das Wort „Pferd“ nicht immer dieselbe Vorstellung hervorzaubern. Viel wird dabei auf den Zusammenhang ankommen. Man vergleiche z. B. die Sätze „wie reitet er so freudig sein mutiges Pferd“ und „eben sah ich ein Pferd auf dem nassen Asphalte stürzen“.

Also davon kann keine Rede sein, daß mit dem Worte „Pferd“ immer dieselbe Vorstellung verknüpft sei. Ein solches Wort gibt also vermöge seines Sinnes zwar die Anregung zur Bildung einer Vorstellung; aber es ist weit davon entfernt, diese Vorstellung allein vollständig zu bestimmen. Im allgemeinen wird man beim Sprechenden und Hörenden nur ganz im Rohen eine Übereinstimmung der Vorstellungen voraussetzen dürfen. Wenn mehrere Künstler dieselbe Dichtung unabhängig voneinander illustrieren, werden sie in der Darstellung desselben Vorganges erheblich voneinander abweichen. Der Dichter malt also eigentlich nicht, sondern regt nur zum Malen an und gibt Winke dafür, die Ausführung dem Hörenden überlassend. Und dieser Winke wegen ist es nun für die Dichter wertvoll, verschiedene Wörter zur Verfügung zu haben, die einander vertreten können, ohne den Gedanken zu ändern, die aber auf die Vorstellungen des Hörenden und seine Gefühle in verschiedener Weise wirken können. Man denke z. B. an die Wörter „gehen", „schreiten" und „wandeln". Auch in den alltäglichen Gesprächen werden diese Mittel zu solchen Zwecken gebraucht. Vergleichen wir die Sätze „Dieser Hund hat die ganze Nacht geheult" und „Dieser Köter hat die ganze Nacht geheult", so finden wir, daß der Gedanke derselbe ist. Wir erfahren durch den ersten Satz nichts mehr und nichts weniger als durch den zweiten. Aber, während das Wort „Hund" sich zu Lust und Unlust gleichgültig verhält, hat das Wort „Köter" entschieden mehr Verwandtschaft zur Unlust und gibt damit einen Wink, sich den Hund etwas ruppig vorzustellen. Wenn nun diesem damit auch großes Unrecht geschieht, kann man doch nicht sagen, daß deswegen der zweite Satz falsch sei. Wer ihn ausspricht, äußert damit allerdings eine gewisse Geringschätzung; aber diese gehört nicht zum ausgedrückten Gedanken. Das, wodurch sich der zweite Satz vom ersten unterscheidet, hat den Wert einer Interjektion. Man könnte denken, daß man doch durch den zweiten Satz mehr erführe, als durch den ersten, nämlich, daß der Sprechende eine geringe Meinung von dem Hunde habe. In diesem Falle wäre in dem Worte „Köter" ein ganzer Gedanke enthalten. Die Probe hierauf ist so zu machen.

Wir setzen den Fall, unser erster Satz sei richtig und jemand spreche den zweiten aus, ohne die Geringschätzung wirklich zu empfinden, die in dem Worte „Köter“ zu liegen scheint. Wenn der Einwand richtig wäre, enthielte nun der zweite Satz zwei Gedanken, von denen der eine falsch wäre; er behauptete also damit im ganzen etwas Falsches, während der erste Satz richtig wäre. Dem wird man wohl nicht zustimmen; vielmehr wird der Gebrauch des Wortes „Köter“ nicht verhindern, auch den zweiten Satz für richtig zu halten. Es ist nämlich zu unterscheiden zwischen den Gedanken, die man ausdrückt, und solchen, die man andere für wahr zu halten veranlaßt, ohne sie auszudrücken. Wenn ein Befehlshaber den Feind über seine Schwäche täuscht, indem er seine Mannschaft in verschiedenen Kleidungen auftreten läßt, so lügt er doch nicht; denn er drückt gar keine Gedanken aus, obwohl seine Handlung den Zweck hat, Gedanken fassen zu lassen. Solche Handlungen können auch beim Sprechen selbst vorkommen, indem man der Stimme einen besonderen Klang gibt oder besondere Wörter wählt. Wenn jemand eine wahre Todesnachricht mit einer traurigen Stimme ausspricht, ohne wirklich traurig zu sein, so ist der ausgedrückte Gedanke dennoch wahr, selbst wenn die traurige Stimme mit der Absicht zu täuschen gemacht wird. Diesen Klang der Stimme kann man auch durch Wörter wie „ach“, „leider“ ersetzen, ohne am Gedanken etwas zu ändern. Anders liegt die Sache natürlich, wenn Handlungen eigens verabredet worden sind, um Mitteilungen zu machen. Bei der Sprache ersetzt der allgemeine Gebrauch solche Verabredungen. Freilich können dadurch bei der Veränderlichkeit der Sprache zweifelhafte Fälle entstehen. Durch den ständigen Gebrauch in Fällen derselben Art kann etwas zuletzt zum Mittel des Gedankenausdrucks werden, was anfänglich diesem Zwecke nicht diente. Ein Gedanke, der früher durch einen Ausdruck nur nahegelegt wurde, kann später durch ihn geradezu behauptet werden. Und in einer Übergangszeit werden verschiedene Auffassungen möglich sein. Aber durch solches Schwanken in der Sprache wird der Unterschied in der Sache nicht aufgehoben. Für uns ist es hier nur wesentlich, daß nicht jedem sprachlichen Unterschiede ein Unterschied der Gedanken entspricht, und daß wir ein Mittel haben zu entscheiden, was zum Gedanken gehört und was nicht, wenn dessen Anwendung auch bei der organischen Natur der Sprache zuweilen schwierig sein mag.

Hierher gehört auch der Unterschied zwischen der aktivischen und passivischen Ausdrucksweise. Die Sätze „M gab dem N die Urkunde A“, „die Urkunde A wurde von M dem N gegeben“, „N empfing von M die Urkunde A“ drücken genau denselben Gedanken aus; man erfährt durch keinen dieser Sätze das geringste mehr oder weniger als durch die anderen. Daher ist es denn auch unmöglich, daß einer von ihnen richtig und zugleich ein anderer falsch sei. Was wahr oder falsch dabei sein kann, ist eben genau dasselbe. Dennoch wird man nicht sagen können, es sei völlig einerlei, welchen dieser Sätze man gebrauche. Stilistische und ästhetische Gründe werden in der Regel für einen von ihnen den Ausschlag geben. Wenn jemand fragt „warum wird A gefangen abgeführt?“, so wäre die Antwort „B ist von ihm ermordet worden“ unnatürlich, weil der Aufmerksamkeit ein unnötiger Sprung vom A zum B zugemutet würde. Worauf die Aufmerksamkeit gerichtet ist, worauf der Nachdruck liegt, kann zwar sonst sehr wichtig sein, geht aber die Logik nichts an.

Bei der Übersetzung aus einer Sprache in eine andere ist man zuweilen genötigt, die grammatische Konstruktion ganz über den Haufen zu werfen. Trotzdem kann der Gedanke derselbe bleiben und muß es, wenn die Übersetzung richtig sein soll. Die Winke dagegen für das Vorstellen und die Stimmung muß man zuweilen darangeben.

Auch in den beiden Sätzen „Friedrich der Große siegte bei Roßbach“ und „es ist wahr, daß Friedrich der Große bei Roßbach siegte“ haben wir denselben Gedanken bei verschiedener sprachlicher Form, wie schon oben gesagt worden ist. Indem wir den Gedanken des ersten Satzes bejahen, bejahen wir mit derselben Tat auch den Gedanken des zweiten und umgekehrt. Es sind nicht zwei verschiedene Urteilstaten, sondern nur eine.

(Man sieht hieraus, daß die grammatischen Kategorien des Subjekts und Prädikats für die Logik nicht von Bedeutung sein können.)

Die Unterscheidung dessen, was bei einem Satze zum ausgedrückten Gedanken gehört, und dessen, was diesem nur anklebt, ist von größter Wichtigkeit für die Logik. Die Reinheit dessen, was man untersucht, ist nicht nur für den Chemiker von Bedeutung. Wie sollte dieser wohl mit Sicherheit erkennen können, daß er auf verschiedenen Wegen zu demselben Ergebnisse gelangt ist, wenn die auftretende Verschiedenheit ihren Grund in Verunreinigungen der angewendeten Substanzen haben könnte? Die ersten und wichtigsten Entdeckungen in einer Wissenschaft sind wohl oft Wiedererkennungen. So selbstverständlich es uns scheinen mag, daß es dieselbe Sonne ist, die gestern untergegangen und heute aufgegangen ist, wie geringfügig uns daher diese Entdeckung vorkommen mag, so ist sie doch gewiß eine der wichtigsten und vielleicht die eigentlich grundlegende in der Astronomie gewesen. Wichtig war es auch zu erkennen, daß der Abendstern derselbe ist wie der Morgenstern, daß das Dreifache von fünf dasselbe ist, wie das Fünffache von drei. Es kommt ebensosehr darauf an, das nicht zu unterscheiden, was dasselbe ist, als wie Verschiedenheiten da anzuerkennen, wo sie nicht ins Auge fallen. Es ist also ganz verkehrt zu meinen, man könne gar nicht fein genug unterscheiden. Es ist nur vom Übel, da Unterschiede zu betonen, wo sie nicht in Betracht kommen. So wird man sich in der allgemeinen Mechanik hüten, von der chemischen Verschiedenheit der Stoffe zu sprechen und etwa für jedes chemische Element das Trägheitsgesetz besonders auszusprechen. Man wird vielmehr nur die Verschiedenheiten in Betracht ziehen, die wesentlich sind für die Gesetzmäßigkeit, mit der man sich gerade beschäftigt. Am allerwenigsten darf man sich durch anhängende Verunreinigungen verleiten lassen, da Unterschiede zu sehen, wo keine sind.

Alle Unterscheidungen sind in der Logik zu verwerfen, die nur von psychologischen Gesichtspunkten aus gemacht werden. Was man wohl psychologische Vertiefung der Logik nennt, ist nichts als psychologische Verfälschung.

Ursprünglich ist beim Menschen das Denken mit dem Vorstellen und Fühlen vermischt. Die Logik hat die Aufgabe, das Logische rein herauszusondern, zwar nicht so, daß wir denken sollen, ohne vorzustellen, was wohl unmöglich ist, sondern so, daß wir das Logische bewußt unterscheiden von dem, was sich an Vorstellungen und Gefühlen daran hängt. Eine Schwierigkeit besteht darin, daß wir in irgendeiner Sprache denken, und daß die Grammatik, die für die Sprache eine ähnliche Bedeutung hat wie die Logik für das Urteilen, Psychologisches mit dem Logischen vermischt. Sonst müßten alle Sprachen dieselbe Grammatik haben. Man kann zwar denselben Gedanken in verschiedenen Sprachen ausdrücken; aber das psychologische Beiwerk, die Einkleidung des Gedankens, wird vielfach dabei verschieden sein. Man erkennt hieraus den Wert der Erlernung fremder Sprachen für die logische Ausbildung. Indem sich die Einkleidung des Gedankens als verschieden erweist, lernen wir sie von dem Kerne deutlicher unterscheiden, mit dem sie in der einzelnen Sprache verwachsen erscheint. So wird durch die Verschiedenheit der Sprachen die Erfassung des Logischen erleichtert. Aber ganz beseitigt werden die Schwierigkeiten dadurch noch nicht und unsere Logikbücher schleppen immer noch manches mit — z. B. Subjekt und Prädikat — was eigentlich nicht in die Logik gehört. Darum ist auch die Bekanntschaft mit einem ganz anders gearteten Mittel des Gedankenausdrucks von Nutzen, wie wir eines in der arithmetischen Formelsprache oder in meiner Begriffsschrift[10]) haben.

Die erste und wichtigste Aufgabe ist, die Gegenstände der Untersuchung rein darzustellen. Dadurch allein wird man fähig, die Wiedererkennungen zu vollziehen, die auch in der Logik wahrscheinlich die grundlegenden Entdeckungen sind. Also vergessen wir nie, daß zwei verschiedene Sätze denselben Gedanken ausdrücken können, daß von dem Inhalte des Satzes uns nur das angeht, was wahr oder falsch sein kann.

Wäre in der passivischen Form auch nur eine Spur mehr an Gedanken enthalten als in der aktivischen, so wäre es denkbar, daß diese Spur falsch wäre, während der Gedanke in der aktivischen Form wahr wäre, und man dürfte also nicht ohne weiteres von der aktivischen Form zu der passivischen übergehen. Ebenso: wenn in der aktivischen Form auch nur eine Spur mehr von Gedanken enthalten wäre als in der passivischen, so könnte man nicht unbesehens aus der passivischen in die aktivische übergehen. Sind aber beide Übergänge immer unbeschadet der Wahrheit möglich, so ist das eine Bestätigung dafür, daß das was wahr darin ist, der Gedanke nämlich, durch diesen Wechsel der Form nicht berührt wird. Wir werden hierdurch gewarnt, auf das Sprachliche so viel Gewicht zu legen, als es von den Logikern meistens geschieht, indem sie z. B. annehmen, daß jeder Gedanke — oder Urteil, wie es gewöhnlich heißt — ein Subjekt und ein Prädikat habe, so daß durch den Gedanken bestimmt sei, was sein Subjekt und was sein Prädikat sei, wie durch den Satz sein Subjekt und sein Prädikat unzweideutig mitgegeben sind. Man verwickelt sich hiermit nur ganz unnötig in Schwierigkeiten und bestärkt durch den unfruchtbaren Kampf mit ihnen nur den Eindruck, daß die Logik doch eigentlich eine recht überflüssige Wissenschaft sei.

Wir werden die bei den Logikern beliebten Ausdrücke „Subjekt" und „Prädikat" ganz vermeiden, zumal dadurch nicht nur Wiedererkennungen erschwert, sondern auch vorhandene Unterschiede verdeckt werden. Statt der Grammatik blindlings zu folgen, sollte der Logiker vielmehr seine Aufgabe darin sehen, uns von den Fesseln der Sprache zu befreien. Denn wie sehr wir auch anerkennen müssen, daß uns die Sprache das Denken, wenigstens in seinen höheren Formen, erst möglich gemacht hat, so sehr müssen wir uns doch hüten, in Abhängigkeit von der Sprache zu geraten; denn sehr viele Denkfehler haben ihren Grund in logischen Unvollkommenheiten der Sprache. Wenn man freilich die Aufgabe der Logik darin sieht, das Denken, wie es im menschlichen Geiste geschieht, zu beschreiben, so muß natürlich der Sprache eine große Wichtigkeit beigemessen werden. Aber dann nennt man Logik, was eigentlich nur ein Zweig der Psychologie ist, ähnlich als ob man sich einbildete Astronomie zu treiben, wenn man eine psychologisch-physikalische Theorie des Sehens durch ein Fernrohr entwickelte. Die eigentlichen Gegenstände der Logik bleiben in jenem Falle ebenso außerhalb des Gesichtskreises, wie die

Probleme der Astronomie in diesem. Psychologische Behandlungen der Logik haben ihren Grund in dem Irrtume, daß der Gedanke (das Urteil, wie man zu sagen pflegt) etwas Psychologisches sei gleich der Vorstellung. Das führt dann notwendig zum erkenntnistheoretischen Idealismus; denn es müssen dann auch die Teile, die man im Gedanken unterscheidet, wie Subjekt und Prädikat ebenso der Psychologie angehören wie der Gedanke selbst. Da nun jede Erkenntnis sich in Urteilen vollzieht, so ist nun jede Brücke zum Objektiven abgebrochen. Und alles Bemühen, es zu erreichen, kann nur noch ein Versuch sein, sich am eigenen Schopfe aus dem Sumpfe zu ziehen. Höchstens kann man zu erklären versuchen, wie der Schein der Objektivität entsteht, wie wir dazu kommen etwas anzunehmen, was unserer Seele nicht angehört, ohne daß diese Annahme jedoch dadurch gerechtfertigt würde. Am auffallendsten ist dies Einmünden in den Idealismus bei der physiologischen Psychologie[11]), weil es mit ihrem realistischen Ausgangspunkte in so scharfem Gegensatze steht. Man geht aus von Nervenfasern, Ganglienzellen, macht Annahmen über Erregungen und deren Fortleitung und sucht damit das Vorstellen dem Verständnis näher zu bringen, indem man unwillkürlich die Vorgänge in den Ganglienzellen und Nervenfasern für verständlicher hält, als das Vorstellen. Wie es sich für eine brave Naturwissenschaft ziemt, setzt man hierbei unbesehens die Ganglienzellen und Nervenfasern als objektiv und wirklich voraus. Dies mag solange gehen, als man sich auf das Vorstellen beschränkt. Aber dabei bleibt es nicht: man geht auch auf das Denken und Urteilen über, und da schlägt nun plötzlich der anfängliche Realismus in extremen Idealismus um, und damit sägt diese Theorie selber den Ast ab, auf dem sie sitzt. Nun löst sich alles in Vorstellungen auf, und damit werden die früheren Erklärungen selbst illusorisch. Anatomie und Physiologie werden zu Dichtungen. Der ganze anatomisch-physiologische Unterbau von Nervenfasern, Ganglienzellen, Reizen, Erregungen, Fortpflanzung von Erregungen löst sich auf. Und was behalten wir übrig? Vorstellungen von Nervenfasern, Vorstellungen von Ganglienzellen, Vorstellungen von Reizen usw. Und was sollte ursprünglich erklärt werden? Das Vorstellen! Kann man nun überhaupt von jenen Erklärungen sagen, sie gelten oder seien wahr? An einem Flusse stehend bemerkt man oft Wirbel im Wasser. Wäre es nun nicht absurd, für einen solchen Wirbel den Anspruch zu erheben, er gelte oder er sei wahr, oder auch, er sei falsch? Und wenn nun die Atome oder Moleküle in meinem Hirn auch noch tausendmal lustiger und toller durcheinander tanzten als die Mücken am schönen Sommerabend, wäre es nicht ebenso absurd zu behaupten, dieser Tanz gelte oder sei wahr? Und wenn nun jene Erklärungen solche Tänze wären, könnte man sagen, sie seien wahr? Und ist es schließlich anders, wenn jene Erklärungen Vorstellungsverknäuelungen wären? Die Phantasmen, die im beständigen Wechsel gleich Wandelbildern am Typhuskranken vorüberziehen, sind sie wahr? Ebensowenig wahr als falsch, sondern einfach Vorgänge, wie das Wirbeln des Wassers ein Vorgang ist. Und wenn von einem Rechte die Rede sein soll, so kann es doch nur das Recht sein, sich so abzuspielen, wie es sich abspielt. Ein Phantasma widerlegt das andere ebensowenig, wie ein Wasserwirbel den anderen.

Wenn sich zur Gesichtsvorstellung einer Rose assoziiert die Vorstellung eines feinen Duftes und ferner die Gehörsvorstellungen der Wörter „Rose“ und „duftet“ und weiter noch die motorischen Vorstellungen des Aussprechens dieser Wörter, und wenn sich noch so viel Assoziationen auf Assoziationen häufen, und so das kunstvollste Vorstellungsgebilde entsteht, was hilfts? Glaubt man wirklich, daß das ein Gedanke wäre? Ebensowenig, wie ein noch so kunstvoll zusammengesetzter Automat ein lebendes Wesen ist. Lebloses mit Leblosem zusammengesetzt ergibt wieder etwas Lebloses. Vorstellung mit Vorstellung verknüpft gibt wieder eine Vorstellung und alle Künstlichkeit und Vielfältigkeit der Assoziationen kann daran nichts ändern. Und wenn das Ganze auch noch mit Gefühlen und Stimmungen durchduftet wird: es hilft alles nichts. Nie kann so das Gravitationsgesetz entstehen; denn dieses ist ganz unabhängig von allem, was in meinem Hirn vor sich geht und von allem Wechsel und Wandel meiner Vorstellungen. Aber das Erfassen dieses Gesetzes ist doch ein seelischer Vorgang! Ja! aber ein Vorgang, der schon an der Grenze des Seelischen liegt und der deshalb vom rein psychologischen Standpunkte aus nicht vollkommen wird verstanden werden können, weil etwas wesentlich dabei in Betracht kommt, was nicht mehr im eigentlichen Sinne seelisch ist: der Gedanke; und vielleicht ist dieser Vorgang der geheimnisvollste von allen. Aber eben weil er seelischer Art ist, brauchen wir uns in der Logik nicht darum zu kümmern. Uns genügt, daß wir Gedanken fassen und als wahr erkennen können; wie das zugeht, ist eine Frage für sich.*) Auch dem Chemiker genügt es ja, daß er sehen, riechen und schmecken kann; und seine Aufgabe ist es nicht, zu erforschen, wie das zugeht. Es ist für den Erfolg einer wissenschaftlichen Untersuchung nicht unwesentlich, daß man Fragen, die unabhängig von anderen behandelt werden können, nicht mit diesen vermischt und damit die Sache unnötig verwickelt. Es kommt dadurch leicht ein Schielen hinein. Wir werden uns also nicht darum kümmern, wie das Denken, das Gewinnen einer Überzeugung wirklich geschieht; nicht auf das Fürwahrhalten kommt es uns an, sondern auf die Gesetze des Wahrseins. Diese können auch aufgefaßt werden als Vorschriften für das Urteilen, denen dieses sich fügen muß, wenn es die Wahrheit nicht verfehlen will. Wenn man sie also Denkgesetze oder besser Urteilsgesetze nennen will, so muß man nicht vergessen, daß es sich dabei um Gesetze handelt, die wie die Sittengesetze oder Staatsgesetze vorschreiben, wie gehandelt werden soll, nicht aber um solche, die wie die Naturgesetze bestimmen, wie die Vorgänge wirklich ablaufen. Das wirkliche Denken ist mit den logischen Gesetzen nicht immer im Einklange, ebensowenig wie das wirkliche Handeln mit dem Sittengesetze. Es ist darum wohl besser, das Wort „Denkgesetz" in der Logik ganz zu

---

* Diese Frage ist in ihrer Schwierigkeit wohl noch kaum erfaßt. Meistens begnügt man sich wohl damit, das Denken durch eine Hintertür in das Vorstellen einzuschmuggeln, so daß man selbst nicht weiß, wie es eigentlich hineingekommen ist.

vermeiden, weil es immer dazu verführt, die logischen Gesetze wie Naturgesetze aufzufassen. Als solche müßten wir sie der Psychologie zuweisen. Ebensogut wie die logischen Gesetze könnte man auch die geometrischen und physikalischen als Denkgesetze oder Urteilsgesetze auffassen, nämlich als Vorschriften, nach denen sich das Urteilen auf einem anderen Gebiete richten muß, wenn es mit der Wahrheit in Einklang bleiben soll. Ebensowenig also wie die Geometrie oder die Physik ist die Logik der richtige Ort, psychologische Untersuchungen anzustellen. Den Ablauf des Denkens und Urteilens zu erklären, ist ja eine mögliche Aufgabe, aber keine logische.

Nicht danach hat der Logiker zu fragen, welches der natürliche Verlauf des Denkens in der menschlichen Seele sei. Was dem einen natürlich ist, kann leicht einem anderen unnatürlich sein. Darauf weist schon die große Verschiedenheit der Grammatiken hin. Keinen Vorwurf braucht der Logiker weniger zu scheuen, als den, daß seine Aufstellungen dem natürlichen Denken nicht angemessen seien. Wenn einem ungeschulten Kopfe die Anfangsgründe der Mathematik in möglichst logischer Strenge beigebracht werden sollen, so findet dieser das regelmäßig sehr unnatürlich, und gerade wegen dieser Strenge. Ein einsichtiger Lehrer wird darum von der Strenge erst viel ablassen und erst allmählich das Bedürfnis dafür zu wecken suchen. Auch in der Geschichte der Mathematik finden wir, daß die größte Strenge immer das Letzte ist und also vom Natürlichen am weitesten entfernt liegt. Das Streben, den natürlichen Denkvorgang darzustellen, würde darum geradewegs von der Logik abführen. Wenn der Logiker den Einwurf der Unnatürlichkeit beachten wollte, käme er in Gefahr, sich in endlose Streitigkeiten zu verwickeln über das, was natürlich ist, Streitfragen, die auf dem Gebiete der Logik überhaupt nicht zu entscheiden sind, also auch nicht in die Logik gehören. Dazu müßte wohl die Beobachtung der Naturvölker herangezogen werden.

Am meisten ist aber vor der Meinung zu warnen, es sei Aufgabe der Logik, das wirkliche Denken und Urteilen zu erforschen, sofern es mit den Gesetzen des Wahrseins in

Einklang sei. Dann würde man immer das eine im Auge haben und nach dem anderen schielen und dann wieder auf dieses merken und nach jenem schielen und darüber ein bestimmtes Ziel leicht ganz aus dem Auge verlieren. Das würde zu unklaren Fragestellungen verleiten und dadurch ein befriedigendes Gelingen so gut wie unmöglich machen.

Was man oft Denkgesetze nennt, nämlich Gesetze, nach denen das Urteilen, wenigstens normalerweise, vor sich geht, können immer nur Gesetze des Fürwahrhaltens sein, nicht aber Gesetze des Wahrseins. Wer etwas für wahr hält und die psychologischen Logiker werden doch wenigstens ihre eigenen Aufstellungen für wahr halten — erkennt damit etwas an, was wahr ist. Dann ist es aber doch wahrscheinlich, daß es auch Gesetze des Wahrseins geben wird, und wenn es solche gibt, müssen diese die Norm sein für das Fürwahrhalten. Und das sind die eigentlich logischen Gesetze. In der Beilage Nr. 26 zum Jahrgang 1897 der Allgemeinen Zeitung schreibt Th. Achelis in einem Aufsatze „Völkerkunde und Philosophie"[12]) folgendes:

„Aber wohl sind wir jetzt darüber im klaren, daß die allgemein gültigen Normen des Denkens und Handelns nicht einseitig durch eine bloß deduktive [Abstraktion gewonnen werden können, sondern durch eine empirisch-kritische Bestimmung der objektiven, im großen Völkerbewußtsein immerfort gültigen Grundgesetze unserer psychophysischen Organisation."]

Es ist nicht ganz klar, ob es sich um Gesetze handelt, nach denen geurteilt wird, oder um solche, nach denen geurteilt werden soll. Wie es scheint, um beides. Nämlich die Gesetze, nach denen geurteilt wird, werden als Norm aufgestellt dafür, wie geurteilt werden soll. Aber wozu ist das nötig? Das Urteilen vollzieht sich ja ganz von selbst nach diesen Gesetzen. Nein! Doch nicht ganz, zwar normalerweise, aber nicht immer! Es sind also Gesetze, die Ausnahmen haben; aber die Ausnahmen werden doch selbst wieder von Gesetzen beherrscht sein. Jene aufgestellten Gesetze sind also nicht vollständig. Was berechtigt nun dazu, einen Teil der gesamten Gesetze abzusondern und als Norm aufzustellen? Das ist so, als ob man die Keplerschen Gesetze der Planetenbewegung als Norm hinstellen wollte und nun leider erkennen müßte, daß die Planeten in ihrer Sündhaftigkeit sich nicht genau danach richten, sondern wie unartige Schulkinder einander stören. Das müßte dann aufs strengste gerügt werden.

Bei dieser Ansicht wird man sich ängstlich davor hüten müssen, von der Heerstraße abzuweichen, auf der die große Menge geht. Auch den großen Geistern wird man mißtrauen; denn wären sie normal, so wären sie mittelmäßig.

Bei der psychologischen Auffassung der Logik fällt der Unterschied zwischen den Gründen, die eine Überzeugung rechtfertigen, und den Ursachen, die sie wirklich hervorbringen, weg. Eine eigentliche Rechtfertigung ist dann nicht möglich; an ihre Stelle wird die Erzählung treten, wie die Überzeugung gewonnen wurde, aus der zu entnehmen ist, daß alles seine psychologischen Ursachen gehabt hat. Das kann bei einem Aberglauben ebenso wie bei einer wissenschaftlichen Erkenntnis geschehen.

Wenn man die logischen Gesetze als psychologische auffaßt, kommt man leicht zu der Frage, ob sie etwa veränderlich seien, wie ja auch die Grammatik einer Sprache sich im Laufe der Zeit ändern kann. Und diese Möglichkeit ist eigentlich unabweisbar, wenn man die Verbindlichkeit der logischen Gesetze in ähnlicher Weise ableitet, wie die der grammatischen Regeln, wenn sie nur deshalb Normen sind, weil Abweichungen von ihnen selten vorkommen, wenn das Urteilen nach unseren logischen Gesetzen ebenso normal ist, wie der aufrechte Gang es ist. Wie es nun möglich ist, daß für unsere Vorfahren einst der aufrechte Gang nicht normal war, so könnte auch beim Denken manches damals normal gewesen sein, was es jetzt nicht ist, und es könnte in Zukunft etwas normal werden, was es jetzt nicht ist. Wie das Sprachgefühl immer bei einigen grammatischen Fragen unsicher ist, solange die Sprache noch nicht völlig erstarrt ist, so müßte ein ähnlicher Zustand hinsichtlich der logischen Gesetze in jeder Übergangszeit stattfinden. Man käme z. B. ins Schwanken darüber, ob es richtig sei zu urteilen, daß jeder Gegenstand sich selbst gleich sei. Man dürfte dann eigentlich nicht von logischen Gesetzen, sondern nur von logischen Regeln sprechen, die angeben, was für eine gewisse Zeit als normal anzusehen sei. Eine solche Regel dürfte man nicht in einer Form aussprechen wie „Jeder Gegenstand ist sich selbst gleich", weil hierin gar nicht die Gattung von Wesen vorkommt, für deren Urteilen es gelten soll, sondern man müßte etwa sagen: „Für die Menschen — mit Ausnahme vielleicht einiger Naturvölker, bei denen man die Sache noch nicht untersucht hat — ist es jetzt normal zu urteilen, daß jeder Gegenstand sich selbst gleich ist." Hat man aber Gesetze, wenn es auch psychologische sind, so müssen sie ja, wie wir gesehen haben, immer — oder besser zeitlos — wahr sein, wenn sie überhaupt wahr sind. Bemerkten wir also, daß ein Gesetz von einer gewissen Zeit an nicht mehr gelte, so müßten wir sagen, daß es überhaupt falsch sei. Aber wir könnten eine Bedingung zu ermitteln suchen, die hinzugefügt werden müßte. Nehmen wir an, das menschliche Urteilen vollziehe sich eine Zeitlang gemäß dem Gesetze, daß jeder Gegenstand sich selbst gleich sei, später aber nicht mehr, so könnte die Ursache etwa ein veränderter Phosphorgehalt der Großhirnrinde sein und wir müßten etwa so sagen: „Wenn der Phosphorgehalt der Großhirnrinde beim Menschen an keiner Stelle mehr als 4 % beträgt, so vollzieht sich sein Urteilen immer im Einklange damit, daß jeder Gegenstand sich selbst gleich sei."

Psychologische Gesetze, die in dieser Weise auf die chemische Zusammensetzung oder auf anatomische Beschaffenheiten des Gehirns Bezug nehmen, sind wenigstens denkbar. Bei logischen Gesetzen dagegen wäre dergleichen absurd; denn es handelt sich bei ihnen nicht darum, was dieser oder jener Mensch für wahr hält, sondern darum, was wahr ist. Ob ein Mensch den Gedanken, daß $2 \cdot 2 = 4$ ist, für wahr hält oder für falsch, mag von der chemischen Zusammensetzung seines Gehirns abhängen, aber ob dieser Gedanke wahr ist, kann nicht davon abhängen. Ob es wahr ist, daß Julius Caesar von Brutus ermordet wurde, kann nicht von der Beschaffenheit des Gehirns von Professor Mommsen abhängen.

Man wirft zuweilen die Frage auf, ob die logischen Gesetze sich mit der Zeit ändern könnten. Die Gesetze des

Wahrseins sind, wie alle Gedanken, wenn sie überhaupt wahr sind, immer wahr. Sie können aber auch keine Bedingung enthalten, die zu gewissen Zeiten erfüllt, zu anderen nicht erfüllt wäre, weil sie von dem Wahrsein von Gedanken handeln, die wenn sie wahr sind, zeitlos wahr sind. Wenn also aus der Wahrheit von gewissen Gedanken zu einer Zeit die Wahrheit eines Gedankens folgt, so muß sie immer daraus folgen.

Fassen wir in Kürze zusammen, was wir über die (eigentlichen) Gedanken herausgebracht haben.

Die Gedanken gehören nicht wie die Vorstellungen der einzelnen Seele an (sind nicht subjektiv), sondern sind unabhängig vom Denken, stehen jedem in gleicher Weise (objektiv) gegenüber; sie werden durch das Denken nicht gemacht, sondern nur erfaßt. Hierin sind sie den physikalischen Körpern ähnlich. Von diesen unterscheiden sie sich dadurch, daß sie unräumlich und im wesentlichen unzeitlich sind, man könnte vielleicht auch [un]wirklich sagen, sofern sie wenigstens keine ihr eigentliches Wesen verändernde Wirkungen erleiden. Durch ihre Unräumlichkeit sind sie den Vorstellungen ähnlich.

Aus der [nicht-]seelischen Natur der Gedanken folgt, daß jede psychologische Behandlung der Logik vom Übel ist. Diese Wissenschaft hat vielmehr die Aufgabe, das Logische von allem Fremdartigen, also auch dem Psychologischen, zu reinigen und das Denken von den Fesseln der Sprache zu befreien, indem sie deren logische Unvollkommenheiten aufweist. Es handelt sich in der Logik um die Gesetze des Wahrseins, nicht um die des Fürwahrhaltens, nicht um die Frage, wie das Denken beim Menschen vorgeht, sondern wie es geschehen muß, um die Wahrheit nicht zu verfehlen.

Die Verneinung.[13])

Ein eigentlicher Gedanke ist entweder wahr oder falsch. Wenn wir über ihn urteilen, so erkennen wir ihn entweder als wahr an oder wir verwerfen ihn als falsch. Der letzte Ausdruck kann aber dahin irreleiten, als ob der verworfene

Gedanke nunmehr als ganz unnütz möglichst schnell der Vergessenheit anheimfallen solle. Vielmehr kann die Erkenntnis, daß ein Gedanke falsch sei, ebenso wertvoll sein wie die, daß ein Gedanke wahr sei. Eigentlich besteht gar kein Unterschied zwischen diesen Fällen. Indem ich einen Gedanken für falsch halte, halte ich einen [anderen] Gedanken für wahr, und von diesem sagen wir dann, er sei jenem entgegengesetzt. In der deutschen Sprache erklären wir einen Gedanken in der Regel dadurch für falsch, daß wir beim Prädikate das Wort „nicht" einschieben. Die Behauptung liegt dabei wie sonst in der Form des Indikativs und ist nicht notwendig mit dem Worte „nicht" verbunden. Indem man die Behauptung fahren läßt, kann man die Verneinung beibehalten. Man kann ebensogut sagen: „Der Gedanke, daß Petrus nicht nach Rom kam" wie „Der Gedanke, daß Petrus nach Rom kam". Wir sehen also, daß das Behaupten und Urteilen kein anderes ist, wenn ich behaupte, daß Petrus nicht nach Rom kam, wie wenn ich behaupte, daß Petrus nach Rom kam; nur der Gedanke ist der entgegengesetzte. So gibt es zu jedem Gedanken einen entgegengesetzten. Wir haben hier eine umkehrbare Beziehung: Wenn der erste Gedanke dem zweiten entgegengesetzt ist, so ist auch der zweite dem ersten entgegengesetzt. Indem man den Gedanken, daß Petrus nicht nach Rom kam, für falsch erklärt, behauptet man, daß Petrus nach Rom kam. Man könnte das Fürfalscherklären mit einem zweiten eingeschobenen „nicht" bewirken: „Petrus kam [nicht] nicht nach Rom" oder „Es ist nicht wahr, daß Petrus nicht nach Rom kam". Und es ergibt sich so, daß die doppelte Verneinung sich aufhebt. Das Entgegengesetzte des Entgegengesetzten ist das Ursprüngliche.

Wenn es sich um die Wahrheit eines Gedankens handelt, so schwanken wir zwischen entgegengesetzten Gedanken, und mit derselben Tat erkennen wir den einen als wahr und den anderen als falsch. Wir haben ähnliche Beziehungen des Gegensatzes auch sonst, z. B. des Schönen und Häßlichen, des Guten und Schlechten, des Angenehmen und Unangenehmen, des Positiven und Negativen in der Mathematik und Physik. Aber unser Fall unterscheidet sich von diesen in doppelter Hinsicht. Erstens nämlich gibt es hier nichts, was wie die Null oder der unelektrische Zustand eine neutrale Mitte zwischen den Gegensätzen einnähme. Man kann wohl sagen, daß die Null sich selbst entgegengesetzt sei hinsichtlich des Positiven und Negativen; aber es gibt keinen Gedanken, der sich selbst entgegengesetzt wäre. Das gilt sogar von den Dichtungen. Zweitens haben wir hier nicht zwei Klassen der Art, daß die zu einer gehörenden Gedanken ihre entgegengesetzten in der anderen Klasse hätten, wie es eine Klasse der positiven und eine der negativen Zahlen gibt. Wenigstens habe ich noch kein Merkmal gefunden, das zu einer solchen Klasseneinteilung verwendet werden könnte; denn der Gebrauch des Wortes „nicht" im sprachlichen Ausdrucke ist doch nur ein ganz äußerliches Kennzeichen und auch schwankend. Wir haben für die Verneinung auch andere Zeichen wie „kein" und die Vorsatzsilbe „un" in manchen Fällen, wie z. B. in „ungenügend". Nun erschiene es doch wenig sachgemäß, von den in den Sätzen „Diese Arbeit ist schlecht", „Diese Arbeit ist genügend", „Diese Arbeit ist nicht schlecht", „Diese Arbeit ist ungenügend" enthaltenen Gedanken die ersten beiden zu der einen Klasse und die letzten beiden in die andere Klasse bringen zu wollen in Anbetracht dessen, daß „ungenügend" und „schlecht" sich in ihrem Sinne doch sehr nahestehen und es leicht möglich ist, daß in einer anderen Sprache das Wort „ungenügend" durch ein solches wiedergegeben wird, in welchem eine Verneinung ebensowenig wie in „schlecht" erkennbar ist. Es ist nicht abzusehen, in welcher Hinsicht die ersten beiden Gedanken näher miteinander verwandt sein sollten als der erste und vierte. Dazu kommt nun noch, daß Verneinungen nicht nur am Prädikate des Hauptsatzes vorkommen können, sondern auch an anderen Stellen, und daß solche Verneinungen sich nicht einfach aufheben, wie z. B. in dem Satze „Nicht alle Arbeiten sind ungenügend", wofür man nicht sagen kann „Alle Arbeiten sind genügend"; oder wie in dem Satze „Wer nicht fleißig gewesen ist, wird nicht belohnt", wofür man nicht sagen kann „Wer fleißig gewesen ist, wird belohnt". Man vergleiche damit noch die Sätze „Wer belohnt wird, ist fleißig gewesen", „Wer nicht fleißig gewesen ist, geht leer aus", „Wer faul gewesen ist, wird nicht belohnt", „2^4 ist nicht verschieden von 4^2" und „2^4 ist gleich 4^2", und man wird sehen, daß man hier in ein dorniges Gestrüpp von Fragen gerät. Überdies lohnt es sich gar nicht, da hindurchdringen zu wollen, auf deren Beantwortung viel Mühe zu verwenden. Es ist mir wenigstens kein logisches Gesetz bekannt, bei dem eine Einteilung der Gedanken in die Klassen der bejahenden und verneinenden in Betracht käme. Wir lassen also diese Sache so lange auf sich beruhen, bis sich uns etwa die Notwendigkeit einer solchen Einteilung ergeben sollte. Damit würde sich ja voraussichtlich auch ein Kennzeichen darbieten, das zu diesem Zwecke geeignet wäre.

Die Vorsatzsilbe „un" dient übrigens nicht immer zur Verneinung. „Unschön" ist dem Sinne nach von „häßlich" kaum zu unterscheiden. Wir haben hier einen Gegensatz zum Schönen, aber nicht den der Verneinung. Daher haben denn auch die Sätze „Dieses Haus ist nicht unschön", „Dieses Haus ist schön" nicht denselben Sinn.

Verbindung von Gedanken.[14])

Wenn Geschworene die Frage: Hat der Angeklagte vorsätzlich einen Holzhaufen angezündet und [vorsätzlich] einen Waldbrand verursacht?, bejahen, so haben sie mit dieser Tat zugleich die beiden Gedanken behauptet:

1) Der Angeklagte hat vorsätzlich einen Holzhaufen angezündet,
2) Der Angeklagte hat vorsätzlich einen Waldbrand verursacht.

Wir haben in unserer Frage zwar einen Gedanken; denn sie kann mit einem Urteile beantwortet werden; aber dieser Gedanke ist aus zwei Gedanken zusammengesetzt, die auch einzeln beurteilt werden können, der Art, daß ich durch Bejahung des ganzen Gedankens zugleich die Teilgedanken bejahe. Es könnte dies nun ziemlich gleichgültig und die Sache wenig bedeutsam erscheinen; aber es wird sich zeigen, daß sie mit sehr wichtigen logischen Gesetzen enge zusammenhängt. Bei der Verneinung eines so zusammengesetzten Gedankens tritt dies schon deutlicher hervor. Wann werden die Geschworenen jene oben erwähnte Frage verneinen müssen? Offenbar schon dann, wenn sie nur einen der beiden Teilgedanken für falsch halten; wenn sie z. B. der Meinung sind, daß der Angeklagte zwar den Holzhaufen vorsätzlich angezündet habe, daß der Waldbrand aber eine nicht beabsichtigte Folge davon gewesen sei.

Einleitung in die Logik.[1])

[August 1906]

5.8.06 Die Ablösung der behauptenden Kraft vom Prädikate.

Man kann einen Gedanken ausdrücken, ohne ihn zu behaupten. Doch fehlt es in den Sprachen an einem Worte oder Zeichen, das allein die Aufgabe hätte zu behaupten.[2]) So wird auch in den Logiken, wie es scheint, das Prädizieren verquickt mit dem Urteilen. So weiß man nicht recht, ob das, was die Logiker Urteil nennen, ein Gedanke sein soll mit oder ohne das Urteil, daß er wahr ist. Dem Worte nach sollte man denken *mit* dem Urteil; aber der Sprachgebrauch ist vielfach so, daß die eigentliche Urteilsfällung, die Erkenntnis der Wahrheit, nicht mitgenommen wird. *Ich gebrauche das Wort „Gedanke" ungefähr so, wie die Logiker „Urteil"*. Denken ist Gedankenfassen. Nachdem man einen Gedanken gefaßt hat, kann man ihn als wahr anerkennen *(urteilen)* und dieses Anerkennen äußern *(behaupten)*. Auch von der *Verneinung* ist die urteilende Kraft abzulösen. Jedem Gedanken steht ein entgegengesetzter gegenüber, so daß die Verwerfung des einen immer mit der Anerkennung des anderen zusammenfällt. Man kann sagen, daß das Urteilen die Wahl zwischen Entgegengesetztem ist. Die Verwerfung des einen und die Anerkennung des andern ist *eine* Tat. Man braucht also für die Verwerfung keine besondere Benennung, kein besonderes Zeichen. Man kann von der Verneinung sprechen, bevor man Teile im Gedanken unterschieden hat. Der Streit, ob die Verneinung zum Ganzen oder zum prädikativen Teile gehöre, ist ebenso unfruchtbar wie der, ob der Mantel den schon bekleideten Menschen bekleide oder ob er mit den übrigen Bekleidungsstücken zusammengehöre. Indem der Mantel den schon bekleideten Menschen umhüllt, schließt er sich von selbst den übrigen Kleidungsstücken an. Der prädikative Bestandteil des Gedanken kann, bildlich gesprochen, als Hülle des Subjektsbestandteils angesehen werden. Weiter hinzukommende Hüllen vereinigen sich von selbst mit den schon vorhandenen.

Hypothetische Satzverbindung.

Wenn man sagt, daß im hypothetischen Urteile zwei Urteile in Beziehung zueinander gesetzt werden, so gebraucht man das Wort „Urteil" so, daß die Anerkennung der Wahrheit nicht mitgemeint ist. Denn wenn man auch das ganze Satzgefüge mit behauptender Kraft ausspricht, so behauptet man doch weder die Wahrheit des Gedankens im Bedingungssatze, noch die des Gedankens im Folgesatze. Die Anerkennung der Wahrheit erstreckt sich vielmehr auf einen im ganzen Satzgefüge ausgedrückten Gedanken. Und bei einer genaueren Prüfung wird man in vielen Fällen finden, daß der Bedingungssatz allein keinen Gedanken ausdrückt und ebensowenig der Folgesatz (uneigentliche Sätze). In diesen Fällen hat man meist die Beziehung der Unterordnung von Begriffen. Man vermischt dabei wohl gewöhnlich zweierlei, was ich wohl zuerst geschieden habe: die Beziehung, die ich mit dem Bedingungsstriche bezeichne, und die Allgemeinheit. Jene entspricht ungefähr dem, was die Logiker mit „Beziehung zwischen Urteilen" sagen wollen. Es verbindet nämlich das Beziehungszeichen *(der Bedingungsstrich)* Sätze miteinander und zwar eigentliche, so daß jeder von beiden einen Gedanken ausdrückt.[3])

Wenn wir nun von Sage und Dichtung absehen und nur solche Fälle in Betracht ziehen, in denen es sich um Wahrheit im wissenschaftlichen Sinne handelt, so können wir sagen, daß *jeder Gedanke entweder wahr oder falsch* ist, *tertium non datur*. Es ist Unsinn, von Fällen zu sprechen, in denen ein Gedanke wahr ist und von andern, in denen er falsch ist. Derselbe Gedanke kann nicht bald wahr, bald falsch sein, sondern in den Fällen, die man bei solchen Aussprüchen im Auge hat, handelt es sich immer um verschiedene Gedanken, und daß man denselben zu haben glaubt, liegt daran, daß man denselben Wortlaut hat, und dieser Wortlaut wird dann ein uneigentlicher Satz sein. Man unterscheidet nicht immer genug zwischen dem Zeichen und dem, was es ausdrückt.

Wenn man zwei Gedanken hat, so sind nur vier Fälle möglich:

1. der erste ist wahr und desgleichen der zweite;
2. der erste ist wahr, der zweite falsch;
3. der erste ist falsch, der zweite ist wahr;
4. beide sind falsch.

Wenn nun der *dritte* dieser Fälle *nicht* stattfindet, so besteht die Beziehung, die ich durch den *Bedingungsstrich* bezeichnet habe. Der Satz, der den ersten Gedanken ausdrückt, ist der Folgesatz; der Satz, der den zweiten Gedanken ausdrückt, ist der Bedingungssatz. Es sind nun fast 28 Jahre her, seit ich diese Erklärung ausgesprochen habe[4]). Damals glaubte ich, ich brauchte nur anzutippen, und die andern wüßten alsbald mehr als ich. Und jetzt, nachdem mehr als ein Vierteljahrhundert vergangen ist, hat die große Mehrzahl der Mathematiker keine Ahnung von der Sache, und ebenso wird es bei den Logikern sein. Welche Stumpfheit! Wie erinnert mich dies Verhalten der Gelehrten an das des Ochsen vor dem neuen Tore: er glotzt, er brüllt, er sucht sich seitwärts vorbeizudrücken; aber hindurchgehen, das könnte gefährlich sein. Daß es zunächst befremdlich ist, glaube ich gern, aber wenn es das nicht wäre, wäre es längst gefunden. Muß man sich denn durch den ersten flüchtigen Eindruck bestimmen lassen? Hat man gar keine Zeit, darüber nachzusinnen? Nein, denn was könnte Gescheites dabei herauskommen! Man vermißt wahrscheinlich eine innere Verbindung zwischen den Gedanken; es will nicht recht einleuchten, daß von dem Gedanken nur in Betracht kommen soll, ob er wahr oder falsch ist, gar nicht eigentlich der Gedankeninhalt selbst. Dies hängt mit dem zusammen, was ich über *Sinn und Bedeutung* erkannt habe. Nun, versuche doch jemand eine Erklärung zu geben, in der der Gedanke selbst mehr zur Geltung kommt, und es wird sich wahrscheinlich zeigen, entweder, daß das doch im Grunde ganz überflüssig ist, was man von dem Gedanken noch hinzunimmt, daß dadurch ganz ohne Gewinn die Sache nur verwickelt wird[5]), oder daß die Sätze (Bedingungssatz und

Folgesatz) uneigentliche Sätze sind, von denen keiner einen Gedanken ausdrückt, so daß man in Wahrheit keine Gedanken in Beziehung gesetzt hat, wie man gewollt hat, sondern etwa Begriffe oder Beziehungen.[6]) Ist denn nun die Beziehung, die ich mit dem Bedingungsstriche bezeichne, eine solche, die zwischen Gedanken stattfinden kann? Eigentlich nicht! Hier kann nur gesagt werden, daß *das Zeichen dieser Beziehung* (eben der Bedingungsstrich) *Sätze verbindet.* Später wird die Erklärung noch in der Weise ergänzt, daß *auch Namen von Gegenständen* durch den Bedingungsstrich verbunden werden können.[7]) Und dies will zunächst noch weniger in den Kopf. Die genauere Betrachtung der Allgemeinheit muß es erst annehmbar machen.

Allgemeinheit.

Erst hier werden wir veranlaßt, *einen Gedanken in Teile zu zerlegen,* von denen keiner ein Gedanke ist. Der einfachste Fall ist der der Zweiteilung. Die Teile sind ungleichartig: der eine ungesättigt, der andere gesättigt (abgeschlossen). Man muß dabei solche Gedanken in Betracht ziehen, die von der hergebrachten Logik als *singuläre* Urteile bezeichnet werden. In einem solchen wird von einem Gegenstande etwas ausgesagt. Der Satz, der einen solchen Gedanken ausdrückt, besteht aus einem *Eigennamen* — und dieser entspricht dem *abgeschlossenen* Teile des Gedankens — und einem *prädikativen* Teile, der dem *ungesättigten* Teile des Gedankens entspricht. Übrigens kommt die Singularität einem Gedanken eigentlich nicht an sich zu, sondern nur hinsichtlich einer Weise der möglichen Zerlegung. Es ist möglich, daß derselbe Gedanke hinsichtlich einer andern Zerlegung als partikulär erscheinen kann (Christus gewann einige Menschen für seine Lehre[8])). Eigennamen bezeichnen Gegenstände, und von Gegenständen handelt ein singulärer Gedanke. Aber man kann nicht sagen, daß der Gegenstand Teil des Gedankens sei wie der Eigenname Teil des entsprechenden Satzes. Der Montblanc mit seinen Schnee- und Eismassen ist nicht Teil des Gedankens, daß der Montblanc mehr als 4000 m hoch ist, sondern man kann nur sagen, daß dem Gegenstande in einer gewissen noch zu betrachtenden Weise ein Teil des Gedankens entspricht (Sinn und Bedeutung).[9]) Durch Zerlegung der singulären Gedanken erhält man Bestandteile der abgeschlossenen und der ungesättigten Art, die freilich abgesondert nicht vorkommen[10]); aber jeder Bestandteil der einen Art bildet mit jedem der andern Art einen Gedanken. Hält man nun den ungesättigten Teil fest und wechselt mit dem abgeschlossenen Teile, so ist zu erwarten, daß die so gebildeten Gedanken teils wahr, teils falsch sein werden. Es kann aber auch vorkommen, daß sie sämtlich wahr sind. Der ungesättigte Bestandteil sei z. B. ausgedrückt in den Worten „ist sich selbst gleich". Dies[11]) ist dann eine besondere Beschaffenheit des ungesättigten Teiles. Wir gewinnen so einen neuen Gedanken (alles ist sich selbst gleich), der im Vergleich mit den[a]) singulären Gedanken (zwei ist sich selbst gleich; der Mond ist sich selbst gleich) allgemein ist. Das Wort „alles", das hier an der Stelle der Eigennamen („der Mond") steht, ist doch selbst kein Eigenname, bezeichnet keinen Gegenstand, sondern dient dazu, dem Satze Allgemeinheit des Inhalts zu verleihen. Man läßt sich in der Logik oft zu sehr durch die Sprache beeinflussen, und auch dazu ist die Begriffsschrift gut, die Loslösung von der sprachlichen Form zu fördern. Statt zu sagen „der Mond ist sich selbst gleich", kann man auch sagen „der Mond ist gleich dem Monde" ohne Änderung des Gedankens. Es ist hieraus zu ersehen, daß es unwesentlich ist, ob ein Eigenname an einer oder an mehreren Stellen des Satzes vorkommt. Es ist aber sprachlich unmöglich, beim Übergang zum Allgemeinen nun auch das Wort „alles" an zwei Stellen vorkommen zu lassen. Der Satz „alles ist gleich allem" hätte den gewünschten Sinn nicht. Man kann, sich dem mathematischen Gebrauche nähernd, einen Buchstaben gebrauchen und etwa sagen „*a* ist gleich *a*". Dieser Buchstabe steht dann an der Stelle (oder den Stellen) eines Eigennamens, ist aber selbst kein Eigenname, hat keine Bedeutung, sondern dient nur dazu, dem Satze Allgemeinheit des Inhalts zu verleihen. Und dieser Gebrauch der Buchstaben ist als

[a] Im Manuskript steht: „dem".

einfacher und folgerechter, vom logischen Standpunkte aus gesehen, den Mitteln vorzuziehen, die die Sprache für diesen Zweck darbietet.

Wenn ein Ganzes aus zwei durch „und“ verbundenen Sätzen besteht, von denen jeder einen Gedanken ausdrückt, so ist auch der Sinn des Ganzen als ein Gedanke aufzufassen, denn dieser Sinn ist entweder wahr oder falsch; wahr nämlich, wenn jeder der beiden Teilgedanken wahr ist, falsch in jedem anderen Falle —, also wenn mindestens einer der beiden Teilgedanken falsch ist. Nennen wir diesen Gedanken des Ganzen das Kondukt von den beiden Teilgedanken, so hat auch das Kondukt seinen entgegengesetzten Gedanken, wie jeder Gedanke seinen entgegengesetzten hat. Nun ist es klar, was das Entgegengesetzte eines Kondukts von dem Entgegengesetzten eines ersten Gedankens und von einem zweiten Gedanken ist. Es ist das, was ich mit dem Bedingungsstriche ausdrücke. Der Satz des ersten Gedankens ist wieder der Folgesatz, der des zweiten der Bedingungssatz. Den ganzen Satz aber, der ausdrückt das Entgegengesetzte eines Kondukts von dem Entgegengesetzten eines ersten Gedankens und von einem zweiten Gedanken, können wir den hypothetischen Satz nennen, dessen Folgesatz der Ausdruck des ersten Gedankens, und dessen Bedingungssatz der Ausdruck des zweiten Gedankens ist. Den Gedanken des hypothetischen Satzes wollen wir den 8.8.06
hypothetischen Gedanken nennen, dessen Folge der erste, und dessen Bedingung der zweite Gedanke ist. Wenn nun sowohl in dem Folgesatze als auch in dem Bedingungssatze derselbe Eigenname vorkommt, so können wir den hypothetischen Gedanken als einen singulären ansehen hinsichtlich der Zerlegung in den dem Eigennamen entsprechenden abgeschlossenen Teil und den übrigen ungesättigten Teil. Halten wir nun den ungesättigten Teil fest und wechseln mit dem abgeschlossenen Teile, so kann es vorkommen, daß wir immer einen wahren Gedanken erhalten, welchen abgeschlossenen Teil wir auch nehmen mögen. Hierbei ist, wie bei dieser ganzen Betrachtung, Voraussetzung, daß wir uns nicht in Sage und Dichtung, sondern im Gebiete der Wahrheit (in wissenschaftlichem Sinne) bewegen, so daß jeder

Eigenname seinen Zweck, einen Gegenstand zu bezeichnen, auch wirklich erreicht, also nicht leer ist. Die abgeschlossenen Gedankenteile, von denen hier die Rede ist, sind zwar nicht selbst die durch die Eigennamen bezeichneten Gegenstände, hängen aber mit ihnen zusammen; und wenn nicht alles in den Bereich der Dichtung fallen soll, ist es wesentlich, daß es solche Gegenstände gebe. Sonst kann von Wahrheit der Gedanken überhaupt nicht die Rede sein. Nehmen wir also an, daß wir in einem gegebenen Falle immer einen wahren Gedanken erhalten, indem wir, wie oben gesagt, in einem hypothetischen Gedanken, der zugleich als singulärer aufgefaßt werden kann, den ungesättigten Teil festhalten, welchen abgeschlossenen Teil wir auch zur Sättigung verwenden. Hierdurch werden wir zu einem allgemeinen Gedanken hingeleitet, und der singuläre hypothetische Gedanke, von dem wir ausgingen, erscheint als besonderer Fall von diesem. Beispiel:

Erster Gedanke: daß das Quadrat von 3 größer ist als 2.

Zweiter Gedanke: daß 3 größer ist als 2.

Entgegengesetztes des ersten Gedankens: daß das Quadrat von 3 nicht größer ist als 2.

Kondukt von dem Entgegengesetzten des ersten Gedankens und von dem zweiten Gedanken: daß das Quadrat von 3 nicht größer ist als 2, und daß 3 größer ist als 2.

Entgegengesetztes des Konduktes von dem Entgegengesetzten des ersten Gedankens und von dem zweiten Gedanken: daß es falsch ist, daß zugleich das Quadrat von 3 nicht größer als 2 und 3 größer als 2 ist.

Dies ist der hypothetische Gedanke, dessen Folge der erste Gedanke, und dessen Bedingung der zweite Gedanke ist. Der Wortausdruck: „Wenn 3 größer als 2 ist, so ist das Quadrat von 3 größer als 2" hat wohl etwas Widerstrebendes, mehr vielleicht noch der Ausdruck, den man erhält, wenn man für „3" „2" setzt: „Wenn 2 größer ist als 2, so ist das Quadrat von 2 größer als 2". Aber, daß es falsch ist, daß zugleich das Quadrat von 2 nicht größer ist als 2 und 2 größer ist als 2, ist ein wahrer Gedanke. So kann man statt 3 eine Zahl nehmen, welche man will, man erhält immer einen wahren Gedanken. Wie ist es aber, wenn man einen

Gegenstand nimmt, der keine Zahl ist? Jeder Satz, den man aus „a ist größer als 2" dadurch gewinnt, daß man für „a" den Eigennamen eines Gegenstandes setzt, drückt einen Gedanken aus, und zwar ist dieser Gedanke immer falsch, wenn der Gegenstand keine Zahl ist. Anders ist die Sache beim ersten Satze, weil der aus dem Ausdrucke „das Quadrat von *a*" dadurch hervorgehende Ausdruck, daß man für „*a*" den Eigennamen eines Gegenstandes setzt, nur dann einen Gegenstand nach der üblichen Redeweise bezeichnet, wenn dieser Gegenstand eine Zahl ist. Schuld daran ist die Unvollständigkeit der üblichen Erklärung von „Quadrat". Man kann dem Mangel aber abhelfen, indem man festsetzt, daß unter dem Quadrate eines Gegenstandes dieser selbst verstanden werden soll, wenn er keine Zahl ist, daß aber „das Quadrat einer Zahl" im Sinne der Arithmetik zu verstehen ist. Dann erhält man aus dem Schema „daß das Quadrat von *a* größer als 2 ist" immer einen Satz, der einen falschen Gedanken ausdrückt, wenn man für „*a*" den Eigennamen eines Gegenstandes einsetzt, der keine Zahl ist. Nachdem dies festgesetzt ist, kann man in dem hypothetischen Satze unseres Beispiels statt des Zahlzeichens „3" den Eigennamen irgendeines Gegenstandes setzen, und man wird immer einen Satz erhalten, der einen wahren Gedanken ausdrückt. Der allgemeine Gedanke, auf den wir so geführt werden, ist also auch wahr. Wir können ihn so aussprechen: „Wenn etwas größer als 2 ist, so ist sein Quadrat größer als 2", oder besser: „Wenn *a* größer als 2 ist, so ist das Quadrat von *a* größer als 2". Hier scheint die Wendung mit „wenn" die sprachgemäßeste zu sein.[12]) Aber hier haben wir nicht mehr zwei verbundene Gedanken. Wenn wir den Buchstaben „*a*" durch den Eigennamen eines Gegenstandes ersetzen, so erhalten wir einen Satz, dessen Gedanke als besonderer Fall des allgemeinen Gedankens erscheint, und in einem solchen besonderen Falle haben wir in Folge und Bedingung zwei Gedanken, die außer dem Gedanken des Ganzen vorhanden sind. Wir können sie gesondert auffassen. Aber den Satz, der den allgemeinen Gedanken ausdrückt, können wir nicht mehr so spalten, ohne die Teile sinnlos zu machen. Denn der Buchstabe „*a*" soll dem Ganzen Allgemeinheit des Inhalts verleihen, nicht aber den Teilsätzen. Der Teil „*a* ist größer als 2“ drückt keinen Gedanken mehr aus, weder einen wahren noch einen falschen, weil „*a*“ weder als Eigenname einen Gegenstand bezeichnen soll noch diesem Teile Allgemeinheit des Inhalts verleihen soll, hinsichtlich dieses Teiles überhaupt keinen Zweck hat, nichts dazu beizutragen hat, diesem Teile etwa einen Sinn zu verleihen. Dasselbe gilt vom anderen Teile „das Quadrat von *a* ist größer als 2“. Das „*a*“ in dem einen Teile weist auf das „*a*“ in dem anderen Teile hin, und eben deswegen können die Teile nicht getrennt werden; denn eben damit fiele das, was „*a*“ zum Sinne des Ganzen beizutragen hat, ganz weg, und damit ginge der Zweck des „*a*“ verloren. Ebenso kann man auch im Lateinischen ein Satzgefüge, dessen Teile mit „*quot*“ und „*tot*“ eingeleitet werden, nicht in diese Teile zerlegen, ohne jeden von beiden sinnlos zu machen. *Uneigentlichen Satz* nenne ich etwas, was die grammatische Form eines Satzes hat, ohne doch Ausdruck eines Gedankens zu sein, was aber Teil eines Satzgefüges sein kann, das einen Gedanken ausdrückt, also als eigentlicher Satz zu bezeichnen ist. Demnach kann man beim allgemeinen Satze nicht mehr wie früher Bedingung und Folge unterscheiden; denn der Bedingungssatz und der Folgesatz sind nun uneigentliche Sätze geworden, die keine Gedanken mehr ausdrücken. Man drückt sich nun wohl so aus, als ob in einigen Fällen die Bedingung erfüllt wäre, in anderen nicht. Damit gibt man zu erkennen, daß, was man da Bedingung nennt, kein Gedanke ist; denn ein Gedanke — immer von Sage und Dichtung abgesehen — ist nur entweder wahr oder falsch. Daß derselbe Gedanke bald wahr, bald falsch sei, kann nicht vorkommen. Man hat dann eben einen uneigentlichen Satz, aus dem man eigentliche Sätze gewinnen kann, die teils wahre, teils falsche Gedanken ausdrücken; aber diese Gedanken sind dann eben verschieden. Buchstaben, die, wie in unserm Beispiel „*a*“, dazu dienen, einem Satze Allgemeinheit des Inhalts zu verleihen, unterscheiden sich durch diesen Zweck wesentlich von den Eigennamen. Ich sage: der Eigenname bezeichnet (oder bedeutet) einen Gegenstand; „*a*“ deutet einen Gegenstand an, hat keine Bedeutung, bezeichnet oder bedeutet nichts. Wörter wie „etwas" und „es" vertreten oft in der gebräuchlichen Sprache die Buchstaben; zuweilen scheint der Buchstabe auch gar nicht vertreten zu sein. Die Sprache ist hierin, wie in anderer Hinsicht, unvollkommen. Für die Einsicht in das Logische ist der Gebrauch der Buchstaben vorteilhafter als der Sprachgebrauch. Betrachten wir nun die uneigentlichen Teilsätze unseres allgemeinen Satzes! Jeder von ihnen enthält einen Buchstaben. Ersetzen wir diesen durch den Eigennamen eines Gegenstandes, so erhalten wir einen eigentlichen Satz, der nun zusammengesetzt erscheint aus diesem Eigennamen und dem Übrigen. Dieses Übrige entspricht dem ungesättigten Teile des Gedankens und ist auch Teil des uneigentlichen Satzes. So enthält jeder der uneigentlichen Teilsätze außer dem Buchstaben einen Bestandteil, der dem ungesättigten Teile eines Gedankens entspricht. Diese ungesättigten Gedankenteile sind nun auch Teile unseres allgemeinen Gedankens; aber diese Teile bedürfen eines Bindemittels, um aneinander zu haften, wie auch zwei abgeschlossene Gedankenteile nicht ohne Bindemittel aneinander haften können. Drücken wir den allgemeinen Gedanken unseres Beispiels so aus: „Wenn *a* größer als 2 ist, so ist *a* etwas, dessen Quadrat größer als 2 ist", so entsprechen den beiden ungesättigten Gedankenteilen, von denen eben die Rede war, die Worte „ist etwas, dessen Quadrat größer als 2 ist" und „ist größer als 2". Das „ist" muß hier aber immer ohne behauptende Kraft genommen werden. Dem Bindemittel entsprechen die Wörter „wenn" und „so", der Buchstabe „*a*" und die Wortstellung, indem „ist" einmal am Ende, das zweite Mal unmittelbar nach „so" steht.

Wir wissen aber, daß in Wahrheit diese besondere Art der Bindung bewirkt wird durch die Verneinung, die Bildung eines Kondukts, wieder die Verneinung und die Allgemeinigung *(sit venia verbo)*.

Sinn und Bedeutung.

Die Eigennamen sollen Gegenstände bezeichnen, und wir nennen den Gegenstand, den ein Eigenname bezeichnet, seine Bedeutung. Der Eigenname ist andrerseits Bestandteil eines Satzes, der einen Gedanken ausdrückt. Was hat nun der Gegenstand mit dem Gedanken zu tun? Daß er nicht Teil des Gedankens ist, haben wir an dem Satze „der Montblanc ist über 4000 m hoch" gesehen. Ist der Gegenstand dann überhaupt nötig, damit der Satz einen Gedanken ausdrücke? Man sagt wohl, Odysseus sei keine geschichtliche Person, und meint mit diesem widerspruchsvollen Ausdrucke, daß der Name „Odysseus" nichts bezeichne, keine Bedeutung habe. Nimmt man dies an, so wird man deshalb doch nicht allen Sätzen der Odyssee, in denen der Name Odysseus vorkommt, jeden Gedankeninhalt absprechen. Denken wir nun einmal, wir überzeugten uns, daß der Name „Odysseus" in der Odyssee, entgegengesetzt unserer bisherigen Meinung, doch einen Mann bezeichne. Würden dadurch die Sätze, die den Namen „Odysseus" enthalten, andere Gedanken ausdrücken? Ich glaube nicht. Die Gedanken würden eigentlich dieselben bleiben; sie würden nur aus dem Gebiete der Dichtung in das der Wahrheit versetzt. Demnach scheint der Gegenstand, den ein Eigenname bezeichnet, ganz unwesentlich zu sein für den Gedankeninhalt eines Satzes, der den Eigennamen enthält. Für den Gedankeninhalt! Im übrigen freilich ist es für uns durchaus nicht einerlei, ob wir uns im Gebiete der Dichtung oder in dem der Wahrheit bewegen. Aber das können wir wohl hieraus entnehmen, daß mit dem Eigennamen noch etwas verbunden sein muß, was verschieden ist von dem bezeichneten Gegenstande und was für den Gedanken des Satzes wesentlich ist, in dem der Eigenname vorkommt. Ich nenne es den Sinn des Eigennamens. Wie der Eigenname Teil des Satzes ist, ist sein Sinn Teil des Gedankens.

Andere Wege führen zu demselben Ziele. Vielfach hat derselbe Gegenstand verschiedene Eigennamen; aber diese sind doch nicht durchweg vertauschbar. Dies ist nur dadurch zu erklären, daß Eigennamen von derselben Bedeutung verschiedenen Sinn haben können. Der Satz „Der Montblanc ist über 4000 m hoch" drückt nicht denselben Gedanken aus wie der Satz „Der höchste Berg Europas ist über 4000 m hoch", obwohl der Eigenname „Montblanc" denselben Berg bezeichnet wie der Ausdruck „der höchste Berg Europas", der nach der hier angenommenen Redeweise ebenfalls ein Eigenname[13]) ist. Die beiden Sätze „Der Abendstern ist derselbe wie der Abendstern" und „Der Abendstern ist derselbe wie der Morgenstern" unterscheiden sich nur durch einen Eigennamen von derselben Bedeutung. Dennoch drücken sie verschiedene Gedanken aus. Es muß also der Sinn des Eigennamens „der Abendstern" verschieden sein von dem Sinne des Eigennamens „der Morgenstern". Es ergibt sich so: mit dem Eigennamen ist etwas verbunden, was von dessen Bedeutung verschieden ist, was auch bei verschiedenen Eigennamen derselben Bedeutung verschieden sein kann, und was wesentlich ist für den Gedankeninhalt des Satzes, der den Eigennamen enthält. Ein eigentlicher Satz, in dem ein Eigenname vorkommt, drückt einen singulären Gedanken aus, und in diesem unterscheiden wir einen abgeschlossenen Teil und einen ungesättigten. Jener entspricht dem Eigennamen, ist aber nicht dessen Bedeutung, sondern dessen Sinn. Auch den ungesättigten Teil des Gedankens fassen wir als einen Sinn auf, nämlich des außer dem Eigennamen vorhandenen Teils des Satzes. Und es liegt in der Richtung dieser Festsetzungen, daß wir auch den Gedanken selbst als Sinn auffassen, nämlich des Satzes. Wie der Gedanke Sinn des ganzen Satzes ist, ist ein Teil des Gedankens Sinn eines Satzteiles. So erscheint denn der Gedanke als gleichartig dem Sinne eines Eigennamens, aber ganz verschieden von dessen Bedeutung.

Nun ist die Frage, ob nicht auch dem ungesättigten Teile 10.8.06
des Gedankens, der als Sinn des entsprechenden Satzteils anzusehen ist, etwas entspricht, was als Bedeutung dieses Satzteils aufzufassen ist. Daß der Eigenname eine Bedeutung habe, ist zwar für den bloßen Gedankeninhalt gleichgültig, ist aber sonst von der größten Wichtigkeit, wenigstens sofern wir uns wissenschaftlich verhalten. Es hängt davon ab, ob wir uns im Gebiete der Dichtung oder in dem der Wahrheit befinden. Nun ist es doch unwahrscheinlich, daß der Eigenname sich so verschieden von dem übrigen Teile eines singulären Satzes verhalten sollte, daß nur bei ihm das Bestehen einer Bedeutung von Wichtigkeit wäre.

Vielmehr müssen wir annehmen, daß auch dem übrigen Teile des Satzes, der als Sinn den ungesättigten Teil des Gedankens hat, etwas im Reiche der Bedeutung entsprechen müsse, wenn der ganze Gedanke sich im Gebiet der Wahrheit befinden solle. Dazu kommt, daß auch in diesem übrigen Teile des Satzes Eigennamen vorkommen können, deren Bedeutung wichtig ist. Wenn in einem Satze mehrere Eigennamen vorkommen, so kann der zugehörige Gedanke in verschiedener Weise in einen abgeschlossenen und einen ungesättigten Teil zerlegt werden. Der Sinn jedes dieser Eigennamen kann als abgeschlossener Teil dem übrigen Teile des Gedankens als dem ungesättigten gegenübergestellt werden. Auch die Sprache kann ja denselben Gedanken in verschiedener Weise ausdrücken, indem sie bald diesen, bald jenen Eigennamen zum grammatischen Subjekt macht. Man sagt wohl, daß diese verschiedenen Ausdrucksweisen nicht gleichwertig seien. Das ist richtig. Es ist aber zu beachten, daß die Sprache den Gedanken nicht nur ausdrückt, sondern ihm auch eine besondere Beleuchtung oder Färbung gibt.[14]) Und diese kann verschieden sein, auch wenn der Gedanke derselbe ist. Es ist undenkbar, daß es nur bei den Eigennamen auf eine Bedeutung ankommen könne, nicht bei den sie verbindenden übrigen Satzteilen. Wenn wir sagen „Jupiter ist größer als Mars", wovon sprechen wir da? Von den Himmelskörpern selbst, von den Bedeutungen der Eigennamen „Jupiter" und „Mars". Wir sagen, daß sie in einer gewissen Beziehung zueinander stehen, und das tun wir mit den Worten „ist größer als". Diese Beziehung findet statt zwischen den Bedeutungen der Eigennamen, muß also selbst dem Reiche der Bedeutungen angehören. Demnach wird man auch den Satzteil „ist größer als Mars" als bedeutungsvoll anerkennen müssen, nicht [nur] als sinnvoll. Wenn wir einen Satz zerlegen in einen Eigennamen und den übrigen Teil, so hat dieser übrige Teil als Sinn einen ungesättigten Gedankenteil. Seine Bedeutung aber nennen wir Begriff. Damit machen wir freilich einen Fehler, den uns die Sprache aufnötigt. Indem wir nämlich das Wort „Begriff" einführen, geben wir die Möglichkeit von Sätzen der Form „A ist ein Begriff" zu, wo *A* ein Eigenname ist. Damit haben wir das zu einem Gegenstande gestempelt, was gerade dem Gegenstand als völlig ungleichartig gegenübersteht. Auch der bestimmte Artikel im Anfang der Worte „Die Bedeutung des übrigen Teils des Satzes" ist eigentlich aus demselben Grunde fehlerhaft. Aber die Sprache nötigt uns zu solchen Ungenauigkeiten, und so bleibt uns nichts übrig, als uns ihrer immer bewußt zu bleiben, damit wir nicht in Fehler verfallen, und damit sich uns die scharfe Grenze zwischen Gegenstand und Begriff nicht verwischt. Auch den Begriff können wir, bildlich sprechend, ungesättigt nennen, oder wir können auch sagen, er habe prädikativen Charakter.

Wir haben den Fall betrachtet, daß ein Satzgefüge aus einem uneigentlichen Folgesatze und einem uneigentlichen Bedingungssatze bestand, wobei diese uneigentlichen Sätze einen Buchstaben (etwa „*a*") enthielten. Das Übrige in jedem dieser uneigentlichen Sätze entspricht einem ungesättigten Gedankenteile, und wir können jetzt sagen, daß ein solcher Gedankenteil Sinn des entsprechenden Satzteils ist, den wir das Übrige nannten. Ein solcher Satzteil hat nun auch eine Bedeutung, und diese haben wir Begriff genannt. So haben wir einen Begriff, der als Bedeutung dem Übrigen des uneigentlichen Bedingungssatzes zukommt, und einen Begriff, der als Bedeutung dem Übrigen des uneigentlichen Folgesatzes zukommt. Diese Begriffe sind nun hier in eine besondere Verbindung gebracht (wir können auch „Beziehung" sagen), und diese nennen wir Unterordnung, und zwar sagen wir, daß der Begriff des uneigentlichen Bedingungssatzes untergeordnet sei dem Begriffe des uneigentlichen Folgesatzes. Wenn wir einen singulären Satz als aus einem Eigennamen und dem Übrigen zusammengesetzt auffassen, so entspricht dem Eigennamen als Bedeutung ein Gegenstand, dem Übrigen ein Begriff, und Gegenstand und Begriff erscheinen hier als in einer besonderen Verbindung oder Beziehung, die wir Subsumtion nennen. Der Gegenstand wird subsumiert dem Begriffe. Es ist klar, daß die Subsumtion von der Unterordnung durchaus verschieden ist.

Wir haben von Satzteilen gesehen, daß sie Bedeutungen

haben; hat nun auch ein ganzer Satz eine Bedeutung? Wir verlangen von jedem in einem Satze vorkommenden Eigennamen, daß er eine Bedeutung habe, wenn es uns um Wahrheit zu tun ist, wenn wir uns wissenschaftlich verhalten. Andrerseits wissen wir, daß es für den Sinn des Satzes, den Gedanken, gleichgültig ist, ob die Satzteile Bedeutungen haben oder nicht; folglich muß mit dem Satze noch etwas vom Gedanken Verschiedenes verbunden sein, wofür es wesentlich ist, ob die Satzteile Bedeutungen haben, und dies wird die Bedeutung des Satzes zu nennen sein. Das einzige aber, wofür jenes wesentlich ist, ist das, was ich den Wahrheitswert nenne, nämlich ob der Gedanke wahr oder falsch ist. Die Gedanken in Sage und Dichtung brauchen keinen Wahrheitswert zu haben. Ein Satz, der einen bedeutungslosen Eigennamen enthält, ist weder wahr noch falsch; der Gedanke, den er etwa ausdrückt, gehört der Dichtung an. Der Satz hat dann keine Bedeutung. Wir haben zwei Wahrheitswerte: das Wahre und das Falsche. Wenn ein Satz überhaupt eine Bedeutung hat, so ist diese entweder das Wahre oder das Falsche. Wenn man den Satz in Teile zerlegen kann, von denen jeder bedeutungsvoll ist, so hat auch der Satz eine Bedeutung. Das Wahre und das Falsche sind als Gegenstände anzusprechen, denn sowohl der Satz als auch sein Sinn, der Gedanke, hat den Charakter des Abgeschlossenen, nicht den des Ungesättigten. Wenn ich statt das Wahre und das Falsche zwei chemische Elemente entdeckt hätte, wäre der Eindruck bei den Gelehrten ein größerer gewesen. Wenn wir sagen „der Gedanke ist wahr", scheinen wir die Wahrheit als Eigenschaft dem Gedanken beizulegen. Wir hätten dann den Fall der Subsumtion. Der Gedanke würde als Gegenstand dem Begriffe des Wahren subsumiert. Hier täuscht uns aber die Sprache. Wir haben nicht das Verhältnis des Gegenstandes zur Eigenschaft, sondern das des Sinnes eines Zeichens zu dessen Bedeutung.[15]) Im Grunde besagt ja auch der Satz „Es ist wahr, daß 2 eine Primzahl ist" nicht mehr als der Satz „2 ist eine Primzahl". Wenn wir im ersten Falle ein Urteil aussprechen, so liegt das nicht in dem Worte „wahr", sondern in der behauptenden Kraft, die wir dem Worte „ist" beilegen. Das können wir aber ebensogut im zweiten Satze tun, und der Schauspieler auf der Bühne würde den ersten ebensogut wie den zweiten ohne behauptende Kraft aussprechen können.*)

Ein eigentlicher Satz ist ein Eigenname, seine Bedeutung 12.8.06
ist, wenn er eine hat, ein Wahrheitswert: das Wahre oder das Falsche. Wir können manche Sätze zerlegen in einen abgeschlossenen Teil, der wieder ein Eigenname ist, und einen ungesättigten Teil, der einen Begriff bedeutet. So können wir auch manche Eigennamen, deren Bedeutung keine Wahrheitswerte sind, zerlegen in einen abgeschlossenen Teil, der wieder ein Eigenname ist, und einen unge-

---

* Bemerkungen über den Buchstabengebrauch in der Arithmetik (12. VIII. 06): In der Arithmetik gebraucht man die Buchstaben, meistens ohne sich über die Weise, den Zweck und die Berechtigung dieses Gebrauchs auszusprechen, und auch wohl ohne sich selbst ganz klar darüber zu sein. Der Gebrauch in der Algebra zur Bezeichnung der Unbekannten (es mag dieser Ausdruck hier der Deutlichkeit halber erlaubt sein, wiewohl sich Einwendungen dagegen machen lassen), ist von dem sonst in der Arithmetik Üblichen nicht so durchaus verschieden, wie es wohl scheinen mag. Im großen und ganzen sollen ja auch in der Arithmetik die Buchstaben Allgemeinheit des Inhalts verleihen. Aber wem? Meistens ist es nicht ein einzelner Satz oder ein Satzgefüge im Sinne der Grammatik, sondern eine Gruppe von scheinbar ganz selbständigen Hauptsätzen, deren Abgrenzung nicht immer leicht zu erkennen ist. Die Logik muß eigentlich verlangen, daß diese scheinbar selbständigen Sätze zu einem Satzgefüge vereinigt werden; aber wenn man dieser Forderung nachkäme, ergäben sich meist sprachliche Ungetüme. In der Begriffsschrift hat der Urteilsstrich außer der behauptenden Kraft die Fähigkeit, das Gebiet der Allgemeinheit der lateinischen Buchstaben abzugrenzen.[16]) Um aber eine Allgemeinheit auf ein kleineres Gebiet beschränken zu können, gebrauche ich die deutschen Buchstaben, und bei diesen bewirkt die Höhlung [17]) die Abgrenzung des Gebietes. Auch in der Arithmetik kommt zuweilen ein Gebrauch der Buchstaben vor, der dem der deutschen Buchstaben in meiner Begriffsschrift ungefähr entspricht. Aber ich habe kein Anzeichen

sättigten Teil. Wenn dieser bedeutungsvoll sein soll, so muß er durch irgendeinen bedeutungsvollen Eigennamen gesättigt, wieder einen bedeutungsvollen Eigennamen ergeben. Falls dies zutrifft, nennen wir die Bedeutung dieses ungesättigten Teiles Funktion. Doch ist hierbei hinsichtlich der Ungenauigkeit, zu der uns die Sprache nötigt, ein Vorbehalt zu machen, ähnlich dem früher gemachten, als das Wort „Begriff" eingeführt wurde. Der ungesättigte Teil eines Satzes, dessen Bedeutung wir Begriff genannt haben, muß die Eigenschaft haben, durch jeden bedeutungsvollen Eigennamen gesättigt, einen eigentlichen Satz zu ergeben; das heißt, den Eigennamen eines Wahrheitswertes zu ergeben. Dies ist die Forderung der scharfen Begrenzung des Begriffes. Jeder Gegenstand muß unter einen gegebenen Begriff entweder fallen oder nicht fallen, *tertium non datur*. Daraus folgt die vorhin aufgestellte ähnliche Forderung für die Funktion. Gehen wir beispielsweise aus von dem Satze „3 — 2 > 0". Wir zerlegen ihn in den Eigennamen „3 — 2" und das Übrige „   > 0". Man kann sagen, daß dieser ungesättigte Teil den Begriff der positiven Zahl bedeute. Dieser Begriff muß scharf begrenzt sein. Jeder Gegenstand muß unter diesen Begriff entweder fallen oder nicht fallen. Zerlegen wir den Eigennamen „3 — 2" nun weiter in den Eigennamen „2" und den ungesättigten Teil „3 —   ". Nun können wir den ursprünglichen Satz „3 — 2 > 0" auch zerlegen in den Eigennamen „2" und den ungesättigten Teil „3 —   > 0". Dessen Bedeutung ist der Begriff von etwas, was von 3 subtrahiert, einen positiven Rest gibt. Auch die-

davon entdeckt, daß man sich dieser Gebrauchsweise als einer besonderen bewußt ist. Wahrscheinlich wüßten die meisten Mathematiker, wenn sie dies läsen, nicht, worauf ich anspiele. Ich selbst bin erst spät darauf aufmerksam geworden. Wir sind sehr abhängig von den äußeren Hilfsmitteln des Denkens, und erst mußte wohl die Sprache des Lebens auf einem gewissen Gebiete wenigstens durch ein feineres Hilfsmittel ersetzt sein, bevor gewisse Unterschiede bemerkt werden konnten. Aber die Gelehrten haben es bis jetzt größtenteils verschmäht, sich dieses Hilfsmittels zu bemächtigen.

ser Begriff muß scharf begrenzt sein. Wenn es nun einen bedeutungsvollen Eigennamen *a* der Art gäbe, daß der ungesättigte Teil „3 — " durch ihn gesättigt, keinen bedeutungsvollen Eigennamen ergäbe, so würde auch der ungesättigte Teil „3 — > 0" durch *a* gesättigt, keinen eigentlichen Satz ergeben; d. h. es wäre nicht zu sagen, ob der durch *a* bezeichnete Gegenstand unter den Begriff fiele, der die Bedeutung von „3 — > 0" ist. Es ist daraus zu erkennen, daß die üblichen Erklärungen der arithmetischen Zeichen unzureichend sind.[18])

Logik in der Mathematik.[1])

[Frühling 1914]

Die Mathematik ist enger als andere Wissenschaften mit der Logik verknüpft; denn fast die ganze Tätigkeit des Mathematikers besteht im Schließen. In keiner anderen Wissenschaft nimmt das Schließen einen solchen Raum ein, wiewohl Schlüsse hin und wieder auch in anderen Wissenschaften vorkommen. Außer dem Schließen gehört auch das Definieren zu der Tätigkeit des Mathematikers. Dieses ist in den meisten Wissenschaften ganz belanglos, nur in der Rechtswissenschaft von einiger Wichtigkeit, wie denn diese in mancher Hinsicht der Mathematik nahesteht, während der Gegenstand ihrer Forschung ganz verschieden ist. Sie entnimmt ihren Stoff der geschichtlichen und psychologischen Erfahrung, und es muß also diese einen ziemlichen Raum in ihr in Anspruch nehmen. Und hierzu fehlt in der Mathematik das Gegenstück.

Das Schließen aber und das Definieren ist logischen Gesetzen unterworfen. Daraus folgt, daß die Logik für die Mathematik eine größere Wichtigkeit hat als für andere Wissenschaften.

Wenn man nun die Logik zur Philosophie rechnet, so ergibt sich hieraus das Bestehen einer besonders engen Verbindung zwischen Mathematik und Philosophie, was durch die Geschichte der Wissenschaften bestätigt wird. (Plato, Descartes, Leibniz, Newton, Kant).

Gibt es aber vielleicht der Mathematik eigentümliche Schlußweisen, die eben deshalb der Logik nicht unterstehen? Man kann dabei auf den Schluß von n auf $n + 1$, die bernoullische Induktion[2]), hinweisen.[3]) Nun, auch eine der Mathematik eigentümliche Schlußweise muß einem Gesetze unterworfen sein. Und dieses Gesetz, wenn es kein eigentlich logisches ist, wird der Mathematik angehören; man wird es den Theoremen oder den Axiomen dieser Wissenschaft anreihen können. Die bernoullische Induktion beruht beispielsweise auf dem Gesetze, das sich so aussprechen läßt:

Wenn die Zahl 1 die Eigenschaft Φ hat, und wenn allgemein von jeder positiven ganzen Zahl n gilt, daß, wenn sie die Eigenschaft Φ hat, auch $n + 1$ diese Eigenschaft Φ habe, so hat jede positive ganze Zahl die Eigenschaft Φ.

Wenn sich dieses Gesetz beweisen läßt, wird man es den Theoremen der Mathematik einreihen, im anderen Falle den Axiomen. Wenn man nach der bernoullischen Induktion schließt, so macht man eigentlich eine Anwendung von diesem Theoreme oder Axiome der Mathematik; d. h. man nimmt diese Wahrheit zur Prämisse eines Schlusses. Beispiel: Beweis des Satzes $(a + b) + n = a + (b + n)$.

So wird man auch sonst eine der Mathematik eigentümliche Schlußweise auf ein allgemeines Gesetz, wenn nicht der Logik, so doch der Mathematik zurückführen können. Und aus diesem Gesetze zieht man dann Folgerungen nach den allgemeinen logischen Gesetzen.

Betrachten wir nun die Vorgänge in der Mathematik etwas genauer und zwar zunächst das *Schließen*.

Wir können zwei Arten von Schlüssen unterscheiden: Schlüsse aus zwei Prämissen und Schlüsse aus einer Prämisse.

Das Fortschreiten in der Mathematik wird nun so geschehen, daß wir eine oder zwei schon anerkannte Wahrheiten zu Prämissen eines Schlusses wählen. Der so gewonnene Schlußsatz ist eine neue Wahrheit der Mathematik. Und diese kann wieder allein oder mit einer anderen Wahrheit verbunden zu einem weiteren Schlusse gebraucht werden. Es wäre möglich, jede so gewonnene Wahrheit ein Theorem zu nennen. Gewöhnlich aber nennt man nur eine solche Wahrheit Theorem, die nicht nur durch einen Schluß gewonnen worden ist, sondern selbst wieder als Prämisse nicht nur für einen, sondern für mehrere Schlüsse im Aufbau der Wissenschaft gebraucht wird. So bilden sich Schlußketten zwischen den Wahrheiten; und je weiter die Wissenschaft fortschreitet, desto mehr verlängern sich die Schlußketten und desto zahlreicher werden sie, desto größer wird die Mannigfaltigkeit der Theoreme.

Rückwärtsverfolgung der Schlußketten

Man kann diese Schlußketten aber auch rückwärts verfolgen, indem man bei jedem Theorem nach den Wahrheiten fragt, aus denen es erschlossen ist. Vergrößert sich beim Vorwärtsgehen in den Schlußketten die Mannigfaltigkeit der Theoreme, so engt sich beim Rückwärtsgehen der Kreis immer mehr ein. Während die Möglichkeit des Vorwärtsschreitens anscheinend unbegrenzt ist, muß das Rückwärtsgehen einmal ein Ende nehmen, indem es auf Wahrheiten führt, die nicht selbst wieder aus andern erschlossen werden können. Wir stoßen so auf die Axiome, Postulate, vielleicht auch Definitionen. Doch das soll später genauer betrachtet werden. Verfolgen wir von einem Theoreme ausgehend die Schlußketten rückwärts, bis wir zu anderen Theoremen oder zu Axiomen, Postulaten oder Definitionen gelangen, so finden wir Schlußketten, die, von bekannten Theoremen, Axiomen, Postulaten oder Definitionen ausgehend, in unserem Theoreme enden.

Beweis

Alle diese Schlußketten bilden den *Beweis* unseres Theorems. Wir können sagen, daß der Beweis, von anerkannten Wahrheiten ausgehend, durch Schlußketten zu dem Theoreme hinführt. Es ist aber auch möglich, daß der Beweis nur aus einem einzigen Schlusse besteht. In den meisten Fällen wird der Beweis durch Wahrheiten hindurchgehen, die nur deshalb nicht Theoreme genannt werden, weil sie nur in diesem Beweise vorkommen, sonst aber nicht gebraucht werden. Der Beweis soll nicht nur von der Wahrheit des Bewiesenen überzeugen, sondern soll auch den logischen Zusammenhang der Wahrheiten untereinander aufdecken. Darum hat schon Euklid Wahrheiten bewiesen, die keines Beweises bedürftig erscheinen, weil sie ohnedies einleuchten.

Die Wissenschaft hat das Bedürfnis zu beweisen, was irgend zu beweisen ist, nicht eher zu ruhen, bis sie auf etwas Unbeweisbares gestoßen ist. Sie muß dahin streben,

Urwahrheiten

den Kreis der unbeweisbaren *Urwahrheiten* soviel wie möglich zu verengern; denn in diesen Urwahrheiten ist die ganze Mathematik wie in einem Keime enthalten. Es kommt dann nur darauf an, sie aus diesem Keime zu entwickeln. Das Wesen der Mathematik muß durch diesen Keim bestimmt sein; und nicht eher wird man über das, was die Mathematik eigentlich ist, ins klare kommen, als man diese Urwahrheiten kennengelernt hat. Nehmen wir an, es sei gelungen, jene Urwahrheiten aufzufinden, und es werde aus ihnen die Mathematik entwickelt, so stellt sich diese als ein System von Wahrheiten dar, die durch logische Schlüsse miteinander verbunden sind.

Diese Idee des *Systems* hat Euklid vorgeschwebt; aber er hat sie nicht erreicht, und fast scheint es, als ob wir jetzt weiter als je von diesem Ziele entfernt wären. Wir sehen die Mathematiker jeden für sich an einem Teile arbeiten; aber diese Teile fügen sich nicht zu einem System zusammen, ja die Idee des Systems scheint fast verloren gegangen zu sein. Und doch ist das Streben nach dem System ein berechtigtes. Die jetzt herrschende Zusammenhanglosigkeit kann nicht dauernd befriedigen. Nur durch das System kann Ordnung geschaffen werden. Zum Aufbau des Systems aber ist erforderlich, daß das Fortschreiten mit Bewußtsein in logischen Schlüssen geschehe. System der Mathematik

Der Schließende muß wissen, was seine Prämissen sind. Es darf keine Vermischung der Prämissen mit den rein logischen Gesetzen des Schließens geduldet werden; denn dadurch ginge die logische Reinheit des Schließens verloren, und in der unklaren Mischung wären die Prämissen nicht deutlich zu unterscheiden. Wenn man aber die Prämissen nicht deutlich erkennt, kann man nicht mit Sicherheit zu den Urwahrheiten zurückgelangen, und ohne diese kann man das System nicht aufbauen. Deshalb sind Wendungen wie „eine leichte Überlegung lehrt, daß“ und „wie man leicht sieht“ zu verwerfen. Diese leichte Überlegung muß ausgesprochen werden, so daß man sieht, aus welchen Schlüssen sie besteht, und welche Prämissen dabei gebraucht werden. In der Mathematik darf man sich nicht damit beruhigen, daß etwas einleuchte, daß man sich von etwas überzeuge, sondern man muß eine klare Einsicht in das Gewebe der Schlüsse anstreben, die dieser Überzeugung als Stütze dienen. Nur so können die Urwahrheiten gefunden, so nur kann ein System aufgebaut werden.

Betrachten wir nun etwas näher die Axiome, Postulate und Definitionen:

Die Axiome

Die *Axiome* sind Wahrheiten wie die Theoreme, aber solche, welche in unserem Systeme nicht bewiesen werden, eines Beweises auch nicht bedürftig sind. Daraus folgt, daß es falsche Axiome nicht gibt, daß wir auch keinen Gedanken als Axiom anerkennen können, dessen Wahrheit uns zweifelhaft ist; denn dann ist er entweder falsch und deswegen kein Axiom, oder er ist zwar wahr, aber eines Beweises bedürftig und deswegen kein Axiom. Nicht jede Wahrheit, welche keines Beweises bedarf, ist ein Axiom, denn sie könnte immerhin in unserem System bewiesen werden. Ob eine Wahrheit ein Axiom sei, hängt also auch von dem Systeme ab; und es ist möglich, daß eine Wahrheit in einem System ein Axiom ist, in einem andern nicht. Es ist nämlich denkbar, daß es eine Wahrheit *A* und eine Wahrheit *B* gibt, von denen jede aus der anderen in Verbindung mit Wahrheiten *C, D, E, F* bewiesen werden könne, während die Wahrheiten *C, D, E, F* für sich allein weder zum Beweise von *A* noch zum Beweise von *B* genügen. Wenn nun *C, D, E, F* als Axiome möglich sind, haben wir die Wahl, ob wir *A, C, D, E, F* als Axiome und *B* als Theorem, oder ob wir *B, C, D, E, F* als Axiome und *A* als Theorem ansehen wollen. Hieraus sehen wir, daß die Möglichkeit eines Systems die Möglichkeit eines anderen nicht auszuschließen braucht, und daß wir vielleicht die Wahl zwischen verschiedenen Systemen haben. Man wird also von einem Axiom eigentlich nur im Hinblick auf ein bestimmtes System sprechen können.[4])

Zwischenbemerkung über Satz und Gedanke

Es möge hier eine Zwischenbemerkung gemacht werden hinsichtlich der Ausdrücke „*Gedanke*“ und „*Satz*“. Mit dem Worte „Satz“ benenne ich ein Zeichen, das in der Regel zusammengesetzt ist, einerlei ob die Teile Laute oder Schriftzeichen sind. Dieses Zeichen muß natürlich einen Sinn haben. Ich will hier nur Sätze ins Auge fassen, in denen wir etwas aussagen oder behaupten. Wir können einen Satz in eine andere Sprache übersetzen. Der Satz in der anderen Sprache ist verschieden von dem ursprünglichen; denn er besteht aus verschiedenen und anders zusammengesetzten Bestandteilen (Lauten); aber, wenn die Übersetzung richtig ist, drückt er denselben Sinn aus. Und der Sinn ist ja eigentlich das, worauf es uns ankommt. Der Satz hat einen Wert für uns durch den Sinn, den wir in ihm erfassen, und den wir als denselben wiedererkennen auch in der Übersetzung. Diesen Sinn nenne ich Gedanken. Was wir beweisen, ist nicht der Satz, sondern der Gedanke. Und es ist gleichgültig, welche Sprache wir dabei gebrauchen. Freilich spricht man in der Mathematik oft von Beweisen eines Lehrsatzes, indem man dabei unter dem Wort „Satz“ etwas versteht, was ich Gedanken nenne, oder vielleicht unterscheidet man nicht genau zwischen dem Wort- oder Zeichenausdrucke und dem ausgedrückten Gedanken. Der Klarheit wegen aber ist es besser, diesen Unterschied zu machen. Der Gedanke ist nicht sinnlich wahrnehmbar; aber wir geben ihm im Satze einen hörbaren oder sichtbaren Vertreter. Ich sage darum nicht „Lehrsatz“, sondern „Theorem“, nicht „Grundsatz“, sondern „Axiom“ und verstehe unter Theoremen und Axiomen wahre Gedanken. Hiermit ist aber auch gesagt, daß der Gedanke nichts Subjektives, kein Erzeugnis unserer seelischen Tätigkeit ist; denn der Gedanke, den wir im Pythagoräischen Theorem haben, ist für alle derselbe, und seine Wahrheit ist ganz unabhängig davon, ob er von diesem oder jenem Menschen gedacht wird oder nicht. Das Denken ist nicht als Hervorbringen des Gedankens, sondern als dessen Erfassen anzusehen.

Die Postulate

Die *Postulate* scheinen zunächst von den Axiomen wesentlich verschieden zu sein. Wir finden bei Euklid das Postulat „Es sei gefordert, von jedem Punkte nach jedem anderen eine gerade Linie zu ziehen“.

Das zielt offenbar auf die Konstruktionen ab. Die Postulate führen, so scheint es, die einfachsten Tätigkeiten auf, durch die alle Konstruktionen gemacht werden können, und fordern ihre Möglichkeit. Zunächst könnte man vielleicht denken, daß hiermit für die Beweise nichts gewonnen sei, sondern nur für die Lösung von Aufgaben. Aber das wäre ein Irrtum, denn zuweilen braucht man zum Beweise eine Hilfslinie, zuweilen auch einen Hilfspunkt, eine Hilfszahl, überhaupt einen Hilfsgegenstand. Ein Hilfsgegenstand ist beim Beweise eines Theorems ein Gegenstand, von dem im Theoreme selbst nichts gesagt wird, der aber beim Beweise gebraucht wird, so daß dieser zusammenfiele, wenn es einen solchen Gegenstand nicht gäbe. Und gibt es keinen, so müssen wir ihn schaffen können, so scheint es, und wir brauchen ein Postulat, um uns der Möglichkeit zu versichern. Aber was ist denn dies Ziehen einer Linie eigentlich? Jedenfalls ist das keine Linie im Sinne der Geometrie, was wir schaffen, wenn wir mit einem Bleistift einen Strich ziehen. Und wie sollten wir in dieser Weise auch einen Punkt, der im Sirius liegt, mit einem Punkte im Rigel verbinden? Ein solches äußeres Tun kann nicht gemeint sein in unserem Postulate. Eher wohl etwas Geistiges. Aber auch hierbei kommt es nicht auf die subjektive, psychologische Möglichkeit an, sondern auf die objektive. Von unserem Tun kann doch eigentlich die Wahrheit eines Theorems nicht abhängig sein, die ganz unabhängig von uns besteht. Wir können die Sache also nicht anders auffassen, als daß wir uns nur zum Bewußtsein bringen, was auch ohne uns besteht, wenn wir eine gerade Linie ziehen. Der wesentliche Inhalt unseres Postulates ist also der, daß es zu je zwei Punkten eine gerade Linie gibt, die sie verbindet. Das Postulat ist also ebenfalls eine Wahrheit wie das Axiom und hat nur die Besonderheit, daß in ihm behauptet wird, es gäbe etwas von gewissen Eigenschaften. Hieraus folgt, daß eigentlich zwischen Axiom und Postulat nicht unterschieden zu werden braucht. Das Postulat kann als eine besondere Art von Axiom angesehen werden.

Die Definitionen

Die Erläuterungen

Wir kommen zu den *Definitionen.* Von den eigentlichen Definitionen sind die *Erläuterungen* zu unterscheiden. Wenn wir die Wissenschaft beginnen, können wir nicht vermeiden, die Wörter unserer Sprache zu gebrauchen. Aber diese Wörter sind meist für wissenschaftliche Zwecke nicht recht geeignet, weil sie nicht bestimmt genug und schwankend im Gebrauche sind. Die Wissenschaft bedarf der Kunstausdrücke, die ganz bestimmte und feste Bedeutungen haben; und um sich über diese Bedeutungen zu verständigen und mögliche Mißverständnisse auszuschließen, wird man Erläuterungen geben. Freilich kann man auch dabei nur wieder Wörter der Sprache gebrauchen, die vielleicht ähnliche Mängel zeigen, wie die sind, denen die Erläuterung abhelfen sollte. So scheinen denn wieder neue Erläuterungen nötig zu werden. Theoretisch betrachtet kommt man so eigentlich nie ans Ziel; praktisch gelingt es doch, sich über die Bedeutungen der Wörter zu verständigen. Freilich muß man dabei auf ein verständnisvolles Entgegenkommen, auf ein Erraten dessen, was man im Auge hat, rechnen können. Alles dieses aber geht dem Aufbau des Systems voraus, gehört nicht ins System. Bei dem Aufbau selbst muß vorausgesetzt werden, daß die Wörter bestimmte und bekannte Bedeutungen haben. Wir können daher die Erläuterungen hier außer Betracht lassen und fassen den Aufbau des Systems ins Auge.

Eigentliche Definition

Hierbei kann dieselbe Gruppe von Zeichen, seien es nun Laute oder Lautverbindungen oder Schriftzeichen, wiederholt auftreten, und man wird dadurch veranlaßt, für diese Gruppe ein einfaches Zeichen einzuführen durch die Festsetzung, daß dieses einfache Zeichen immer anstelle jener Gruppe stehen solle. Wie der Satz im allgemeinen ein zusammengesetztes Zeichen ist, so ist auch der Gedanke, den er ausdrückt, zusammengesetzt; und zwar so, daß Teile des Gedankens Teilen des Satzes entsprechen. So wird im allgemeinen auch eine Gruppe von Zeichen, die in einem Satze vorkommt, einen Sinn haben, der Teil des Gedankens ist. Wenn nun für eine solche Zeichengruppe ein einfaches Zeichen, wie eben gesagt, eingeführt wird, so ist eine solche Festsetzung eine Definition. Das einfache Zeichen erhält dadurch einen Sinn, nämlich denselben, den die Zeichengruppe hat. Durchaus notwendig für das System ist die Definition nicht. Man könnte überall die Zeichengruppe beibehalten. Durch die Einführung des einfachen Zeichens wird inhaltlich nichts hinzugefügt; nur der Ausdruck wird einfacher, handlicher gemacht. Die Definition hat also eigentlich nur mit den Zeichen zu tun. Das einfache Zeichen wollen wir das erklärte, die zusammengesetzte Zeichengruppe, für die es gesetzt worden ist, wollen wir den erklärenden Ausdruck nennen. Das erklärte Zeichen soll seinen Sinn nur durch den erklärenden Ausdruck erhalten. Er wird aufgebaut aus den Sinnen der Teile des erklärenden Ausdrucks. Die Erläuterung baut den Sinn eines Zeichens nicht in dieser Weise aus einfacheren Bestandteilen auf, sondern behandelt ihn als einfach; sie wehrt nur bei mehrdeutigen Ausdrücken Mißverständnisse ab.

Nachdem nun durch eine Definition einem Zeichen eine Bedeutung gegeben worden ist, hat es diese nunmehr; und die Definition geht in einen Satz über, in dem eine Identität behauptet wird. Freilich enthält er eigentlich nur eine Tautologie, die unsere Erkenntnis nicht erweitert. Er enthält eine Wahrheit, die so selbstverständlich ist, daß sie inhaltleer erscheint; und doch wird sie im Aufbau des Systems scheinbar als Prämisse gebraucht. Ich sage scheinbar; denn was sich dabei in der Form eines Schlusses darstellt, bringt keine neue Erkenntnis zustande, sondern bewirkt im Grunde nur eine Änderung des Ausdrucks, auf die man verzichten könnte, wenn nicht eben die Vereinfachung des Ausdrucks wünschenswert erschiene. In der Tat darf nicht erst durch eine Definition eine Wahrheit bewiesen werden können, die ohne sie unbeweisbar wäre.[5]) Wo wirklich das, was sich als eine Definition darstellt, den Beweis einer Wahrheit erst möglich macht, haben wir keine reine Definition, sondern es muß in ihr etwas stecken, was entweder als Theorem bewiesen oder als Axiom anerkannt werden müßte. Freilich kann es scheinen, als ob eine Definition einen Beweis erst möglich machen könnte. Man muß dabei aber zwischen dem Satze und dem darin ausgedrückten Gedanken unterscheiden. Wenn in einem Satze der erklärende Ausdruck vorkommt und wir ersetzen ihn durch das erklärte Zeichen, so ändert sich im Gedanken gar nichts. Wir erhalten dann zwar einen anderen Satz, aber nicht einen anderen Gedanken. Wenn wir diesen Gedanken so beweisen wollen, daß er in der Form des zweiten Satzes erscheinen solle, bedürfen wir dazu freilich der Definition. Aber wenn der Gedanke überhaupt bewiesen werden kann, kann er auch so bewiesen werden, daß er in der Form des ersten Satzes erscheint, und dann braucht man die Definition nicht. Wenn man also als das, was bewiesen wird, den Satz annimmt, kann die Definition wesentlich sein, nicht aber, wenn man den Gedanken als das zu Beweisende ansieht.

Danach scheint es, daß die Definition doch eigentlich sehr

unwesentlich sei. In der Tat, vom logischen Standpunkte aus betrachtet, erscheint die Definition als ganz unwesentlich und entbehrlich. Nun verstehe ich freilich, daß hiergegen starke Bedenken auftauchen werden. Man wird vielleicht sagen: in der Definition wird doch eine logische Zerlegung vorgenommen. Ebensowenig wie es gleichgültig ist, ob ich einen Körper chemisch zerlege, um zu sehen, aus welchen Bestandteilen er bestehe, kann es doch einerlei sein, ob ich bei einem logischen Gebilde eine logische Zerlegung mache, um seine Bestandteile kennen zu lernen, oder ob ich es unzerlegt lasse, als ob es einfach wäre, während es doch in der Tat zusammengesetzt ist. Man kann doch unmöglich die definierende Tätigkeit als etwas ganz Unwichtiges hinstellen[a]) angesichts der nicht geringen geistigen Arbeit, die zur Aufstellung einer guten Definition erforderlich ist. Gewiß liegt hierin etwas Wahres, aber bevor ich darauf näher eingehe, will ich noch folgendes hervorheben. Die logische Unwichtigkeit ist noch keineswegs eine psychologische. Wenn wir unsere geistige Arbeit, wie sie wirklich vor sich geht, betrachten, finden wir, daß keineswegs immer ein Gedanke in allen seinen Teilen klar in unserem Bewußtsein steht. Wenn wir z. B. das Wort „Integral" gebrauchen, sind wir uns dann immer alles dessen bewußt, was zum Sinne dieses Wortes gehört? Ich glaube, nur in ganz seltenen Fällen. Meistens wird nur das Wort in unserem Bewußtsein sein, allerdings verbunden mit dem mehr oder weniger dunkelen Wissen, daß dieses Wort ein Zeichen ist, das einen Sinn hat, und daß wir uns auch an diesen Sinn erinnern können, wenn wir wollen. Aber mit dem Bewußtsein, es zu können, begnügen wir uns meistens. Wenn wir uns an alles, was zum Sinne dieses Wortes gehört, erinnern wollten, kämen wir nicht vorwärts. Unser Bewußtsein ist eben nicht umfassend genug. Wir haben oft ein Zeichen nötig, mit dem wir einen sehr zusammengesetzten Sinn verbinden. Dieses Zeichen dient uns sozusagen als Gefäß, in dem wir diesen Sinn mit uns führen können, immer in dem Bewußtsein, daß wir dieses Gefäß öffnen können,

---

[a] Im Manuskript steht: „herstellen".

wenn wir seines Inhaltes bedürfen sollten. Aus dieser Betrachtung geht hervor, daß der Gedanke, wie ich das Wort verstehe, keineswegs zusammenfällt mit einem Inhalte meines Bewußtseins. Wenn wir demnach solche Zeichen nötig haben, in denen wir sozusagen einen sehr zusammengesetzten Sinn wie in einem Gefäße bergen, so brauchen wir auch Definitionen, mit denen wir diesen Sinn in das Gefäß füllen, mit denen wir andererseits diesen Sinn auch wieder hervorholen können. Wenn demnach die Definitionen, logisch betrachtet, eigentlich ganz unwesentlich sind, so haben sie doch große Wichtigkeit für das Denken, wie es bei uns Menschen wirklich abläuft.

Vorhin wurde ein Einwand erwähnt, der von dem Standpunkte aus gemacht wurde, daß durch die Definition eine logische Zerlegung geschehe. In der Tat kann es in der Entwicklung der Wissenschaft vorkommen, daß man lange ein Wort, ein Zeichen, einen Ausdruck gebraucht hatte, indem man seinen Sinn als einfach angesehen hatte, bis man dahin kam, ihn in einfachere logische Bestandteile zu zerlegen. Durch eine solche Zerlegung kann man hoffen, die Anzahl der Axiome zu vermindern; denn eine Wahrheit, die einen zusammengesetzten Bestandteil enthält, kann vielleicht nicht bewiesen werden, solange dieser Bestandteil unzerlegt bleibt; sie kann aber vielleicht bewiesen werden aus Wahrheiten, in denen die durch die Zerlegung erhaltenen Teile vorkommen. Danach scheint es, daß durch eine Definition, sofern sie eine Zerlegung bewirkt, ein Beweis möglich sein kann, der ohne diese Zerlegung nicht möglich wäre; und daraus scheint sich ein Widerspruch zu dem früher Gesagten zu ergeben. Was also vor der Zerlegung ein Axiom zu sein schien, kann nach der Zerlegung als Theorem erscheinen.

Wonach beurteilt man nun, ob eine logische Zerlegung richtig sei? Zu beweisen ist es nicht. Man kann höchstens feststellen, daß der Wortlaut der Sätze nach der Zerlegung derselbe bleiben kann wie vorher. Aber daß auch der Gedanke derselbe bleibt, ist fraglich. Wenn wir den Sinn eines längst üblich gewesenen Wortes oder Zeichens logisch zerlegt zu haben glauben, haben wir einen zusammengesetzten Ausdruck gewonnen, dessen Teile ihrem Sinne nach bekannt sind. Der Sinn dieses zusammengesetzten Ausdrucks muß sich daraus ergeben. Fällt er nun mit dem Sinne jenes längst gebrauchten Wortes zusammen? Man wird es, glaube ich, nur dann behaupten können, wenn es unmittelbar einleuchtet. Dann hat man darin ein Axiom. Dieses Zusammenfallen des Sinnes des schon längst üblichen einfachen Zeichens mit dem des nun gebildeten zusammengesetzten Ausdrucks ist aber eigentlich das, was die Definition feststellen sollte.

Wir haben also *zwei ganz verschiedene Fälle* zu unterscheiden

1. Wir bauen einen Sinn aus seinen Bestandteilen auf und führen ein ganz neues einfaches Zeichen ein, um diesen Sinn auszudrücken. Man kann dies „aufbauende Definition" nennen; wir wollen es aber lieber „Definition" schlechtweg nennen.

2. Schon längst ist ein einfaches Zeichen in Gebrauch gewesen. Wir glauben seinen Sinn logisch zerlegen zu können und erhalten einen zusammengesetzten Ausdruck, von dem wir meinen, daß er denselben Sinn ausdrücke wie jener. Als Bestandteil eines zusammengesetzten Ausdrucks lassen wir nur etwas gelten, was selbst einen anerkannten Sinn hat. Der Sinn dieses zusammengesetzten Ausdrucks muß sich aus seiner Zusammensetzung ergeben. Daß er mit dem des längst gebräuchlichen einfachen Zeichens übereinstimme, ist nicht Sache einer willkürlichen Festsetzung, sondern kann nur durch unmittelbares Einleuchten erkannt werden. Man spricht hier auch wohl von Definition. Zum Unterschied vom ersten Falle könnte man „zerlegende Definition" sagen. Besser aber ist es, hier das Wort „Definition" ganz zu vermeiden, weil das, was man hierbei Definition nennen möchte, eigentlich als Axiom aufzufassen ist[6]). In diesem zweiten Falle bleibt für eine willkürliche Festsetzung kein Raum, weil das einfache Zeichen schon einen Sinn hat. Nur einem Zeichen, das noch keinen Sinn hat, kann willkürlich ein Sinn beigelegt werden. Wir wollen demnach bei unserer ursprünglichen Redeweise bleiben und nur eine aufbauende Definition Definition

nennen. Danach ist Definition also eine willkürliche Festsetzung, durch die einem einfachen Zeichen, das vorher keinen Sinn hatte, ein Sinn gegeben wird. Dieser Sinn muß natürlich ausgedrückt werden durch ein zusammengesetztes Zeichen, dessen Sinn aus einer Zusammensetzung hervorgeht.

Nun bleibt noch die Verlegenheit zu betrachten, in die wir bei der logischen Zerlegung geraten, wenn es fraglich ist, ob diese Zerlegung richtig sei.

Nehmen wir an, *A* sei das längst gebrauchte einfache Zeichen (Ausdruck), dessen Sinn wir logisch zu zerlegen versucht haben, indem wir einen zusammengesetzten Ausdruck gebildet haben als Darstellung dieser Zerlegung. Da wir nicht sicher sind, ob die Zerlegung gelungen sei, wagen wir es nicht, den zusammengesetzten Ausdruck als durch jenes einfache Zeichen *A* ersetzbar hinzustellen. Wenn wir eine eigentliche Definition aufstellen wollen, dürfen wir nicht das Zeichen *A*, das schon einen Sinn hat, sondern müssen ein ganz neues Zeichen, etwa *B*, wählen, dem wir nun erst durch die Definition den Sinn jenes zusammengesetzten Ausdrucks geben. Nun ist die Frage, ob *A* und *B* denselben Sinn haben. Aber die Beantwortung dieser Frage können wir ganz umgehen, indem wir den Aufbau des Systems von Grund aus neu machen und dabei das Zeichen *A* gar nicht mehr gebrauchen, sondern nur *B*. Wir haben für jenen zusammengesetzten Ausdruck das Zeichen *B* willkürlich eingeführt und diesem damit einen Sinn gegeben. Das ist eine Definition im eigentlichen Sinne, nämlich eine aufbauende Definition.

Wenn es uns nun so gelingt, das System der Mathematik aufzubauen, ohne des Zeichens *A* zu bedürfen, so können wir uns dabei beruhigen und brauchen die Frage nach dem Sinne, in dem dieses Zeichen früher etwa gebraucht worden war, gar nicht zu beantworten. So ist die Sache einwandfrei zu machen. Aus Zweckmäßigkeitsgründen aber kann es sich empfehlen, statt des Zeichens *B* das Zeichen *A* zu gebrauchen. Dann müssen wir es aber als ganz neu eingeführtes Zeichen behandeln, das vor der Definition noch keinen Sinn hatte. Wir müssen also erklären, daß der Sinn, in dem dieses Zeichen etwa vor dem Neubau des Systems gebraucht worden ist, für uns gar nicht mehr in Betracht kommen solle, daß der Sinn dieses Zeichens vielmehr lediglich aus der von uns gegebenen aufbauenden Definition zu entnehmen sei. Nichts von dem, was vor dem Neubau des Systems in der Mathematik geschehen ist, darf logisch für diesen Neubau noch in Betracht kommen. Alles muß von Grund auf neugemacht werden. Auch was wir etwa an zerlegender Tätigkeit geleistet haben, ist nur als Vorbereitung anzusehen, die im Neubau des Systems selbst nicht in die Erscheinung tritt.

Eine Dunkelheit bleibt vielleicht noch bestehen. Wie ist es möglich, kann man fragen, daß es zweifelhaft sei, ob ein einfaches Zeichen denselben Sinn habe wie ein zusammengesetzter Ausdruck, wenn sowohl der Sinn jenes einfachen Zeichens bekannt ist, als auch der Sinn dieses Ausdrucks aus der Zusammensetzung erkannt werden kann? In der Tat: wenn der Sinn jenes einfachen Zeichens wirklich klar gefaßt ist, dann kann es nicht zweifelhaft sein, ob er mit dem Sinne dieses Ausdrucks übereinstimme. Wenn es fraglich ist, obwohl der Sinn dieses Ausdrucks aus der Zusammensetzung klar erkannt werden kann, so muß der Grund darin liegen, daß der Sinn jenes einfachen Zeichens nicht klar erfaßt ist, sondern wie durch einen Nebel nur in verschwommenen Umrissen erscheint. Das Ergebnis jener logischen Zerlegung wird dann eben sein, daß der Sinn deutlich herausgearbeitet worden ist. Das ist eine sehr nützliche Arbeit; aber sie gehört nicht in den Aufbau des Systems, sondern muß ihm vorausgehen. Bevor der Bau begonnen wird, müssen die Bausteine gut bearbeitet zur Verfügung sein; d. h. die Wörter, Zeichen, Ausdrücke, die gebraucht werden, müssen einen klaren Sinn haben, soweit ihnen nicht im Systeme selbst durch aufbauende Definitionen ein Sinn gegeben wird.

Wir bleiben demnach bei unserer anfänglichen Auffassung, nach der *eine Definition eine willkürliche Festsetzung ist,* durch die ein neues Zeichen für einen zusammengesetzten Ausdruck eingeführt wird, dessen Sinn aus seiner Zusammensetzung bekannt ist. Das Zeichen, das bis dahin keinen Sinn hatte, bekommt durch die Definition den Sinn jenes zusammengesetzten Ausdrucks.

Wenn wir uns nun in den Schriften der Mathematik umsehen, so treffen wir manches, was wie eine Definition aussieht, auch als solche bezeichnet wird, ohne eigentlich eine zu sein. Solche Definitionen sind zu vergleichen jenen Stuckverzierungen an Gebäuden, die so aussehen, als trügen sie etwas, während sie in Wirklichkeit weggenommen werden könnten, ohne daß die Standfestigkeit des Gebäudes den geringsten Schaden litte. Man erkennt solche Definitionen daran, daß sie nicht gebraucht werden, daß sie nie bei einem Beweise herangezogen werden. Wenn aber ein durch Definition eingeführtes Wort oder Zeichen in einem Lehrsatze gebraucht wird, so kann es nur durch Anwendung der Definition oder der unmittelbar aus ihr folgenden Identität hineingekommen sein. Wenn gar keine solche Anwendung vorgekommen ist, muß irgendein Fehler vorgekommen sein. Freilich kann die Anwendung auch stillschweigend geschehen sein. Darum ist es so wichtig für die klare Einsicht in die Sachlage, daß bei jedem Schlusse, der in einem Beweise vorkommt, die Prämissen zu erkennen sind und das Gesetz des Schließens, nach dem der Schluß geschieht. Solange die Beweise so geführt werden, wie es jetzt durchweg geschieht, kann nicht sicher erkannt, werden, was beim Beweise eigentlich gebraucht wird, worauf er sich stützt. Und so kann denn auch nicht erkannt werden, ob eine Definition eine bloße Stuck-Definition ist, die nur als Zierat dient und nur aufgestellt worden ist, weil es nun einmal so üblich ist, oder ob sie tiefere Berechtigung hat. Deswegen ist es so wichtig, die Beweise so zu führen, wie wir es verlangt haben.

Eine andere Art unzulässiger Definitionen läßt sich durch ein algebraisches Bild kennzeichnen. Nehmen wir an, drei Unbekannte x, y, z kommen in drei Gleichungen vor. Dann können sie durch diese Gleichungen bestimmt werden. Doch genau genommen sind sie nur dann bestimmt, wenn nur eine Lösung möglich ist. In ähnlicher Weise können Wörter wie „Punkt“, „Gerade“, „Ebene“ in mehreren Sätzen vorkommen. Es werde angenommen, daß diese Wörter noch keinen Sinn haben. Verlangt werde, daß für jedes dieser Wörter ein Sinn derart gefunden werde, daß jene Sätze wahre Gedanken ausdrücken. Aber ist hierdurch eine eindeutige Bestimmung gegeben? Im allgemeinen jedenfalls nicht; und meistens muß es unentschieden bleiben, wieviel Lösungen möglich sind. Wenn aber bewiesen werden kann, daß nur eine Lösung möglich ist, dann gebe man diese an, indem man jedem der zu erklärenden Wörter einzeln durch eine aufbauende Definition einen Sinn zuweist. Aber jenes System von Sätzen, in deren jedem mehrere der zu erklärenden Ausdrücke vorkommen, kann nicht als Definition anerkannt werden.[7])

Ein besonderer Fall hiervon ist der, daß nur Ein Zeichen, das noch keinen Sinn hat, in einem oder in mehreren Sätzen vorkommt. Nehmen wir an, daß die übrigen Bestandteile der Sätze bekannt sind. Die Frage ist nun, welchen Sinn müssen wir dem Zeichen geben, damit die Sätze sinnvoll werden und zwar so, daß die ausgedrückten Gedanken wahr sind. Der Fall ist zu vergleichen dem, daß der Buchstabe x in einer oder mehreren Gleichungen vorkommt, deren übrige Bestandteile bekannt sind, wobei die Aufgabe ist: welche Bedeutung müssen wir dem Buchstaben x geben, damit die Gleichungen wahre Gedanken ausdrücken? Wenn mehrere Gleichungen gegeben sind, wird diese Aufgabe meistens unlösbar sein. Offenbar wird hierdurch im allgemeinen gar keine Zahl bestimmt sein. Und ähnlich ist es auch in jenem Falle. Dadurch, daß man ein Zeichen in einem oder in mehreren Sätzen gebraucht, deren übrige Bestandteile bekannt sind, legt man diesem Zeichen noch keinen Sinn bei. In der Algebra hat man noch den Vorteil, daß man über die Lösbarkeit und die Anzahl der möglichen Lösungen etwas sagen kann, den man im allgemeinen Falle nicht hat. Es darf aber ein Zeichen nicht mehrdeutig sein. Für ein Zeichensystem, das zum wissenschaftlichen Gebrauche dienen soll, ist das wichtigste Erfordernis das der Eindeutigkeit. Man muß doch wissen, wovon man aussagt und was man aussagt, welchen Gedanken man ausdrückt.

Nun hat es freilich auch Leute gegeben, die sich einbildeten Logiker zu sein und meinten, die *Begriffswörter* (nomina appellativa) unterschieden sich dadurch von Eigennamen, daß sie mehrdeutig wären[8]). Das Wort „Mensch“ z. B. bedeute ebensowohl Plato, wie Aristoteles, wie Karl den Großen. Das Wort „Zahl“ bezeichne die 1 ebensowohl wie die 2 usw. Nichts ist verkehrter. Freilich kann ich mit den Worten „dieser Mensch“ in einem Falle diesen, in einem anderen Falle jenen bezeichnen. Aber in jedem einzelnen Falle will ich doch nur einen einzigen damit bezeichnen. Die Sätze unserer Sprache des Lebens überlassen manches dem Erraten. Und das richtige Erraten wird durch die begleitenden Umstände möglich. Der Satz, den ich ausspreche, enthält nicht immer alles Erforderliche, manches muß aus der Umgebung, aus meinen Handbewegungen oder Blicken ergänzt werden. Aber eine für den wissenschaftlichen Gebrauch bestimmte Sprache darf nichts dem Erraten überlassen. Ein Begriffswort, mit dem Demonstrativpronomen oder dem bestimmten Artikel verbunden, hat in dieser Weise oft den logischen Wert eines Eigennamens, indem es zur Bezeichnung eines einzelnen bestimmten Gegenstandes dient.[9]) Als Eigenname ist dann aber nicht das Begriffswort allein, sondern das Ganze aufzufassen, das aus dem Begriffsworte, dem Demonstrativpronomen und den begleitenden Umständen besteht. Das eigentliche Begriffswort haben wir da, wo es ohne bestimmten Artikel, ohne Demonstrativpronomen entweder ohne Artikel oder mit dem unbestimmten Artikel steht oder mit „alle“ „kein“ „einige“ verbunden vorkommt. Man muß nicht denken, daß ich von einem mir ganz unbekannten Häuptlinge im Innern Afrikas etwas aussagen will, wenn ich sage „Alle Menschen sind sterblich“. Ich sage weder von diesem etwas noch von jenem; sondern ich ordne den Begriff Mensch dem Begriff des Sterblichen unter. In dem Satze „Cato ist sterblich“ habe ich eine *Subsumtion*, in dem Satze „Alle Menschen sind sterblich“ habe ich eine *Subordination.*[10]) Von einem Begriffe ist hier die Rede, nicht von einem Einzeldinge. Auch muß man nicht denken, daß in dem Satz „Alle Menschen sind sterblich" der Satz „Cato ist sterblich" seinem Sinne nach enthalten sei, so daß, indem ich jenen ausspreche, ich den Gedankeninhalt dieses zugleich ausgedrückt hätte. Die Sache ist vielmehr so. Mit dem Satze „Alle Menschen sind sterblich" sage ich: „Wenn etwas ein Mensch ist, ist es sterblich". Durch einen Schluß vom Allgemeinen zum Besonderen erhalte ich hieraus den Satz: „Wenn Cato ein Mensch ist, so ist Cato sterblich". Nun bedarf ich noch einer zweiten Prämisse, nämlich „Cato ist ein Mensch". Aus diesen beiden Prämissen schließe ich „Cato ist sterblich".

Da demnach Schlüsse erforderlich sind und eine zweite Prämisse, so ist in dem Satze „Alle Menschen sind sterblich" der Gedanke, daß Cato sterblich sei, nicht mit ausgedrückt; und mithin ist „Mensch" nicht ein Wort, das vieldeutig ist, und das unter seinen vielen Bedeutungen auch die hat, die wir mit dem Eigennamen „Plato" bezeichnen, sondern ein Begriffswort dient eben zur Bezeichnung eines Begriffes. Und ein Begriff ist von einem Einzeldinge ganz verschieden. Wenn ich sage „Plato ist ein Mensch", lege ich nicht etwa dem Plato einen neuen Namen bei, nämlich den Namen „Mensch", sondern ich sage, daß Plato unter den *Begriff Mensch* falle. Ebenso sind die Fälle ganz verschieden, wenn ich definiere $2 + 1 = 3$ und wenn ich sage „$2 + 1$ ist eine Primzahl". In jenem Falle gebe ich dem Zeichen „3", das noch leer ist, einen Sinn und eine Bedeutung, indem ich sage, es solle dasselbe bedeuten wie die Zeichenverbindung „$2 + 1$". Im zweiten Falle subsumiere ich die Bedeutung von „$2 + 1$" unter den Begriff Primzahl. Damit gebe ich ihr nicht einen neuen Namen. Dadurch also, daß ich verschiedene Gegenstände unter denselben Begriff subsumiere, wird das Begriffswort nicht vieldeutig. So ist das Wort „Primzahl" in den Sätzen

„2 ist eine Primzahl"
„3 ist eine Primzahl"
„5 ist eine Primzahl"

nicht etwa deswegen vieldeutig, weil 2, 3, 5 verschiedene Zahlen sind; denn „Primzahl" ist nicht ein Name, der diesen Zahlen gegeben wird.

Der *Begriff* ist seinem Wesen nach prädikativ. Wenn ein

leerer Eigenname in einem Satze vorkommt, dessen übrige Teile bekannt sind, so daß der Satz einen Sinn bekommt, wenn jenem Eigennamen ein Sinn gegeben wird, so haben wir in diesem Satze, solange der Eigenname noch leer ist, eine mögliche Aussage, aber keinen Gegenstand, von dem etwas ausgesagt wird. So haben wir in dem Satze „*x* ist eine Primzahl" zwar eine mögliche Aussage[11]); solange aber dem Buchstaben „*x*" keine Bedeutung gegeben ist, fehlt uns der Gegenstand, von dem ausgesagt wird. Wir können dafür auch sagen: wir haben einen Begriff, aber noch keinen Gegenstand, der unter ihn subsumiert wird. Nehmen wir noch einen Satz hinzu, nämlich „*x* um 2 vermehrt ist eine durch 4 teilbare Zahl", so haben wir auch hier einen Begriff. Wir können diese beiden Begriffe zu Merkmalen eines neuen Begriffes nehmen, indem wir die Sätze „*x* ist eine Primzahl", „*x* um 2 vermehrt ist eine durch 4 teilbare Zahl" als ein Ganzes betrachten. Unter diesen Begriff fällt nur ein Gegenstand, die Zahl 2. Aber ein Begriff, unter den nur ein Gegenstand fällt, bleibt immer ein Begriff, und der Begriffsausdruck wird dadurch nicht zum Eigennamen.

Wir bleiben dabei: Sätze, die ein leeres Zeichen enthalten, deren[a]) andere Bestandteile bekannt sind, können nicht als Definitionen anerkannt werden. Aber zur Erläuterung können solche Sätze dienen, indem sie erraten lassen, was mit jenem Zeichen oder Worte gemeint sein solle.

Ich habe gelesen, daß Wortdefinitionen getadelt werden und als solche hingestellt werden, die eigentlich nicht mehr vorkommen dürften. Es wurde dabei beispielsweise auf eine von mir gegebene Definition hingewiesen; aber es war nicht gesagt, was eine Wortdefinition sei.[12]) Worte oder Zeichen werden ja bei jeder Definition gebraucht. Vielleicht soll eine Wortdefinition eine solche sein, die im erklärenden Ausdrucke ein Wort enthält, das nur ein Wort ist, ohne einen Sinn zu haben. Das darf gewiß nicht vorkommen; aber daraus, daß der Lesende keinen Sinn mit einem Worte verbindet, folgt noch nicht, daß der Verfasser

[a] Im Manuskript steht: „dessen".

der Definition keinen Sinn mit dem Worte verbunden hat. Das Dringen auf einen Sinn ist durchaus berechtigt, und um so mehr, als manche Mathematiker nur Sätze zu beweisen scheinen, ohne sich darum zu kümmern, ob diese Sätze auch einen Sinn und welchen etwa haben.

Wie wenig Wert oft auf den Sinn gelegt wird und auf die Definitionen, erkennt man daraus, daß die Mathematiker über das, was *Zahl* sei, stark voneinander abweichende Erklärungen geben[13]). (Es handelt sich dabei um die positive ganze Zahl). Weierstrass sagt: „Zahl ist eine Reihe gleichartiger Dinge". Ein anderer sagt, gewisse künstlich durch Schreiben hergestellte Gebilde, wie 2, 3 seien Zahlen.[14]) Ein dritter[15]) meint: Wenn ich höre, daß die Uhr drei schlägt, sehe ich von dem, was drei dabei ist, nichts. Das kann also nichts Sichtbares[a]) sein. Wenn ich drei Striche sehe, so höre ich nichts von dem, was drei dabei ist. Dies kann also auch nichts Hörbares sein. Ein Axiom ist nichts Sichtbares, also kann, wenn von drei Axiomen die Rede ist, auch die Drei dabei nichts Sichtbares sein. Die Zahl kann überhaupt nichts sein, was durch die Sinne wahrnehmbar ist.

Offenbar verbindet jeder von diesen mit dem Worte „Zahl" einen anderen Sinn. Die Arithmetiken dieser drei Mathematiker müssen also ganz voneinander verschieden sein. Ein Satz des ersteren muß einen von dem gleichlautenden Satz des anderen ganz verschiedenen Sinn haben. Es ist dies ähnlich so, als ob die Botaniker nicht einig darin wären, was sie unter Pflanze verstehen wollten, so daß ein Botaniker etwa ein organisch sich entwickelndes Gebilde, ein anderer ein von Menschenhand künstlich zusammengesetztes Ding, ein dritter etwas darunter verstehen wollte, was überhaupt nicht sinnlich wahrnehmbar wäre. Das ergäbe doch nicht eine einheitliche Botanik.

Aber warum sollte man nicht feststellen können, Zahl solle sein eine Reihe gleichartiger Dinge? Allerdings erheben sich Bedenken dagegen. Man kann nämlich finden, daß der Sinn des Wortes „Reihe" nicht sicher genug feststehe.

---

[a] Im Manuskript steht: „Hörbares".

Ist hierbei nun an eine räumliche Anordnung zu denken, oder auch an eine zeitliche oder vielleicht eine raumzeitliche? Ferner ist es nicht klar, was unter „gleichartig" zu verstehen sei. Sind z. B. die Töne einer Tonfolge schon als Töne gleichartig, oder nur, wenn sie dieselbe Tonhöhe haben? Aber nehmen wir einmal an, es wären solche Erläuterungen gegeben, daß diese Unsicherheit verschwände. Ein Eisenbahnzug ist eine Reihe gleichartiger Gegenstände, die sich mit Rädern auf Schienen fortbewegen. Man kann vielleicht meinen, daß die Lokomotive doch etwas anderer Art sei. Doch das macht keinen wesentlichen Unterschied. Und so kommt dann eine solche Zahl von Berlin her angesaust. Nehmen wir an, es werde die Wissenschaft von diesen Zahlen aufgebaut. Ohne Zweifel muß sie gänzlich verschieden [sein von][a]) der Wissenschaft, in der man Zahlen gewisse Gebilde nennt, die mit einem Schreibmittel auf einer Schreibfläche hergestellt werden. Auch wenn der Wortlaut derselbe ist, muß der ausgedrückte Gedanke ganz verschieden sein. Nun ist es auffallend, daß die Sätze dieser grundverschiedenen Wissenschaften, deren jede Arithmetik genannt wird, im Wortlaute ganz übereinstimmen. Und noch auffallender ist, daß es den Forschern in diesen Wissenschaften gar nicht zum Bewußtsein kommt, daß ihre Wissenschaften grundverschieden sind. Alle glauben Arithmethik zu treiben, und zwar dieselbe Arithmetik, dieselbe Zahlenlehre, obwohl das, was dieser Zahl nennt, gar keine Ähnlichkeit mit dem hat, was jener Zahl nennt.

Wie ist das möglich? Fast sollte man denken, die Mathematiker hielten den Wortlaut, die Form des Ausdrucks für das Wesentliche, den ausgedrückten Gedanken für ganz unwesentlich. Vielleicht denkt man: „Der Gedankeninhalt der Sätze geht ja eigentlich den Mathematiker nichts an, das ist ja Sache der Philosophen; und alles Philosophische ist ja ganz ungenau, unsicher und eigentlich unwissenschaftlich. Ein Mathematiker, der auf seinen wissenschaftlichen Ruf hält, befaßt sich nicht damit. Freilich kann auch den besten einmal eine Definition in einer schwachen

---

[a] Im Manuskript steht: „sein, von".

Stunde entschlüpfen oder etwas, was so aussieht, als wäre es eine; aber dem ist keine Bedeutung beizulegen. Das ist gerade so, als ob man einmal niest. Wesentlich ist doch eigentlich nur, daß alle im Wortlaute übereinstimmen und in den Formeln. Ein Mathematiker, der nicht philosophisch angekränkelt ist, begnügt sich damit."

Aber ist denn das eine Wissenschaft, die Sätze beweist, ohne zu wissen, was sie beweist? Aber ist es denn wirklich so, daß die Mathematiker im Wortlaute übereinstimmen? Werden nicht in verschiedenen Sprachen mathematische Schriften verfaßt, werden sie nicht in eine andere Sprache übersetzt? Dabei geht doch der Wortlaut verloren. Es muß aber auch etwas da sein, was nicht dabei verlorengeht. Was kann das anderes sein als der Sinn? So ganz nebensächlich kann dann doch der Gedanke, der Sinn eines Satzes nicht sein. Und hat man nicht doch im tiefsten Innern eine Ahnung, daß der Gedankeninhalt die Hauptsache, ja eigentlich das ist, worauf es allein ankommt?

Aber wie geht es zu, daß man dies so als nebensächlich behandelt? Wie kann man sich einbilden, zwei ganz verschiedene Wissenschaften hätten eigentlich denselben Inhalt! Nur weil sie beide Arithmetik genannt werden, nur weil in beiden von Zahlen gehandelt wird, obwohl das, was in dieser Zahl genannt wird, ganz verschieden ist von dem, was in jener Zahl genannt wird? Oder sollte es so sein, daß es wirklich dieselbe Wissenschaft ist, daß auch dieser im Grunde denselben Sinn mit dem Worte Zahl verbindet wie jener, nur daß es ihm nicht gelingt, diesen Sinn richtig zu fassen? Vielleicht erscheint ihnen der Sinn so nebelhaft verschwommen, daß, wenn sie zufassen, sie daneben greifen. Dieser greift vielleicht rechts daneben, jener links; und so fassen sie nicht dasselbe, obwohl sie dasselbe fassen wollen. Wie stark muß der Nebel sein, um das möglich zu machen! Aber das muß sich doch bei den Beweisen bemerklich machen. Ja, es müßte es, wenn die Beweise streng logisch in lückenloser Schlußfolge geführt würden. Aber daran wird es eben fehlen. Wenn von einer Definition nie Gebrauch gemacht wird, so ist sie so gut wie nicht vorhanden. Sie mag noch so sehr an dem vorbeischießen, was eigentlich getroffen werden soll, man merkt es nicht. Ein anderer Mathematiker schießt vielleicht an der anderen Seite vorbei; da er aber keinen Gebrauch von seiner Definition macht, ist auch diese so gut wie nicht vorhanden. Und so begreift man, wie Definitionen, die sich aufs äußerste bekämpfen zu müssen scheinen, friedlich nebeneinander lagern wie die Tiere im Paradiese. Mag es wirklich so sein.

Eigentlich muß man doch gespannt darauf sein, wie die *Multiplikation* der weierstrass'schen Zahlen geschieht. Neben meinem Fenster steht ein Bücherbord; auf dessen oberstem Brette befindet sich eine Reihe gleichartiger Dinge, eine Zahl. Heute nachmittag ungefähr um 5^{h} 15^{m} kommt ein D-Zug aus Berlin auf dem Saalbahnhof an, ebenfalls eine Zahl. Nach einer weitverbreiteten Meinung erhält man durch Multiplikation einer Zahl mit einer Zahl wieder eine Zahl. Danach müßte man durch Multiplikation jener Bücherreihe mit diesem D-Zuge wieder eine Reihe gleichartiger Dinge erhalten. Wie machen wir das nun? Ich lese in einem Kollegienhefte, das eine weierstrass'sche Vorlesung enthält[16]): „Nach der Definition entsteht die Zahlengröße durch das wiederholte Setzen gleichartiger Elemente." Also doch soll, wie es scheint, eine Anwendung von der Definition gemacht werden. Wie lautet nun die Definition? „Wir können uns eine Reihe gleichartiger Dinge vorstellen, wenn wir unter gleichartigen Dingen solche verstehen, die rücksichtlich eines Komplexes bestimmter Merkmale übereinstimmen. Eine solche Reihe verstehen wir unter dem Begriff Zahlengröße."

Hier heißt es Zahlengröße statt Zahl, was unwesentlich ist. Zuerst kommt hier eine Behauptung: „Wir können uns eine Reihe gleichartiger Dinge vorstellen." Das ist eine psychologische Wahrheit, die uns hier eigentlich nichts angeht. Aber folgt denn nun aus dieser Definition, daß die Zahlengröße durch das wiederholte Setzen gleichartiger Elemente entstehe? Jener D-Zug ist nach der Definition unzweifelhaft eine Zahlengröße, denn er ist eine Reihe von Dingen, die rücksichtlich eines Komplexes von Merkmalen übereinstimmen. Entsteht nun ein Eisenbahnzug durch das wiederholte Setzen von Eisenbahnwagen? Muß ich einen und denselben Wagen wiederholt setzen? Und wie mache ich das? Oder muß ich einen Wagen nach dem anderen setzen? Dann würde ich das besser so ausdrücken: „Ein Eisenbahnzug entsteht dadurch, daß man einen Wagen nach dem anderen setzt.“ Ich glaube nicht, daß Eisenbahnbeamte diese Art der Entstehung eines Eisenbahnzuges schon kennen. Daß also eine Zahlengröße durch das wiederholte Setzen gleichartiger Dinge entstehe, möchte ich bezweifeln. Über die Entstehungsweise ist aus der Definition doch eigentlich nichts zu entnehmen.

Im Kollegienhefte heißt es weiter: „Nun kann man den Begriff „Größe“ selbst als Einheit betrachten und wiederholt setzen, z. B. *b*, *b*, *b* ....“ Wunderbar! Einen und denselben Begriff kann man wiederholt setzen! *b* scheint hiernach das Zeichen des Begriffes Größe zu sein. Setze ich nun diesen Begriff Größe dadurch wiederholt, daß ich sein Zeichen wiederholt hinschreibe? Hierbei scheint übrigens ein Versehen vorgekommen zu sein. Es scheint mir wenigstens, als ob nicht der Begriff Größe, sondern eine einzelne Zahlengröße wiederholt gesetzt werden solle. Dann wäre *b* wohl als Zeichen dieser Zahlengröße, z. B. dieses D-Zuges, anzusehen. Aber was hat das wiederholte Hinschreiben dieses Zeichens mit der wiederholten Setzung des D-Zuges zu tun? Oder soll etwa nicht der D-Zug selbst, sondern eine Vorstellung, die ich vom D-Zug habe, die Zahlengröße sein? Damit wäre die Sache ins Psychologische und Subjektive übergeführt, ohne dadurch klarer zu werden. Die Zahlengrößen wären damit seelische Gebilde und die Arithmetik ein Teil der Psychologie. Doch wie gelangen wir nun zur *Multiplikation*? Das Kollegienheft fährt fort: „Nun gibt es eine Größe, welche alle diese *b* enthält. Wenn *b* *a*-mal vorkommt, so bezeichnen wir mit $a \times b$ die Summe, welche aus *a* Summanden *b* besteht.“

Hier kann man Anstoß daran nehmen, daß das Zeichen „*b*“ plötzlich zum Begriffswort geworden ist. Anfänglich war es doch Eigenname einer Zahlengröße, z. B. eines D-Zuges; nun ist mit einem Male von allen diesen *b* die Rede. Verdeutlichen wir uns dies an einem Beispiel! Wir setzen etwa den Präsidenten Wilson der Vereinigten Staaten wiederholt und erhalten dadurch eine Reihe von Präsidenten Wilson, und der ursprüngliche Eigenname wird nun zum nomen appellativum, und jedes einzelne dieser durch wiederholte Setzung erhaltenen Exemplare ist ein Präsident Wilson. Wir haben also durch die wiederholte Setzung des Präsidenten Wilson eine Reihe von Präsidenten Wilson erhalten; und in dieser Reihe kommt der Präsident Wilson (jetzt haben wir wieder einen Eigennamen, wie der bestimmte Artikel zeigt) — also in dieser Reihe von Präsidenten Wilson kommt *der* Präsident Wilson mehrmals vor.

So müssen wir die Sache auch hier denken. Den heute nachmittag hier ungefähr um 5^h 15^m eintreffenden D-Zug aus Berlin bezeichnen wir mit b. b ist eine Zahlengröße. Wir setzen diese Zahlengröße wiederholt. Dadurch erhalten wir eine Reihe von D-Zügen b. Nun gibt es eine Zahlengröße, welche alle diese D-Züge b enthält. Wirklich? Diese wird auch wohl wieder ein Zug sein; aber wo hält er? Der D-Zug b kommt nun in diesem mehrmals vor. Wenn er a-mal vorkommt, so bezeichnen wir mit $a \times b$ die Summe, welche aus a Summanden b besteht. Von dieser Summe ist noch gar nicht die Rede gewesen. Wahrscheinlich ist es die Zahlengröße, welche alle diese durch Setzung gewonnenen D-Züge enthält; und diese Zahlengröße wird vermutlich selbst ein Eisenbahnzug sein. Wissen wir nun, was $a \times b$ ist? a ist doch auch eine Zahlengröße; und wir wollten gerne wissen, wie wir den D-Zug mit der obersten Bücherreihe meines am Fenster stehenden Bücherbordes multiplizieren. Wir wollen also diese Bücherreihe a nennen. Aber was ist dann unter a-mal zu verstehen? Eine verteufelt schwierige Sache, solche Multiplikation! Aber, wie das Kollegienheft behauptet, erhalten wir dieselbe Größe sowohl durch a-maliges Setzen von b, als auch durch b-maliges Setzen von a. Wir haben also die Wahl. Geht es vielleicht besser, wenn wir die Bücherreihe a b-mal setzen? Es scheint ebenso schwierig zu sein. Besteht nun die Zahlengröße, die wir mit $a \times b$ bezeichnen, eigentlich aus Büchern oder aus Eisenbahnwagen? Wer hätte gedacht, daß das Multiplizieren so schwierig wäre!

Und das sollen neunjährige Kinder leisten. Ermessen wir doch die Schwierigkeit, einen D-Zug wiederholt zu setzen! Eigentlich ist es doch rührend, mit welcher Geschicklichkeit — Geschwindigkeit ist keine Hexerei — hier die Zahlengrößen zum Verschwinden gebracht werden und statt ihrer das, was man sonst Zahl nennt, zum Vorschein gebracht wird.

Noch in einer anderen Weise wird die Zahl verstohlen eingeführt. So heißt es § 2: „Da es aber hierbei nicht auf die Reihenfolge, sondern nur auf die Menge der Elemente ankommt, so ist

$$a + b = b + a.\text{“}$$

Wenn eine Zahlengröße wirklich eine Reihe gleichartiger Dinge wäre, so käme es auf die Reihenfolge an; denn indem wir die Reihenfolge ändern, ändern wir die Reihe. Und ist, was hier Menge der Elemente genannt wird, nicht eigentlich das, was man Zahl der Elemente nennt? Also auf die Reihe gleichartiger Dinge kommt es nicht an, sondern auf die Zahl: woraus die Verschiedenheit von Reihe gleichartiger Dinge und Zahl hervorgeht.

Wie hier die eigentliche Zahl als Menge eingeschmuggelt wird, so an anderen Stellen als Wert. Daß in der Gleichung

$$a + b = c$$

a, b und c Zahlengrößen sein sollen, haben wir gesehen, und nun heißt es: „Wenn die beiden Gleichungen vorliegen

$$a + b = c$$
$$a \cdot b = c,$$

so wird bei der Addition und Multiplikation der Wert von c festgestellt, wenn die Werte von a und b gegeben sind.“ Hier wird der Wert einer Zahlengröße von der Zahlengröße selbst unterschieden. Und dieser Wert wird doch wohl nichts anderes sein, als eine Zahl. Wird nun bei der Addition nach Weierstrass wirklich ein Wert festgestellt? Nehmen wir an, wir haben einen Eisenbahnzug a und einen Eisenbahnzug b. Wir lösen nacheinander die Wagen von b ab und verbinden sie mit a. So erhalten wir einen

Eisenbahnzug *c*; und Weierstrass sagt, er sei durch Addition von *b* zu *a* entstanden. Hier ist weiter nichts geschehen, als daß aus einer Reihe *a* und einer Reihe *b* eine neue Reihe *c* gebildet worden ist; aber von einer Feststellung des Wertes von *c* ist nichts zu entdecken. Nicht der Wert von *c* ist festgestellt, sondern *c* ist gebildet worden. So sehen wir überall einen Widerstreit, zwischen der von Weierstrass gegebenen Definition und dem, was er weiter sagt. Was Weierstrass hier Wert nennt, kann doch kaum etwas anderes sein, als was man sonst Zahl nennt.

Weiter heißt es im Kollegienhefte: „Eine Zahlengröße ist dann bestimmt, wenn angegeben ist, welche Elemente und wie oft sie jedes enthält."

Nun, bei einem Eisenbahnzuge müssen die Wagen doch wohl als Elemente angesehen werden. Also ein Eisenbahnzug ist dann bestimmt, wenn angegeben ist, welche Wagen und wie oft er jeden enthält.

Einer meiner Universitätslehrer erzählte einmal von einem Erfinder eines Perpetuum mobile, der ausgerufen hatte: „Nun hab ich's; es fehlt mir nur noch ein Häkchen, das immer so macht", wobei er mit dem Zeigefinger eine veranschaulichende Bewegung machte. Dieses „wie oft?" kommt mir wie dieses Häkchen vor, das immer so macht. Steckt nicht darin eigentlich die ganze Schwierigkeit? Wenn man jenes Häkchen hat, so hat man ein Perpetuum mobile; und wenn man die Worte „wie oft" erklären kann, kann man auch Zahl definieren.

Doch hier habe ich etwas übergangen. Vorher wird gesagt, der Begriff der Zahlengröße müsse erweitert werden. „Zu diesem Zwecke sollen nunmehr Zahlengrößen aus verschiedenen Einheiten gebildet werden, während die bisher in die Rechnung eingeführten Zahlengrößen alle aus *einer* Einheit hervorgingen."

Wirklich? Vorher war gesagt worden: „Jedes einzelne der sich wiederholenden Elemente der Reihe nennt man die Einheit der Zahlengröße."

Die Einheit? „Jedes einzelne Element ist eine Einheit", das läßt sich hören; aber, „jedes Element ist *die* Einheit", ist Unsinn. Soll das Wort „Einheit" gleichbedeutend sein mit „Element", so haben wir Einheiten, wenn wir Elemente haben, aber nicht *die* Einheit. Man kann zwar mehrere Dinge unter einen Begriff subsumieren, was man etwa tut, wenn man jedes dieser Dinge eine Einheit nennt; aber man darf nicht jedes dieser Dinge mit demselben Eigennamen benennen. Und „die Einheit" ist als Eigenname anzusehen, da dieser Ausdruck seiner sprachlichen Form nach dazu dient, einen einzigen bestimmten Gegenstand zu bezeichnen. Wenn man jeden von mehreren Gegenständen „die Einheit" nennt, macht man einen Fehler. So entsteht ein eigentümliches Schillern zwischen Einzahl und Mehrzahl. Die Zahlengröße besteht aus mehreren Elementen, aber nur aus einer Einheit, weil jedes Element die Einheit ist. Wie ist das zu denken? Nun, wir nehmen etwa einen Eisenbahnwagen, etwa Güterwagen Nr. 1061 des Eisenbahndirektionsbezirks Erfurt. Diesen Güterwagen setzen wir wiederholt und bilden daraus einen Güterzug. Dieser Güterzug besteht aus mehreren Elementen, nämlich aus Güterwagen, aber doch nur aus einer Einheit; denn jeder dieser Güterwagen ist die Einheit, nämlich der ursprünglich von uns benutzte Güterwagen Nr. 1061. Dieser Güterwagen wiederholt sich. Ich habe zwar noch keinen Güterzug gesehen, in dem ein und derselbe Güterwagen sich wiederholt; aber möglich muß ein solcher nach Weierstrass doch wohl sein. So ist es möglich, daß eine Zahlengröße oder Reihe gleichartiger Dinge aus mehreren Elementen, doch nur aus einer Einheit bestehe.

Doch kehren wir nun zu dem Satze zurück: „Eine Zahlengröße ist dann bestimmt, wenn angegeben ist, welche Elemente und wie oft sie jedes enthält."

Eben haben wir uns mit äußerster Anstrengung bemüht, zwischen Element und Einheit zu unterscheiden, nun läuft alles wieder durcheinander. Ein Laie wird sagen: „Bei einem Eisenbahnzuge kommt es doch auf die Anordnung an." Ganz falsch! Wir haben nur einen einzigen Wagen, der wiederholt vorkommt. Und dabei kann von einer Anordnung keine Rede sein. Eine Anordnung gibt es nur bei verschiedenen Dingen; aber nicht bei einem einzigen Elemente, das wiederholt vorkommt.

Aber Weierstrass sagte doch: „Nunmehr sollen Zahlengrößen aus verschiedenen Einheiten gebildet werden.“ Da muß es doch eine Anordnung geben! So geraten wir denn immer mehr ins undurchdringliche Dickicht.

Weierstrass hat offenbar das, was er treffen wollte, immer verfehlt; und so sah er sich denn genötigt, die eigentliche Zahl auf Schleichwegen einzuführen. Immer kommt er mit seinen eigenen Aufstellungen in Widerspruch. Wenn *a* eine Zahlengröße nach seiner Definition ist, so hat *a*-mal keinen Sinn. Die eigentliche Zahl wird in der Verkleidung als Menge oder als Wert oder in der Wendung „wie oft“ eingeführt. Dabei kommt es zu einem eigentümlichen Schillern zwischen Einzahl und Mehrzahl und demgemäß zwischen Eigennamen und Begriffswort. Wenn man jemanden, der nie darüber nachgedacht hat, mit der Frage: „Was ist Zahl?“ aus dem Schlafe weckte, käme er wahrscheinlich mit einer Antwort heraus, die sich von der weierstrass'schen nicht weit entfernte. Und dabei hatte man doch schon über diese Frage nachgedacht.

Wie ist es möglich, fragt man da, daß ein so ausgezeichneter Mathematiker in dieser Sache so ganz versagen konnte? Hätte er ihr nur etwas Nachdenken gewidmet, hätte er zu größerer Klarheit gelangen müssen. Aber er hat eben gar nicht darüber nachgedacht. Und warum nicht? Er glaubte offenbar, daß gar kein Nachdenken erforderlich wäre. Ihm fehlte das erste Erfordernis: die Erkenntnis des Nichtwissens. Er sah gar keine Schwierigkeiten, ihm schien alles klar zu sein, und er merkte nicht, daß er sich immer selbst täuschte. Ihm fehlte das Ideal des Systems der Mathematik. Wir treffen hier keine Beweise an, keine Axiome werden aufgestellt, sondern nur Behauptungen, die einander widersprechen; und wo einmal etwas aus seiner Definition geschlossen zu werden scheint, ist es ein Fehlschluß. Sobald er nur den Versuch gemacht hätte, ein System von unten her aufzubauen, hätte er die Untauglichkeit seiner Definition merken müssen. Er hatte eine Ahnung davon, was Zahl ist, aber eine sehr unklare; und von dieser aus verbesserte und ergänzte er immer, was eigentlich aus seiner Definition hätte gefolgert werden müssen. So behauptet er, daß es auf die Anordnung nicht ankomme, während doch die Anordnung wesentlich ist für eine Reihe. Er merkte so gar nicht, daß das, was er behauptete, nicht aus seiner Definition floß, sondern aus seiner Ahnung von dem was Zahl ist.

Dazu kommt noch folgendes. In der Schule ist es nötig, von der vollen wissenschaftlichen Strenge abzulassen, weil die Schüler nicht die geistige Reife haben, um auch nur das Bedürfnis danach zu fühlen. Es wird wahrscheinlich unmöglich sein, die irrationalen Verhältnisse in Quarta oder Tertia so zu behandeln, wie Euklid es tut, ja vielleicht ist es kaum in Sekunda möglich. Wahrscheinlich wird diese Sache meist sehr oberflächlich behandelt. Aus didaktischen Gründen werden alle Spitzen abgebrochen, alle scharfen logischen Kanten und Ecken abgerundet. Und das ist zunächst auch wohl notwendig; aber es sollte nicht dabei bleiben. Die Strenge der Beweisführung sollte nachgeholt werden, indem das Bedürfnis dafür geweckt und dann befriedigt würde. Aber nur zu leicht geschieht es, daß die Lehrer in dem Bestreben, den Schülern alles mundgerecht zu machen, diesen zweiten Teil ihrer Aufgabe ganz vergessen. Nur dann kann die Mathematik ihren bildenden Wert ganz entfalten, wenn die größte logische Strenge angestrebt wird. Und wenn zuerst davon etwas abgelassen werden muß, sollte es nachher nachgeholt werden. Besser ist es, etwas weniger Stoff zu geben, dafür aber die logische Durchbildung gründlicher zu betreiben. Aber daran wird es vielfach fehlen. Später schaut man dann auf diese in der Schule behandelten Gegenstände als auf etwas längst Überwundenes zurück, dem irgendein Nachdenken zu widmen der Würde eines Gelehrten nicht entspreche. Diese Dinge werden so fast nur von didaktischen Gesichtspunkten aus betrachtet, erscheinen als etwas ganz Untergeordnetes, das des Nachdenkens nicht wert sei.

Wie kommt es aber, mag man fragen, daß jemand erfolgreich in der Wissenschaft arbeiten kann, während ihm doch einer der Grundbegriffe dieser Wissenschaft ganz unklar ist? In der Tat ist ja der Begriff der positiven ganzen Zahl grundlegend für den ganzen arithmetischen Teil der Mathematik. Und eine Unklarheit über diesen muß sich über die ganze Arithmetik verbreiten. Dies ist offenbar ein erheblicher Mangel, und man sollte denken, daß er ein erfolgreiches Arbeiten in dieser Wissenschaft überhaupt verhindern müßte. Kann doch kein arithmetischer Satz für jemanden einen vollkommen klaren Sinn haben, der über das, was Zahl ist, im Unklaren ist. Diese Frage ist weder eine arithmetische, noch eine logische, sondern eine psychologische. Die Enge unseres Bewußtseins erlaubt uns überhaupt nicht, daß ein sehr zusammengesetztes logisches Gebilde in allen seinen Teilen gleichmäßig klar vor unserem Bewußtsein stehe. Wer wird, wenn er z. B. das Wort „Integral" in einer Beweisführung gebraucht, immer alles das klar gegenwärtig haben, was zum Sinne dieses Wortes gehört! Und doch kann man richtige Schlüsse ziehen, obwohl immer ein Teil des Sinnes dabei im Dunkeln liegt. Weierstrass hat eine richtige Ahnung von dem, was Zahl ist, und aus dieser richtigen Ahnung heraus verbessert und ergänzt er immer das, was aus seinen kundgegebenen Definitionen eigentlich folgen müßte. Er bewegt sich dabei in Widersprüchen und gelangt doch zu wahren Gedanken, die ihm freilich selbst nur unordentlich zum Bewußtsein kommen. Seine Sätze drücken wahre Gedanken aus, wenn man sie richtig versteht. Wenn man sie aber nach Anleitung seiner eigenen Definition verstehen wollte, ginge man in die Irre.

Es mögen noch einige Einzelheiten der weierstrass'schen Lehre betrachtet werden: (zit. § 2) „[...] und definiert sie durch die Gleichung $c = a + b$." Was wird hier definiert? Denn weder das Pluszeichen noch das Gleichheitszeichen ist bisher vorgekommen. Eine Definition darf nicht die Form einer Gleichung mit mehreren Unbekannten haben. Wie ist das Gleichheitszeichen aufzufassen? Man könnte dem Wortlaute nach denken, es seien „=" und „+" gar nicht als besondere Zeichen aufzufassen, von denen jedes einen Sinn für sich hätte, sondern nur das Ganze sollte besagen, daß die Reihe c in der angegebenen Weise aus den Reihen a und b entstanden wäre. Das wäre an sich ja ganz gut möglich, nur stimmte es nicht mit der angenommenen

Gebrauchsweise überein; denn sowohl „=“ als auch „+“ kommt in anderen Verbindungen vor. Und Weierstrass selbst gebraucht gleich darauf die Zeichenverbindung

$$„b + a = a + b“$$

und bemerkt dazu, dies sei ein Beispiel für das allgemeine Gesetz, daß zwei nicht identische Dinge nach einer bestimmten Definition einander gleich sein können. Nun hat er zwar nicht das Zeichen „=“, aber das Wort „gleich“ bei Zahlengrößen definiert (zit. § 1).

Danach hat das Wort „gleich“ nicht den Sinn von „dasselbe wie“. Wenn wir das Zeichen „=“ so verstehen wie das Wort „gleich“ erklärt ist, so müssen wir erwarten, daß das links von diesem Zeichen Stehende eine Reihe gleichartiger Dinge bezeichnet und ebenso das rechts Stehende. Aber von „$a + b$“ wissen wir noch nicht, was es bezeichnen soll. Wenn wir, wie üblich, schreiben „5 = 3 + 2“, so bezeichnen wir weder mit „5“ eine Reihe, eine Zahlengröße, wie Weierstrass sagt, noch mit „3 + 2“; denn welche Reihe sollte das sein? Aus welchen Gliedern könnte sie bestehen? Es ist klar, daß die weierstrass'schen Zahlengrößen nach der weierstrass'schen Erklärung einander gleich sein können, ohne in jeder Hinsicht übereinzustimmen; z. B. könnte die eine aus Eisenbahnwagen, die andere aus Büchern bestehen. Danach würde es zu einer Zahlengröße nicht nur eine nächstfolgende geben, sondern sehr viele, vielleicht unendlich viele, die untereinander zwar gleich, aber dennoch voneinander verschieden wären. Aber die Gebrauchsweise in der Arithmetik stimmt damit nicht überein. Was wir mit den Zahlzeichen bezeichnen, sind nicht Zahlengrößen im Sinne von Weierstrass.

Nun fragt es sich, ob in der Arithmetik nach der dort üblichen Schreib- und Redeweise Zahlen, die einander gleich sind, sich doch irgendwie voneinander unterscheiden können. Die meisten Mathematiker werden geneigt sein, dies zu bejahen; aber nicht immer stimmt das, was sie, ohne irgendwie unwahr sein zu wollen, für ihre Meinung ausgeben, mit dem überein, was im tiefsten Grunde eigentlich ihre Meinung ist. Wir haben das bei Weierstrass gesehen, bei dem wir eine Ahnung vom Richtigen voraussetzen mußten, im Widerspruch zu seinen eigenen Worten.

Über das *Gleichheitszeichen*[17]) sprechen sich die meisten Mathematiker wohl gar nicht aus, setzen vielmehr seinen Sinn als bekannt voraus. Aber ob ihnen selbst dieser Sinn ganz klar ist, kann nicht ohne weiteres als sicher angenommen werden.

Was tun wir eigentlich, wenn wir „3 + 2“ hinschreiben? Stellen wir eine Aufgabe, die gelöst werden soll? Wenn wir „7 — 3“ hinschreiben, meinen wir damit etwa: „man suche eine Zahl, die um 3 vermehrt 7 ergibt“? Es könnte vielleicht so scheinen, wenn diese Zeichenverbindung nur so abgesondert vorkäme. Aber wir schreiben auch „(3 + 2) + 4“. Soll da zu einer Aufgabe die Zahl 4 addiert werden? Nein, zu der Zahl, die sich als Lösung dieser Aufgabe ergibt. Was vor dem Zeichen „+“ steht, bezeichnet nach dem, was üblich ist, eine Zahl. Ebenso bezeichnet auch das, was rechts von „+“ steht, eine Zahl.

Danach muß auch in „4 + (3 + 2)“ [das] „(3 + 2)“ als Zeichen einer Zahl, nämlich als Zeichen derjenigen Zahl, die man auch mit dem Zeichen „5“ bezeichnet, angesehen werden. Demnach haben wir in „3 + 2“ und „5“ Zeichen derselben Zahl. Und wenn wir hinschreiben „5 = 3 + 2“, so stimmen die Bedeutungen der Zeichen links und rechts vom Gleichheitszeichen nicht nur in diesen oder jenen Eigenschaften überein oder in dieser oder jener Hinsicht, sondern ganz und in jeder Hinsicht. Das links Bezeichnete ist dasselbe wie das rechts Bezeichnete.

Aber die beiden Zeichen sind doch verschieden; man sieht es ihnen doch auf den ersten Blick an, daß sie verschieden sind! Wir stoßen hier auf eine weitverbreitete Krankheit der Mathematiker, die ich „morbus mathematicorum recens“ nennen möchte. Ihre Hauptsymptome bestehen in dem Unvermögen, zwischen dem Zeichen und dem Bezeichneten zu unterscheiden. Ist es denn ganz unmöglich, dasselbe mit verschiedenen Zeichen zu bezeichnen? Kann die Verschiedenheit der Zeichen allein schon ein hinreichender Grund sein, auch die Verschiedenheit des

Bezeichneten anzunehmen? Wohin kämen wir, wenn wir 2 + 3 als verschieden von 5 annehmen? Auf die Frage: „welche Zahl folgt in der Reihe der ganzen Zahlen unmittelbar auf 4?“ wäre die Antwort: „es gibt unendlich viele. Einige davon sind 5, 1 + 4, 2 + 3, 3 + 2, 7 — 2, ($3^2 - 2^2$)“. Wir hätten gar nicht eine einfache Reihe der ganzen Zahlen, sondern ein Chaos. Die auf 4 unmittelbar folgenden ganzen Zahlen folgten nicht nur auf 4, sondern auch auf 2^2, $2 \cdot 2$ unmittelbar. Diese Zahlen wären zwar alle einander gleich, aber doch verschieden. Dies ist doch nicht annehmbar. Deshalb bleiben wir dabei, daß die Zeichen „2 + 3“, „3 + 2“, „1 + 4“, „5“ dieselbe Zahl bezeichnen. Doch kann ein Bedenken dagegen geltend gemacht werden. Ist nicht doch der Inhalt der Sätze „5 = 5“ und „5 = 2 + 3“ verschieden? Jener erste ist eine unmittelbare Folge des allgemeinen Identitätsprinzips; aber ist es auch der zweite?

Man könnte sagen: wenn wir mit dem Zeichen „2 + 3“ dasselbe [wie mit „5“] bezeichneten, so müßten wir das doch unmittelbar wissen und wir brauchten es nicht erst auszurechnen. Leichter ist das bei größeren Zahlen zu sehen. Es ist doch nicht unmittelbar einleuchtend, daß 137 + 469 = 606 ist, sondern diese Erkenntnis ergibt sich erst durch eine Rechnung. Dies besagt doch viel mehr als der Satz „606 = 606“. Durch jenen wird unsere Erkenntnis erweitert, durch diesen nicht.[18]) Es muß also auch der Gedankeninhalt beider Sätze verschieden sein. Ist es möglich, dasselbe mit zwei verschiedenen Namen oder Zeichen zu bezeichnen, ohne zu wissen, daß es dasselbe ist, was man bezeichnet hat? Ja, das ist möglich und kommt auch sonst vor. Man hat z. B. einen kleinen Planeten beobachtet und ihm vorläufig eine Bezeichnung gegeben. Nach längerer Beobachtung ergibt die Rechnung, daß derselbe Planet schon früher beobachtet worden war und auch schon einen Namen erhalten hatte. Es ist nun leicht möglich, daß derselbe Astronom beide Namen gebraucht hat, ohne zu wissen, daß sie denselben Planeten bezeichnen. Auch bei der Erforschung eines unbekannten Landes kann es vorkommen, daß zwei Forscher einem Berg, den sie von verschiedenen Seiten gesehen haben, verschiedene Namen gegeben haben, und daß sich erst nachträglich aus der Vergleichung der Karten ergibt, daß sie denselben Berg gesehen und verschieden benannt haben. Wir müssen also wohl zugeben, daß wir denselben Gegenstand mit verschiedenen Namen benennen können, ohne zu wissen, daß es derselbe ist.

Andererseits kann nicht verkannt werden, daß der im Satze „5 = 2 + 3" ausgedrückte Gedanke verschieden ist von dem des Satzes „5 = 5"; obgleich der Unterschied nur darin besteht, daß „2 + 3" im zweiten durch „5" ersetzt ist, die beide dieselbe Zahl bezeichnen. Es sind also die beiden Zeichen nicht gleichwertig für den Gedankenausdruck, obwohl sie genau dieselbe Zahl bezeichnen. Ich sage deshalb: die Zeichen „5" und „2 + 3" bezeichnen zwar dasselbe, aber sie drücken nicht denselben *Sinn* aus. Ebenso bezeichnen „Kopernikus" und „der Begründer der heliozentrischen Ansicht des Planetensystems" denselben Mann, aber sie haben verschiedenen Sinn; denn die Sätze „Kopernikus ist Kopernikus" und „Kopernikus ist der Begründer der heliozentrischen Ansicht des Planetensystems" drücken nicht denselben Gedanken aus.

Die Leistungen der Sprache sind wunderbar. Mittels weniger Laute und Lautverbindungen ist sie imstande, ungeheuer viele Gedanken auszudrücken und zwar auch solche, die noch nie vorher von einem Menschen gefaßt und ausgedrückt worden sind. Wodurch werden diese Leistungen möglich? Dadurch, daß die Gedanken aus Gedankenbausteinen aufgebaut werden. Und diese Bausteine entsprechen Lautgruppen, aus denen der Satz aufgebaut wird, der den Gedanken ausdrückt, so daß dem Aufbau des Satzes aus Satzteilen der Aufbau des Gedankens aus Gedankenteilen entspricht.[19]) Und den Gedankenteil kann man den Sinn des entsprechenden Satzteils nennen, so wie man den Gedanken als Sinn des Satzes auffassen wird.

Betrachten wir nun den Satz „Der Ätna ist größer als der Vesuv". Den Worten „der Ätna" wird ein Gedankenteil entsprechen, nämlich der Sinn dieser Worte. Ist aber der Berg selbst mit allen Felsen und Lavamassen Teil des Gedankens? Offenbar nicht, denn den Ätna kann man sehen; aber den Gedanken, daß der Ätna höher ist als der Vesuv, kann man nicht sehen. Aber wovon wird etwas ausgesagt? Offenbar von dem Berge Ätna selbst. Und wovon wird ausgesagt in dem Satze „Die Skylla hat 6 Köpfe"? Das fehlt hier ganz; denn die Worte „die Skylla" bezeichnen nichts. Trotzdem kann man in dem Satze einen Gedanken ausgedrückt finden und auch den Worten „die Skylla" einen Sinn zuerkennen. Aber dieser Gedanke gehört nun nicht dem Reiche der Wahrheit und der Wissenschaft, sondern dem der Dichtung oder Sage an. Von diesem Falle abgesehen, muß der Eigenname etwas bezeichnen und von dem, was er bezeichnet, von seiner Bedeutung, wird in einem Satze ausgesagt, in dem er vorkommt. Der Eigenname muß aber auch einen Sinn haben, der dann Teil des Gedankens eines Satzes ist, in dem der Eigenname vorkommt. Wir sehen demnach die Möglichkeit, daß zwei Zeichen dasselbe bezeichnen und doch hinsichtlich des Gedankeninhalts eines Satzes, in dem sie vorkommen, nicht vertauschbar sind, weil sie verschiedenen Sinn haben. Aber dies, daß sie nicht vertauschbar sind, ist vielleicht manchmal der Grund gewesen, weswegen man nicht anerkannt hat, daß sie dieselbe Zahl bezeichnen. Aber diesen Grund haben wir nun als hinfällig erkannt; und wir bleiben dabei, daß das Gleichheitszeichen in der Arithmetik als Identitätszeichen aufzufassen ist.

Eine Bestätigung können wir auch aus dem Kollegienhefte herauslesen. Es soll da untersucht werden, in welcher Weise das Zahlengebiet erweitert werden müsse, damit die Subtraktionsaufgabe stets lösbar sei. Dabei wird gesagt: „Dann muß auch $(a - a)$ eine Bedeutung haben, und zwar hat es die Bedeutung, daß es zu einer beliebigen Zahl addiert, deren Wert ungeändert läßt."

Hier ist der Wert der Zahlengröße von dieser selbst unterschieden und zwar soll dieser Wert nach der Addition von $(a - a)$ derselbe sein wie vor der Addition. Nun müssen wir aber annehmen, daß das, was Weierstrass den Wert einer Zahlengröße nennt, eigentlich die Zahl ist. Die Zahl ist also dieselbe geblieben. So gelangen wir zu der Auffassung, daß nach Weierstrass gleiche Zahlengrößen denselben Wert haben. Indem wir also von den weierstrass'schen Zahlengrößen zu ihren Werten übergehen, gehen wir zugleich von der weierstrass'schen Gleichheit zur Identität über. Wenn nun Weierstrass, wie es wahrscheinlich ist, mit „Wert einer Zahlengröße" das meint, was man gewöhnlich Zahl nennt, so kommt man auch hier bei diesen Zahlen zur Identität.

Die Sache liegt demnach so. Für Weierstrass verschwimmt zunächst der Unterschied zwischen dem, was er Zahlengröße nennt, und der Zahl der Arithmetik. Er kann aber doch nicht umhin, diese eigentliche Zahl in der Verkleidung als Wert einer Zahlengröße einzuführen und damit zwischen der Zahlengröße und ihrem Werte zu unterscheiden, und dabei kommt es dann nebenbei heraus, daß Zahlengrößen denselben Wert haben, wenn sie nach Weierstrass einander gleich sind. Bei Lichte besehen steht nun aber in der Arithmetik das Gleichheitszeichen nicht zwischen Namen von Zahlengrößen im weierstrass'schen Sinne, sondern zwischen Namen von eigentlichen Zahlen, die Weierstrass, allerdings verstohlenerweise, Werte von Zahlengrößen nennt.

So hängt denn also die Auffassung der Zahl als Reihe gleichartiger Dinge, als Herde, Haufe, als Ganzes, das aus gleichartigen Teilen besteht, aufs engste zusammen mit der Meinung, das Gleichheitszeichen diene nicht zur Bezeichnung der Identität. Sobald man dann aber, wie es unausbleiblich ist, durch irgendein logisches Taschenspieler-Kunststück zur eigentlichen Zahl der Arithmetik gelangt, verwandelt man zugleich das Gleichheitszeichen in ein Identitätszeichen. So ist es nicht verwunderlich, wenn ein beständiges Schwanken der Auffassung stattfindet.

Etwas Ähnliches finden wir beim *Pluszeichen*. Dies kam zuerst vor, als die Addition erklärt wurde. Danach ist anzunehmen, daß $a + b$ die Zahlengröße bezeichnen soll, die dadurch entstanden ist, daß man den Einheiten von a alle Einheiten von b nacheinander hinzufügt. Da steht also das Pluszeichen zwischen Zeichen von Zahlengrößen. Bei der Multiplikation aber heißt es: „Bezeichnet man mit a die Einheiten von b und bildet

$$\overbrace{a + a + a + \ldots + a}^{b \text{ mal}} \ldots\text{“}$$

Hier steht das Pluszeichen zwischen Zeichen von Einheiten; und unter Einheit muß man verstehen ein Glied einer Reihe gleichartiger Dinge. Demnach muß man annehmen, daß Weierstrass auch ein einzelnes Ding als Reihe gleichartiger Dinge, als Zahlengröße, auffassen will, nämlich als eine Reihe, die nur aus einem einzigen Gliede besteht. Demnach wird man auch eine Bohne im Sinne von Weierstrass als Zahlengröße betrachten. Greifen wir nun eine Bohne heraus und bezeichnen sie mit „α“. Greifen wir eine andere heraus und bezeichnen sie mit „β“. Legen wir nun die Bohne β neben die Bohne α, so erhalten wir eine neue Reihe gleichartiger Dinge, und Weierstrass wird sie ohne Zweifel bezeichnen mit „$\alpha + \beta$“. Greifen wir noch eine Bohne heraus, bezeichnen sie mit „γ“ und legen sie neben die aus den Bohnen α und β bestehende Zahlengröße $\alpha + \beta$, so erhalten wir durch Addition eine neue Zahlengröße, die wir nach Weierstrass bezeichnen mit „$(\alpha + \beta) + \gamma$“. So werden wir nach Weierstrass den Namen einer Zahlengröße aus den Namen ihrer Elemente oder Einheiten mittels des Pluszeichens bilden können. Aber was kann hiernach das Zeichen „$\alpha + \alpha$“ bezeichnen? Wir können zwar die Bohne β neben die Bohne α legen und so eine Reihe gleichartiger Dinge bilden; aber wie machen wir es, daß die Bohne α neben sich selbst zu liegen kommt? Die Bohne α wird sich wohl bequemen müssen wiederholt vorzukommen.

Betrachten wir die Reihe gleichartiger Dinge, nämlich der Planeten Jupiter, Saturn, Uranus, Neptun. Diese Reihe wäre etwa zu bezeichnen mit

„♃ + ♄ + ⛢ + ♆“.

Nennen wir diese Zahlengröße b. Demnach ist ♃ eine Einheit von b; ebenso ist ♄ eine Einheit von b; ebenso ist auch ⛢ eine Einheit von b; und endlich ist auch ♆ eine Einheit von b.

Keine dieser Einheiten kommt glücklicherweise wiederholt vor. Dürfen wir nun sagen:
„Bezeichnet man mit '♃' die Einheiten von *b* und bildet

'♃ + ♃ + ♃ + ♃' "?

Bezeichnet dies wirklich dasselbe wie

„♃ + ♄ + ♅ + ♆"?

Es ist unzulässig, verschiedene Dinge mit demselben Zeichen zu bezeichnen; denn die Eindeutigkeit ist die erste Forderung, die wir an die Zeichen stellen müssen. Offenbar ist das Pluszeichen hier nicht anwendbar, wenn man es so gebrauchen will, wie es in der Arithmetik üblich ist. Man schreibt „1 + 1 + 1 + 1"; aber hier bedeutet das erste Einszeichen dasselbe wie das zweite, wie das dritte und wie das vierte. Wir haben hier nicht verschiedene Dinge, die eine Reihe, eine Gruppe, einen Haufen bilden; sondern wir haben nur die Zahl Eins. Daraus ist klar, daß das Pluszeichen nicht dem Worte „und" der Sprache entsprechen kann. Wenn wir sagen „Schiller und Goethe sind Dichter", verbinden wir mit „und" eigentlich nicht die Eigennamen, sondern die Sätze „Schiller ist ein Dichter" und „Goethe ist ein Dichter", die zusammengezogen sind. Anders ist es in dem Satze „Siemens und Halske haben die ersten großen Telegrafenlinien gebaut". Hier haben wir nicht zwei Sätze, die in einen zusammengezogen sind, sondern es wird hier mit „Siemens und Halske" ein zusammengesetzter Gegenstand bezeichnet, von dem etwas ausgesagt wird, und das Wort „und" hilft das Zeichen dieses Gegenstandes zu bilden. Nur das „und" in dieser Gebrauchsweise ist mit dem Pluszeichen zu vergleichen. Aber diese Vergleichung ergibt auch sofort, daß die Fälle „Siemens und Halske" oder „Erde und Mond" und „1 + 1" ganz verschieden sind.

Wir sehen hier überall eine gröbere, mathematisch unbrauchbare Auffassung im Kampfe mit der allein brauchbaren.

Die Auffassung der Zahl als Reihe gleichartiger Gegenstände, als Gruppe, Haufe usw. steht im engsten Zusammenhange mit der Auffassung des Gleichheitszeichens, wonach es nur eine teilweise Übereinstimmung bezeichnet, und mit der Auffassung des Pluszeichens als gleichbedeutend mit „und". Aber diese Auffassungen scheitern bei dem ersten ernsthaften Versuch, mit ihnen eine Arithmetik zu begründen. Wenn man einen solchen Versuch macht, ist man immer genötigt, etwas einzuschmuggeln, was diesen Auffassungen widerstreitet. Wir haben hierin Beispiele dafür, wie Definitionen nicht sein sollen. Nur dadurch, daß man es unterläßt, mit Hilfe dieser Definitionen ein System der Arithmetik aufzubauen, kann man sich über deren völlige Unbrauchbarkeit täuschen. Und wir entnehmen hieraus den Grundsatz, daß eine Definition sich im Aufbaue eines Systems der Wissenschaft bewähren muß.

Wir gehen nun auf die *Definition der Begriffe* näher ein. Der einfachste Fall, wo ein Begriff vorkommt, ist der eines Satzes, dessen grammatisches Subjekt ein Eigenname ist. Wir können sagen, daß hierbei ein *Gegenstand* unter einen Begriff subsumiert wird, der Gegenstand nämlich, dessen Eigenname das grammatische Subjekt ist. Der übrige, prädikative Teil des Satzes bedeutet einen *Begriff*. Ich sage deshalb: Der Begriff hat prädikativen Charakter, er ist ergänzungsbedürftig, wie der prädikative Teil des Satzes immer ein sprachliches Subjekt fordert, ohne dieses unvollständig erscheint. Wegen dieser Unvollständigkeit oder Ergänzungsbedürftigkeit können wir den prädikativen Teil nicht allein auf einer Seite der Definitionsgleichung haben, sondern wir müssen diesen prädikativen Teil immer durch etwas ergänzen, das die Stelle des grammatischen Subjekts einnimmt.[20]) Wir nehmen dazu etwa den Buchstaben „*a*". Wir haben nun auf der rechten und auf der linken Seite der Definitionsgleichung einen Ausdruck, der den Buchstaben „*a*" enthält, und wir wollen damit festsetzen, daß beide Seiten der Gleichung immer denselben Sinn haben sollen, welcher bedeutungsvolle Eigenname auch für *a* eingesetzt werden möge.[21]) Wir bedienen uns dieses Buchstabens, um unserer Festsetzung Allgemeinheit[22]) zu geben.

Der einfachste Fall bei der Definition eines Begriffes ist nun der, in dem ein Begriff mit einem andern zu einem Neuen vereinigt wird, in folgender Weise. Zunächst können wir zwei Sätze durch „und“ verbinden und können auch diesen zusammengesetzten Satz wie jeden der Teilsätze als Ausdruck eines Gedankens auffassen, und zwar den zusammengesetzten deswegen, weil wir ihn als Ganzes bejahen oder verneinen können. Wenn wir ihn bejahen, bejahen wir damit jeden der Teilsätze; wenn wir ihn verneinen, lassen wir es unbestimmt, ob der erste Teilsatz oder der zweite oder beide falsch seien.

Betrachten wir nun den Fall „8 ist eine Kubikzahl und 8 ist positiv“!

In diesem zusammengesetzten Satze wird etwas ausgesagt von der Zahl 8. Was außer dem Zahlzeichen „8“ noch im Satze vorhanden ist, können wir als Zeichen eines Begriffes auffassen und dafür mittels einer Definition ein neues Zeichen einführen, etwa

$$\left.\begin{cases} a \text{ ist eine Kubikzahl} \\ \qquad\quad \text{und} \\ a \text{ ist positiv} \end{cases}\right\} = a \text{ ist eine positive Kubikzahl.}$$

Hier erscheint links der Buchstabe „*a*“ zweimal. Dem steht nichts entgegen; aber auf der rechten Seite, wo der erklärte Ausdruck steht, darf „*a*“ nur einmal vorkommen. Wenn *a* nämlich an verschiedenen Stellen vorkäme, wäre es möglich, diese Stellen durch verschiedene Eigennamen auszufüllen, und damit entstände ein Ausdruck, der nicht erklärt wäre; das Erscheinen eines sinnlosen Ausdrucks muß aber unmöglich gemacht werden.[23])

Wir sehen hier einen Begriff (der positiven Kubikzahl) zusammengesetzt aus Teilbegriffen (Kubikzahl und positiv). Diese nennen wir Merkmale jenes zusammengesetzten Begriffes.

Der Fall, wo ein Eigenname als grammatisches Subjekt eines Satzes erscheint, dessen Prädikat einen Begriff bezeichnet, ist sprachlich der einfachste, aber nicht der einzig mögliche. Immer wenn ein Eigenname in einem Behauptungssatze vorkommt, können wir den übrigen Teil des

Satzes als Begriffszeichen ansehen. Ein Begriffszeichen bedarf immer der Ergänzung durch einen Eigennamen oder ein Zeichen, das einen Eigennamen vertritt, z. B. einen Buchstaben.

Als Beispiel diene die Definition der *Primzahl.* Wir setzen fest

$$\left\{\begin{array}{l}\text{Wenn } a \text{ Vielfaches ist einer} \\ \text{ganzen Zahl größer als 1,} \\ \text{so ist } a \text{ diese Zahl} \\ \qquad\text{und} \\ a \text{ ist eine ganze Zahl} \\ \qquad\text{und} \\ a \text{ ist größer als 1}\end{array}\right\} = a \text{ ist eine Primzahl.}$$

Hier haben wir links den erklärenden Ausdruck, rechts den erklärten. Wir sagen hiermit: Welcher bedeutungsvolle Eigenname auch immer für den Buchstaben „*a*" eingesetzt werden möge, immer soll der rechts stehende Ausdruck denselben Sinn haben wie der links stehende.

Von einem Begriffe müssen wir die *scharfe Begrenzung* verlangen. Das soll heißen: von jedem Gegenstand muß gelten, entweder daß er unter den Begriff falle oder daß er nicht unter ihn falle. Ein dritter Fall, etwa der der Unentschiedenheit oder Unbestimmtheit, darf nicht vorkommen.

Hieraus ergibt sich eine Forderung an die Begriffszeichen. Ein solches muß, durch einen Eigennamen ergänzt, immer einen Satz ergeben. Und dieser Satz muß immer einen Gedanken ausdrücken, der entweder wahr oder falsch ist. Wenn also ein neues Begriffszeichen durch eine Definition eingeführt wird, so muß dieser Anforderung genügt werden. Das geschieht von selbst, wenn die erklärende Seite der Definitionsgleichung aus einem richtig gebildeten Begriffszeichen besteht, das ergänzt wird durch einen Buchstaben, der einen Eigennamen vertritt, und der dazu dient, der Definitionsgleichung die nötige Allgemeinheit zu geben. Freilich darf die Definition keine bedingte sein. Die Festsetzung, daß der erklärte Ausdruck allgemein denselben Sinn wie der erklärende haben solle, darf nicht von einer Bedingung abhängig gemacht sein; denn dann ist für den Fall, daß die Bedingung nicht erfüllt ist, nichts bestimmt. Der erklärte Ausdruck hat dann keinen Sinn. Wenn wir also für den andeutenden Buchstaben den Namen eines Gegenstandes einsetzen, der die Bedingung nicht erfüllt, erhalten wir auf der erklärten Seite der Definitionsgleichung nicht einen Satz, der einen Gedanken ausdrückt, der entweder wahr oder falsch ist, sondern eine sinnlose Zeichenverbindung.

Im allgemeinen müssen also bedingte Definitionen verworfen werden. Jedenfalls bedürfte eine solche, wenn sie gebraucht werden sollte, einer besonderen Rechtfertigung.

Wir gehen zu den *Definitionen von Beziehungen* über. Wenn in einem Satze zwei Eigennamen vorkommen, so kann man das, was sonst noch in dem Satze vorkommt, als Zeichen einer Beziehung ansehen, wie z. B. in

„3 ist größer als 2“,

wo die Zahlzeichen „3“ und „2“ als Eigennamen anzusehen sind. Bei der Definition einer Beziehung haben wir zwei andeutende Zeichen nötig, die Namen von Gegenständen vertreten, die in der Beziehung stehen. Jeder dieser Buchstaben darf an der erklärten Seite nur einmal vorkommen, aus demselben Grunde, den wir bei der Definition der Begriffe kennengelernt haben. Nehmen wir als Beispiel die Definition der Zahlenkongruenz.

$$\left\{\begin{array}{l} (a - b) \text{ ist ein Vielfaches von } 7 \\ \qquad\text{und} \\ a \text{ ist eine ganze Zahl} \\ \qquad\text{und} \\ b \text{ ist eine ganze Zahl} \end{array}\right\} = \begin{array}{l} a \text{ ist kongruent } b \\ \text{beim Modul } 7. \end{array}$$

Die Buchstaben *a* und *b* dienen dazu, der Festsetzung Allgemeinheit zu geben. Wir sagen damit, daß, welche bedeutungsvollen Eigennamen wir auch für „*a*“ und „*b*“ einsetzen mögen, der rechts stehende Ausdruck immer denselben Sinn haben solle wie der links stehende. So erhalten wir z. B., indem wir für „*a*“ „16“ und für „*b*“ „2“ einsetzen

$$\left.\left\{\begin{array}{l}(16 - 2) \text{ ist ein Vielfaches} \\ \text{von } 7 \\ \qquad\text{und} \\ 16 \text{ ist eine ganze Zahl} \\ \qquad\text{und} \\ 2 \text{ ist eine ganze Zahl}\end{array}\right.\right\} = \begin{array}{l}16 \text{ ist kongruent } 2 \\ \text{beim Modul } 7.\end{array}$$

Solange die unbestimmt andeutenden Buchstaben nicht durch Eigennamen ersetzt sind, hat die linke Seite allein keinen Sinn und ebensowenig die rechte Seite. Es ist aber notwendig, daß auf der linken Seite außer den Buchstaben alles bekannt sei, so daß die linke Seite immer einen Sinn erhält, wenn wir für „*a*" und „*b*" bedeutungsvolle Eigennamen einsetzen. Daraus folgt, daß das Minuszeichen nicht nur für den Fall, daß es zwischen Zahlzeichen steht, erklärt sein muß, weil sonst auch der Satz „(*a* — *b*) ist ein Vielfaches von 7" nicht immer einen Sinn erhielte, wenn wir für „*a*" und „*b*" bedeutungsvolle Eigennamen einsetzen. Infolgedessen bekäme dann auch der Ausdruck

„*a* ist kongruent *b* beim Modul 7"

nicht immer einen Sinn.

Der Zeichenverein „(16 — 2)" ist ein Eigenname einer Zahl. Das Zeichen „(*a* — *b*) vertritt demgemäß einen Eigennamen. Wir erhalten aus ihm einen Eigennamen, indem wir „*a*" durch einen Eigennamen ersetzen, und ebenso „*b*". In dem Satze

„(16 — 2) ist ein Vielfaches von 7"

hat also das Zeichen „(16 — 2)" eine Bedeutung, und zwar bedeutet es die Zahl 14. Das Zeichen „(16 — 2)" hat also auch einen Sinn, der ein Teil des Sinnes jenes Satzes ist, und dieser Sinn ist das, was das Zeichen „(16 — 2)" zum Ausdrucke des Gedankens beiträgt. Wir können demnach sagen, daß das Zeichen „(*a* — *b*)" einen Sinn dadurch erhält, daß jeder der beiden Buchstaben durch einen bedeutungsvollen Eigennamen ersetzt wird. Darin stimmt dies Zeichen „(*a* — *b*)" mit

„(*a* — *b*) ist ein Vielfaches von 7"

überein. Indem wir hierin „*a*" durch „16" und „*b*" durch

„2“ ersetzen, erhalten wir einen Sinn, nämlich den des Satzes

„(16 — 2) ist ein Vielfaches von 7“,

und dieser Sinn ist ein Gedanke. Auch „(16 — 2)“ hat einen Sinn; der ist aber kein Gedanke, sondern nur ein Teil des Gedankens[24]). Immerhin stimmen die zusammengesetzten Zeichen „(*a* — *b*)“ und

„(*a* — *b*) ist ein Vielfaches von 7“

darin überein, daß sie einen Sinn erhalten, wenn die Buchstaben durch bedeutungsvolle Eigennamen ersetzt werden. Das Zeichen „(*a* — *b*)“ erhält dadurch zugleich eine Bedeutung. Wenn wir „*a*“ durch „16“ und „*b*“ durch „2“ ersetzen, ist diese Bedeutung die Zahl 14. Man kann nun fragen, ob auch der Satz

„(16 — 2) ist ein Vielfaches von 7“

nicht nur einen Sinn, sondern auch eine Bedeutung habe.

Ziehen wir zum Vergleich den Satz „Der Ätna ist höher als der Vesuv“ heran. Mit diesem Satze verbinden wir einen Sinn, einen Gedanken, wir verstehen ihn, wir können ihn in andere Sprachen übersetzen. Wir haben in diesem Satz den Eigennamen „Ätna“, der zum Sinn des ganzen Satzes, zum Gedanken, einen Beitrag liefert. Dieser Beitrag ist ein Teil des Gedankens, er ist der Sinn des Wortes „Ätna“. Aber von diesem Sinne sagen wir nichts aus, sondern von einem Berge, der nicht Teil des Gedankens ist. Der erkenntnistheoretische Idealist sagt nun wohl: „Das ist ein Irrtum. Der Ätna ist nur deine Vorstellung.“ Jeder, der den Satz ausspricht „Der Ätna ist höher als der Vesuv“ versteht ihn in dem Sinne, daß darin etwas ausgesagt werden solle von einem Gegenstande, der ganz unabhängig vom Sprechenden ist. Nun kann der Idealist sagen, es sei ein Irrtum, daß der Name „Ätna“ etwas bezeichne. Dann verlöre sich der Sprechende in das Gebiet der Sage und Dichtung, während er glaubt, sich im Gebiete der Wahrheit zu bewegen. Aber der Idealist ist nicht berechtigt, den Gedanken so umzudrehen, als wollte der Sprechende mit dem Namen „Ätna“ eine seiner Vorstellungen bezeichnen und von dieser etwas berichten. Entweder bezeichnet der Sprechende mit dem Namen „Ätna“ das, was er bezeichnen will, oder er bezeichnet nichts durch diesen Namen, dieser ist bedeutungslos.

Es ist also wesentlich: erstens, daß der Name „Ätna“ einen *Sinn* habe, denn sonst hätte auch der Satz keinen Sinn, drückte keinen Gedanken aus; und zweitens, daß der Name „Ätna“ eine Bedeutung habe; denn sonst verlieren wir uns in die Dichtung. Das Letztere freilich ist nur wesentlich, wenn wir uns im Gebiete der Wissenschaft bewegen wollen. Für die Dichtung ist es gleichgültig, ob die Menschen, die in ihr vorkommen, wie man wohl sagt, geschichtliche Persönlichkeiten sind. Genauer sagt man „ob die in der Dichtung vorkommenden Eigennamen von Personen bedeutungsvoll sind“.

Wenn es uns nur auf den Sinn des Satzes „Der Ätna ist höher als der Vesuv“ ankäme, hätten wir keinen Grund, für den Eigennamen „Ätna“ auch eine Bedeutung für erforderlich zu halten; denn damit der Satz einen Sinn habe, ist von dem Eigennamen „Ätna“ nur zu fordern, daß er einen Sinn habe, die Bedeutung trägt zum ausgedrückten Gedanken nichts bei. Wenn es uns also darauf ankommt, daß der Eigenname „Ätna“ etwas bezeichne, wird es uns auch auf die Bedeutung des ganzen Satzes ankommen. Daß der Name „Ätna“ etwas bezeichne, ist uns aber immer dann und nur dann von Wert, wenn es uns auf die Wahrheit im wissenschaftlichen Sinne ankommt. Eine Bedeutung wird also unser Satz dann und nur dann haben, wenn der in ihm ausgedrückte Gedanke wahr oder falsch ist. Die Bedeutung eines Satzes muß etwas sein, was bestehen bleibt, wenn einer seiner Teile durch etwas Gleichbedeutendes ersetzt wird. Wir kehren nun zurück zu dem Satze „(16 — 2) ist ein Vielfaches von 7“.

Das Zeichen „16 — 2“ ist Eigenname einer Zahl. „17 — 3“ bezeichnet dieselbe Zahl; aber „17 — 3“ hat nicht denselben Sinn, wie „16 — 2“. Demgemäß ist auch der Sinn des Satzes „(17 — 3) ist ein Vielfaches von 7“ verschieden von dem Sinne des Satzes „(16 — 2) ist ein Vielfaches von 7“; und ebenso ist der Sinn des Satzes „16 ist kongruent 2 beim Modul 7" verschieden von dem Sinne des Satzes „17 ist kongruent 3 beim Modul 7". Aber der Satz „(17 — 3) ist ein Vielfaches von 7" muß dieselbe Bedeutung haben wie der Satz „(16 — 2) ist ein Vielfaches von 7". Das aber, was durch diese Ersetzung des Zeichens „(16 — 2)" durch das gleichbedeutende „(17 — 3)" *nicht* geändert wird, ist das, was ich den *Wahrheitswert* nenne. Die Sätze sind entweder beide wahr oder beide falsch. In unserem Beispiele sind beide wahr. Aber es ist leicht, ein anderes so zu bilden, daß beide falsch sind. Wir brauchen nur statt der Zahl 7 die Zahl 3 zu nehmen.

Wir sagen demnach, daß Sätze *dieselbe Bedeutung* haben, wenn sie beide wahr sind, oder wenn sie beide falsch sind. Dagegen haben sie *verschiedene Bedeutung*, wenn der eine wahr und der andere falsch ist. Wenn ein Satz wahr ist, sage ich, seine Bedeutung sei das Wahre. Wenn ein Satz falsch ist, sage ich, seine Bedeutung sei das Falsche. Wenn ein Satz weder wahr noch falsch ist, hat er keine Bedeutung. Er kann dabei immerhin noch einen Sinn haben und dann sage ich: er gehört dem Bereiche der Dichtung an.

Ich habe hier der Kürze wegen den Satz wahr genannt oder falsch, wiewohl richtiger wohl der in dem Satz ausgedrückte Gedanke wahr oder falsch ist.

Aber hier scheint doch eine Unstimmigkeit offenbar zu werden. Wenn ich sage „Der Gedanke, daß (16 — 2) ein Vielfaches von 7 ist, ist wahr", fasse ich *wahr* auf als eine Eigenschaft des Gedankens, während sich uns doch ergeben hatte, daß der Gedanke der Sinn, und das Wahre die Bedeutung des Satzes ist. Zwar entspricht die Auffassung der Wahrheit als einer Eigenschaft von Sätzen oder von Gedanken dem sprachlichen Ausdrucke. Wenn wir sagen: „Der Satz '3 > 2' ist wahr", so sagen wir der sprachlichen Form nach von dem Satze etwas aus, daß er nämlich eine gewisse Eigenschaft habe, die wir mit dem Wort „wahr" bezeichnen. Und wenn wir sagen: „Der Gedanke, daß 3 > 2 ist, ist wahr", so gilt das Entsprechende von dem Gedanken. Aber das Prädikat *wahr* ist doch ganz verschieden von den anderen Prädikaten, wie etwa grün, salzig, rational, denn was wir mit dem Satze „Der Gedanke, daß $3 > 2$ ist, ist wahr“ sagen wollen, können wir einfacher mit dem Satze „3 ist größer als 2“ sagen. Wir brauchen also hierzu das Wort „wahr“ gar nicht. Und wir erkennen, daß durch dies Prädikat dem Sinne eigentlich gar nichts hinzugefügt wird. Um etwas als wahr hinzustellen, brauchen wir kein besonderes Prädikat, sondern nur die behauptende Kraft, mit der wir den Satz aussprechen.[25])

Nicht immer, wenn wir einen *Behauptungssatz* aussprechen, tun wir das mit behauptender Kraft. Der Schauspieler auf der Bühne, der Dichter, der aus seinen Werken vorliest, beide werden oftmals Behauptungssätze aussprechen; aber man entnimmt aus den Umständen, daß es nicht mit behauptender Kraft geschieht. Sie tun nur so als behaupteten sie. Auch in unserer Definition

$$\text{„}\left\{\begin{array}{l}(a - b) \text{ ist ein Vielfaches} \\ \text{von } 7 \\ \qquad\text{und} \\ a \text{ ist eine ganze Zahl} \\ \qquad\text{und} \\ b \text{ ist eine ganze Zahl}\end{array}\right\} = \begin{array}{l} a \text{ ist kongruent } b \\ \text{beim Modul } 7\text{“}\end{array}$$

sprechen wir die einzelnen Teile, wie „$(a - b)$ ist ein Vielfaches von 7“, „a ist eine ganze Zahl“, „a ist kongruent b beim Modul 7“ nicht mit behauptender Kraft aus, auch dann nicht, wenn wir die Buchstaben „a“ und „b“ durch Eigennamen ersetzen.

Wir können auch sagen

$$\text{„}\left\{\begin{array}{l}(16 - 3) \text{ ist ein Vielfaches} \\ \text{von } 7 \\ \qquad\text{und} \\ 16 \text{ ist eine ganze Zahl} \\ \qquad\text{und} \\ 3 \text{ ist eine ganze Zahl}\end{array}\right\} = \begin{array}{l} 16 \text{ ist kongruent } 3 \\ \text{beim Modul } 7\text{“,}\end{array}$$

obwohl einige der Teilsätze falsch sind; denn wir wollen nur das auf der rechten Seite der Gleichung Stehende als gleichen Sinnes mit dem auf der linken Seite Stehenden hinstellen, ohne über die Wahrheit der Teilsätze zu urteilen.[26])

Wenn jemand mit behauptender Kraft etwas sagt, wovon er weiß, daß es falsch ist, so lügt er. Nicht so ein Schauspieler auf der Bühne, der etwas sagt, was falsch ist. Er lügt nicht, weil die behauptende Kraft fehlt. Und wenn ein Schauspieler auf der Bühne sagt „es ist wahr, daß 3 größer als 2 ist", behauptet er es nicht in höherem Grade, als wenn er sagt „3 ist größer als 2". Es kommt also auf das Wort „wahr" gar nicht an, sondern allein auf die behauptende Kraft, mit der man den Satz ausspricht. Der Fall, daß wir von einem Satze oder von einem Gedanken sagen, er sei wahr, ist also im Grunde ganz verschieden etwa von dem, daß wir vom Meerwasser sagen, es sei salzig. In diesem fügen wir mit dem Prädikate etwas Wesentliches hinzu, in jenem nicht.

Diese Betrachtung bestätigt, daß der Gedanke sich zu seinem Wahrheitswerte als Sinn zur Bedeutung desselben Zeichens verhält, indem sie lehrt, daß die Wahrheit nicht eine Eigenschaft eines Satzes oder eines Gedankens ist, wie man der Sprache folgend annehmen könnte.

Wir haben gesehen, daß „$(a - b)$" und „$(a - b)$ ist ein Vielfaches von 7" sich ähnlich verhalten, indem beide einen *Sinn* und beide eine *Bedeutung* dadurch bekommen, daß für „a" und für „b" bedeutungsvolle Eigennamen gesetzt werden. Ein Unterschied besteht darin, daß der Sinn, den „$(a - b)$" so erhält, nur ein Teil eines Gedankens ist, während der Sinn, den „$(a - b)$ ist ein Vielfaches von 7" so erhält, ein Gedanke ist. Wenn wir zunächst nur „b" durch den Eigennamen „2" ersetzen, so erhalten wir „$a - 2$", „$(a - 2)$ ist ein Vielfaches von 7". Was in dieser zweiten Zeichenverbindung noch außer dem Buchstaben „a" vorhanden ist, ist das Zeichen eines Begriffes. Und den Satz „(16 — 2) ist ein Vielfaches von 7" können wir auffassen als bestehend aus dem Eigennamen „16" und jenem Begriffszeichen, so daß wir in ihm von der Zahl 16 jenen Begriff aussagen. Wir haben die Subsumtion eines Gegenstandes unter einen Begriff.

In ähnlicher Weise können wir das, was in „$a - 2$" außer dem Buchstaben „a" vorhanden ist, als ein Zeichen betrachten, so daß „16 — 2" zusammengesetzt erscheint aus dem Eigennamen „16" und diesem Zeichen, das ergänzungsbedürftig ist, wie jenes Begriffszeichen. Was es bezeichnet, muß ebenso wie der Begriff ergänzungsbedürftig sein. Wir nennen es *Funktion*. Das Begriffszeichen, durch einen Eigennamen ergänzt, ergibt einen Satz. Das Funktionszeichen, durch einen Eigennamen ergänzt, ergibt einen Eigennamen. In unserem Falle ergibt das Funktionszeichen, durch die Eigennamen „2", „3", „4", ergänzt, der Reihe nach die Eigennamen „2 — 2", „3 — 2", „4 — 2".

Die Gegenstände

2 — 2, 3 — 2, 4 — 2,

deren Zeichen diese Eigennamen sind, nennen wir Werte unserer Funktion, und zwar ist

2 — 2 der Wert unserer Funktion für das Argument 2,
3 — 2 der Wert unserer Funktion für das Argument 3,
4 — 2 der Wert unserer Funktion für das Argument 4.

Aber auch das, was man aus

„(*a* — 2) ist ein Vielfaches von 7"

erhält, in dem man „*a*" durch einen Eigennamen ersetzt, ist als Eigenname aufzufassen; denn es bezeichnet ja einen Wahrheitswert, und ein solcher ist als Gegenstand aufzufassen. So ist

3 — 2 ist ein Vielfaches von 7*)

das Falsche,

16 — 2 ist ein Vielfaches von 7*)

das Wahre. Es besteht also eine weitgehende Übereinstimmung in den Fällen, wo wir von einer Funktion, mit den Fällen, wo wir von einem Begriffe sprechen; und es scheint sachgemäß zu sein, den Begriff als Funktion aufzufassen, als Funktion nämlich, deren Wert immer ein Wahrheitswert ist. Wenn wir nämlich jenen Begriff als Funktion auffassen, so ist das Falsche der Wert dieser Funktion für das Argument 3, und es ist das Wahre der Wert dieser Funktion für das Argument 16. Was sonst etwa als logisches Subjekt auftritt, erscheint hier als Argument.

---

* Es versteht sich, daß diese Sätze hier ohne behauptende Kraft ausgesprochen werden.[27])

Durch eine Definition ist es nicht möglich anzugeben, was eine Funktion ist, weil es sich hier um etwas Einfaches und Unzerlegbares handelt. Es ist nur möglich, auf das Gemeinte hinzuführen, und es durch Anknüpfung an Bekanntes deutlicher zu machen. An die Stelle einer Definition muß eine Erläuterung treten, die freilich auf ein entgegenkommendes Verständnis rechnen muß.

Vielfach scheint Unklarheit über das zu bestehen, was eine Funktion ist.[28]) Man benutzt dabei vielfach das Wort „Veränderliche" oder „Variable". Und es scheint danach zunächst so, als ob es zwei Arten von Zahlen gebe, die Konstanten oder gewöhnlichen Zahlen und die Variablen. Erstere, so scheint es, werden durch die bekannten Zahlzeichen bezeichnet, diese durch die Buchstaben „x", „y", „z". Aber dies läßt sich mit der Verfahrungsweise der Analysis nicht in Einklang bringen. Wenn wir den Buchstaben „x" in Verbindung mit anderen Zeichen haben, wie in

$$„x - 2“,$$

so verlangt die Analysis die Möglichkeit, für dieses „x" verschiedene Zahlzeichen einzusetzen, wie in

$$„3 - 2“, „4 - 2“, „5 - 2“ \text{ usw.}$$

Aber hierbei kann eigentlich von keiner Veränderung die Rede sein; denn wenn wir sagen, etwas verändere sich, so muß dieses sich Verändernde in der Veränderung als dasselbe erkannt werden können. Wenn ein Herrscher älter wird, so verändert er sich. Wir können das aber nur deshalb sagen, weil er trotz der Veränderung als derselbe wiedererkannt werden kann. Wenn dagegen ein Herrscher stirbt und sein Nachfolger den Thron besteigt, so kann man nicht sagen, daß jener sich in diesen verwandelt habe; denn der neue Herrscher ist eben nicht derselbe wie der alte. Mit diesem Falle ist es vergleichbar, wenn für „x" in „$x - a$" der Reihe nach „3", „4", „5" eingesetzt werden. Es ist hier nicht dasselbe, was im Laufe der Zeit verschiedene Eigenschaften annimmt, sondern es sind ganz verschiedene Zahlen. Wenn nun der Buchstabe „x" eine veränderliche Zahl bezeichnete, so müßte diese als dieselbe wiedererkannt werden können, wenn auch mit verschiedenen Eigenschaften. Aber die 4 ist nicht dieselbe Zahl wie die 3. Wir haben also gar nichts, was wir mit dem Namen „x" bezeichnen könnten. Wenn es die 3 bedeutet, bedeutet es die 4 nicht, und wenn es die 4 bedeutet, bedeutet es die 3 nicht. Die Buchstaben dienen in der Arithmetik und Analysis dazu, den Sätzen Allgemeinheit des Inhalts zu verleihen und dies auch dann, wenn dies dadurch verdeckt wird, daß ein größerer Teil der Beweisführung in Worten vor sich geht. Man muß eben alles dabei in Betracht ziehen, nicht nur, was in arithmetischen Formeln verläuft. Man sagt z. B. etwa „Es bezeichne a das und das, es bezeichne b das und das" und nimmt das nun zum Ausgangspunkt einer Untersuchung. Eigentlich haben wir hier Bedingungssätze:

„wenn a das und das ist",
„wenn b das und das ist",

und diese müssen als solche mitgeführt oder bei jedem der folgenden Sätze hinzugedacht werden, und das Ganze bekommt durch diese nur andeutenden Buchstaben Allgemeinheit. Nur wenn man die Unbekannte, wie man zu sagen pflegt, mit „x" bezeichnet, hat man einen etwas anderen Fall. Es sei z. B. die Gleichung

„$x^2 - 4 = 0$"

zur Lösung vorgelegt. Man erhält die Lösungen 2 oder —2. Aber auch hier kann man die Gleichung mit ihrer Lösung wieder in die Form eines allgemeinen Satzes bringen: „Wenn $x^2 - 4 = 0$ ist, so ist $x = 2$ oder es ist $x = -2$". Bei dieser Gelegenheit mag darauf aufmerksam gemacht werden, daß die Schreibung „$\pm \sqrt{4}$" ganz zu verwerfen ist. Man ist hier zu unbedachtsam der Sprache gefolgt. Das Wort „oder" muß eigentlich zwischen den Sätzen stehen: „x ist gleich 2 oder x ist gleich —2". Nun zieht man die beiden Sätze zusammen in „x ist gleich plus oder minus 2" und schreibt dementsprechend „$x = \pm \sqrt{4}$"; aber „$\pm \sqrt{4}$" bezeichnet überhaupt nichts, ist ein bedeutungsloses Zeichen. Man kann wohl sagen

„2 ist gleich $+\sqrt{4}$ oder 2 ist gleich $-\sqrt{4}$",

wobei sich die behauptende Kraft auf das Ganze erstreckt, während jeder der beiden Teilsätze ohne behauptende Kraft ausgesprochen wird. Ebenso kann man sagen

„—2 ist gleich + $\sqrt{4}$ oder —2 ist gleich — $\sqrt{4}$“

aber „2 ist gleich ± $\sqrt{4}$“ hat keinen Sinn.

Es mag hier auf den *Begriff der Quadratwurzel aus 4* eingegangen werden. Wenn wir „$2 \cdot 2 = 4$“ dadurch entstanden denken, daß in „$\xi \cdot \xi = 4$“ der Buchstabe „ξ“ durch das Zahlzeichen „2“ ersetzt worden ist, so erscheint „$2 \cdot 2 = 4$“ als zusammengesetzt aus dem Namen „2“ und einem Begriffszeichen, das als solches ergänzungsbedürftig ist, und so kann man „$2 \cdot 2 = 4$“ lesen: „2 ist eine Quadratwurzel aus 4“. Ebenso können wir „$(-2) \cdot (-2) = 4$“ lesen: „(—2) ist eine Quadratwurzel aus 4“. Aber die Gleichung „$2 = \sqrt{4}$“ dürfen wir nicht lesen „2 ist eine Quadratwurzel aus 4“. Denn das Zeichen „$\sqrt{4}$“ darf nicht zweideutig sein. Zweideutigkeit oder Vieldeutigkeit der Zeichen ist unbedingt auszuschließen. Wenn das Zeichen „$\sqrt{4}$“ zweideutig wäre, könnte man nicht sagen, ob der Satz „$2 = \sqrt{4}$“ wahr wäre, und eben deshalb könnte man diesen Zeichenverein auch eigentlich gar nicht Satz nennen, weil es unbestimmt wäre, welchen Gedanken er ausdrückt. Die Zeichen müssen so erklärt sein, daß bestimmt ist, was „$\sqrt{4}$“ bedeutet, ob die Zahl 2 oder eine andere. Wir haben das Gleichheitszeichen als Identitätszeichen kennen gelernt. Und so muß es auch aufgefaßt werden in „$2 = \sqrt{4}$“. „$\sqrt{4}$“ bedeutet einen Gegenstand und „2“ bedeutet einen Gegenstand. Wir können dann lesen „2 ist die positive Quadratwurzel aus 4“. Hierin ist also das „ist“ als Identitätszeichen aufzufassen, nicht als bloße Kopula.

Man darf „$2 = \sqrt{4}$“ nicht lesen „2 ist eine Quadratwurzel aus 4“; denn hierin wäre „ist“ Kopula. Wenn ich urteile „2 ist eine Quadratwurzel aus 4“, so subsumiere ich den Gegenstand 2 unter einen Begriff. Immer wenn das sprachliche Subjekt ein Eigenname ist, während das Prädikat aus „ist“ und einem mit dem unbestimmten Artikel verbundenen Substantive besteht, haben wir diesen Fall. Dann ist

„ist“ immer Kopula und jenes Substantiv ist ein nomen appellativum. Dann wird ein Gegenstand unter einen Begriff subsumiert. Die Identität ist ein ganz anderer Fall. Und doch schreibt man zuweilen ein Gleichheitszeichen, wo es sich um Subsumtion handelt. Das Zeichen „$\sqrt{4}$“ ist nicht irgendwie unvollständig, sondern es hat das Gepräge eines Eigennamens. Es kann also gar nicht einen Begriff bezeichnen und in der Sprache nicht durch ein nomen appellativum mit unbestimmtem Artikel oder ohne Artikel wiedergegeben werden. Wenn das, was auf der linken Seite des Gleichheitszeichens steht, ein Eigenname ist, muß auch das, was auf der rechten Seite steht, ein Eigenname sein, oder dadurch zum Eigennamen werden, daß die darin vorkommenden andeutenden Buchstaben durch bedeutungsvolle Zeichen ersetzt werden.

Doch kehren wir von dieser Abschweifung zur Sache zurück. Die *Buchstaben* dienen in der Arithmetik dazu, den Sätzen Allgemeinheit des Inhalts zu verleihen, wo sie nicht die Stelle einer unbekannten Zahl vertreten, nicht aber eine veränderliche Zahl zu bezeichnen; denn veränderliche Zahlen gibt es nicht. Jede Veränderung geht in der Zeit vor sich. Die Gesetze der Zahlen aber sind unzeitlich ewig. Die Zeit kommt in der Arithmetik und Analysis nicht vor. Nur bei den Anwendungen der Arithmetik kann es sich um die Zeit handeln. Die Zahl 3 ist immer eine Primzahl gewesen und wird stets eine solche bleiben. Wie sollte hier eine Veränderung möglich sein? Daß es unpassend ist, von einer veränderlichen Zahl zu sprechen, fühlt man und sagt deshalb lieber „veränderliche Größe“, als ob damit viel gewonnen wäre. Freilich, eine Eisenstange wird länger, wenn sie erwärmt wird, und wird kürzer, wenn sie abgekühlt wird, sie verändert sich in der Zeit. Wenn man ihre Länge mit dem Millimetermaß mißt, ergibt sich bald diese, bald jene Zahl. Wenn man nun sagt, „die Zahl, durch die zur Zeit t die Länge dieser Stange in Millimetern ausgedrückt wird“, so enthält dieser Ausdruck den unbestimmt andeutenden Buchstaben „t“. Er wird dadurch zum Eigennamen einer Zahl, daß statt „t“ der Name eines Zeitmomentes eingesetzt wird. Dies ist ganz ähnlich dem, was wir haben beim Ausdrucke „$x - 2$“. Auch dieser wird dadurch zum Eigennamen einer Zahl, daß wir für „x“ den Namen einer Zahl einsetzen. Beidemal haben wir eine Funktion, die durch verschiedene Argumente gesättigt, verschiedene Funktionswerte ergeben kann. Die Eisenstange und die Zeit sind im Grunde unwesentlich für die Arithmetik; denn diese beschäftigt sich weder mit Kieselsteinen, noch mit Pfeffernüssen, noch mit Eisenbahnzügen, noch mit Bücherreihen, noch mit Eisenstangen, noch mit Zeitmomenten. Das sind Dinge, die bei den Anwendungen vorkommen können, aber in den systematischen Aufbau der Mathematik nicht gehören.

Wenn wir alles dies überblicken, erkennen wir, daß in der Arithmetik weder für veränderliche Zahlen, noch für veränderliche Größen ein Platz ist. Entweder ist „Größe“ nur ein verschämter Ausdruck für Zahl, und dann gibt es veränderliche Größen so wenig, wie veränderliche Zahlen, oder „Größe“ wird so verstanden, daß man mit Recht von veränderlichen Größen sprechen kann; dann aber gehören sie nicht in die Arithmetik.

Wenn die Buchstaben „x“ und „y“ verschiedene Veränderliche bezeichneten, so müßte man angeben können, wodurch sie sich unterscheiden; aber das vermag niemand. Man muß sich dabei nur immer vergegenwärtigen, daß es sich um die reine Arithmetik, nicht um Anwendungen handeln soll. Man verfällt vielleicht noch auf den Ausweg, die Buchstaben „x“, „y“ nicht als die Zeichen von Veränderlichen anzusehen, sondern als die Veränderlichen selbst. Aber damit verstößt man gegen die feststehende Gebrauchsweise der Zeichen. Beim Gleichheitszeichen z. B. ist immer vorausgesetzt, daß das auf dessen linker Seite stehende einfache oder zusammengesetzte Zeichen entweder ein bedeutungsvoller Eigenname sei, oder zu einem solchen dadurch werde, daß die in ihm vorkommenden andeutenden Buchstaben durch bezeichnende Zeichen ersetzt werden.

Es ist demnach unmöglich, das, was Funktion ist, zu erklären mit dem, was man Veränderliche nennt. Man kommt vielmehr, wenn man sich klar machen will, was eine Veränderliche ist, immer wieder auf das zurück, was wir Funktion genannt haben, und erkennt dabei, daß die Veränderliche eigentlich kein Gegenstand der Arithmetik ist.

(Wir haben gesehen, daß der Begriff als ein besonderer Fall der Funktion aufgefaßt werden kann. Vom Begriffe haben wir scharfe Begrenzung verlangt. Im allgemeineren Falle der Funktion haben wir etwas Ähnliches.)

Über das, was eine Funktion sei, herrscht noch vielfach Unklarheit. Insbesondere verwechselt man leicht die Funktion mit dem Werte der Funktion, wie wenn man schreibt

$$„fx = f“,$$

wo man den Buchstaben auf der einen Seite gebraucht, um eine Funktion anzudeuten, auf der anderen Seite, um den Wert der Funktion anzudeuten. Freilich besteht ja eine Schwierigkeit, die es verschuldet, daß es so schwer ist, das Wesen der Funktion richtig zu erfassen. Diese liegt im sprachlichen Ausdrucke. Wir sagen „die Funktion“ und „der Begriff“, Ausdrücke, die kaum zu entbehren und doch unsachgemäß sind. Der bestimmte Artikel macht diese Ausdrücke der Form nach zu Eigennamen im logischen Sinne, als sollten sie Gegenstände bezeichnen, und doch sollen sie das gerade nicht. Eben das Wesen des Begriffs und der Funktion, die Ungesättigtheit, wird dabei verhüllt. Die Sprache nötigt uns zu einem unangemessenen Ausdrucke. Zu vermeiden ist dieser Übelstand schwerlich; aber man kann ihn unschädlich machen dadurch, daß man sich dieser Unangemessenheit immer bewußt bleibt. Dann wird man auch den Wert der Funktion nicht mit der Funktion verwechseln.

Nun spricht man zuweilen von einer Funktion, indem man dabei Fälle im Auge hat wie $(1 + x)^2$. Hier erscheint „$1 + x$“ an der Stelle des Arguments der Quadratfunktion und es sieht so aus, als wäre die Funktion $1 + x$ das Argument der Quadratfunktion. Aber „$1 + x$“ bezeichnet gar nicht eine Funktion, sondern deutet den Wert einer Funktion nur unbestimmt an. Setzen wir [in „$(1 + x)^2$“] statt „x“ etwa „3“, so erhalten wir $(1 + 3)^2$ und hier ist der

Wert der Funktion $1 + \xi$ für das Argument 3 das Argument der Quadratfunktion. Dieses Argument aber ist ein Gegenstand, eine Zahl. Wir haben hier einen Fall der Zusammensetzung einer Funktion aus zwei Funktionen, indem der Wert der ersten Funktion für ein Argument zum Argument der zweiten Funktion genommen wird. Es muß hier immer die Grundverschiedenheit von Gegenstand und Funktion betont werden. An einer Stelle, wo ein Gegenstandsname, ein Eigenname steht, kann kein Funktionsname stehen und umgekehrt, wo ein Funktionsname steht, kann kein Eigenname stehen.

Auch in einem Falle, wo die Funktion für jedes Argument denselben Wert hat, muß dieser Wert von der Funktion unterschieden werden. So ist die Funktion

$$1 + \xi - \xi$$

von der Zahl 1 selbst verschieden. Man darf nicht sagen „Es ist $1 + \xi - \xi = 1$ und das Gleichheitszeichen ist Identitätszeichen, also ist die Funktion $1 + \xi - \xi$ eben die Zahl 1“, denn wenn wir sagen „die Funktion $1 + \xi - \xi$“, ist der Buchstabe „ξ“ nicht Teil des Funktionszeichens; denn der Eigenname „$1 + 3 - 3$“ ist zusammengesetzt aus dem Funktionsnamen und dem Eigennamen „3“, und hier kommt der Buchstabe „ξ“ gar nicht vor. In dem Satze „$1 + a - a = 1$“ aber hat der Buchstabe a den Zweck, dem Satz Allgemeinheit des Inhalts zu verleihen, während der Buchstabe „ξ“, wenn ich sage „die Funktion $1 + \xi - \xi$“, den Zweck hat, die Stellen kenntlich zu machen, wo der ergänzende Eigenname eintreten soll. Um den Differentialquotienten einer Funktion für das Argument 3 zu bilden, subtrahieren wir den Wert der Funktion für das Argument 3 vom Werte der Funktion für das Argument $(3 + k)$ und dividieren die Differenz durch k usw. Für die Funktion $1 + \xi - \xi$ stellt sich dies in der Formel

$$„\frac{[1 + (3 + k) - (3 + k)] - [1 + 3 - 3]}{k}“$$ [a]

dar. Aber beim Eigennamen „1“ haben wir gar keine

[a] Die eckigen Klammern stehen bereits im Manuskript.

Stellen, in die wir einmal „$3 + k$" und das andere Mal „3" einsetzen können. Nur bei einer Funktion läßt sich nach der Vorschrift verfahren.

Wenn man die Eins definieren will, indem man sagt „Eins ist ein Ding", so macht man einen Fehler; denn wegen des unbestimmten Artikels muß „ein Ding" als Begriffswort aufgefaßt werden. Dann aber ist das Wort „ist" Kopula und gehört mit zum Prädikat. Wir haben dann eine Subsumtion des Gegenstandes Eins unter einen Begriff. Das ist aber keine Definition. Eine Definition ist immer eine Festsetzung, daß ein neues Zeichen oder Wort dasselbe bedeuten[29]) solle, wie ein schon bekanntes zusammengesetztes Zeichen. Wenn wir dabei das Wort „ist" gebrauchen, so ist dieses als Identitätszeichen, nicht als Kopula aufzufassen. Wenn nun auf der linken Seite dieses Identitätszeichens ein Eigenname steht, so muß auch auf der rechten Seite ein solcher stehen, während doch „ein Ding" ein nomen appellativum ist.

Wie die Funktionen mit einem Argumente von den Gegenständen grundverschieden sind, so sind auch die *Funktionen mit zwei Argumenten* grundverschieden von den Funktionen mit einem Argumente.

Indem wir das Zeichen einer Funktion mit einem Argumente durch einen Eigennamen ergänzen, erhalten wir einen Eigennamen. So erhalten wir z. B. aus dem Funktionszeichen „$\xi - 2$" und dem Eigennamen „3" den neuen Eigennamen „$3 - 2$". Der Buchstabe „ξ" in „$\xi - 2$" hat nur den Zweck, die Stelle für das ergänzende Argumentzeichen offen zu halten. Ebenso erhalten wir aus dem Begriffszeichen „$\xi > 0$" durch Ergänzung mit dem Eigennamen „1" „$1 > 0$" und dies ist ein Name des Wahren.

Eine Funktion mit zwei Argumenten ist doppelt ergänzungsbedürftig. Wir haben in „$\xi - \zeta$" ein Zeichen einer Funktion mit zwei Argumenten. Die Buchstaben „ξ" und „ζ" sollen die Stellen offen halten für die Argumentzeichen. Die Verschiedenheit der Buchstaben „ξ" und „ζ" soll angeben, daß verschiedene Argumentzeichen in die beiden Stellen eingesetzt werden dürfen. Indem wir in die ζ-Argumentstelle den Eigennamen „2“ setzen, erhalten wir in „ξ — 2“ ein Funktionszeichen einer Funktion mit einem Argumente. Ebenso ergibt sich aus dem Beziehungszeichen „$\xi > \zeta$“ das Begriffszeichen „$\xi > 0$“. So ergeben sich durch teilweise Sättigung aus Funktionen mit zwei Argumenten Funktionen mit einem Argumente, aus Beziehungen Begriffe. Dies kann noch in anderer Weise geschehen, indem man die Verschiedenartigkeit der Argumentstellen aufhebt. Wenn ich schreibe „ξ — ξ“, so deute ich durch den Buchstaben [„] ξ [“] an beiden Stellen an, daß derselbe Eigenname an beiden Stellen einzusetzen sei, und habe dadurch den Namen einer Funktion mit nur einem Argumente. Wenn ich dies „Namen einer Funktion“ nenne, so ist das *cum grano salis* zu verstehen. Der Eigenname, den wir durch Ergänzung dieser Funktion durch einen Eigennamen erhalten, z. B. „3 — 3“, enthält den Buchstaben „ξ“ nicht, obwohl er jenen Funktionsnamen enthält. Dieses „ξ“ ist also kein Bestandteil des Funktionsnamens, sondern dient nur dazu, erkennen zu lassen, wie das Funktionszeichen sich mit dem ergänzenden Eigennamen verbindet. Wir erhalten durch dieses „ξ“ eine Gebrauchsanweisung für den Funktionsnamen. Auch aus einem Beziehungszeichen können wir in ähnlicher Weise ein Begriffszeichen bilden, indem wir die Verschiedenartigkeit der Argumentstellen aufheben. So erhalten wir aus dem Beziehungszeichen „$\xi > \zeta$“ das Begriffszeichen „$\xi > \xi$“.

Wir haben gesehen, daß der Wert einer Funktion als Argument einer zweiten Funktion auftreten kann. Jene können wir die umschlossene, diese die umschließende Funktion nennen. So können wir ein Beziehungszeichen bilden aus den Namen einer Funktion mit zwei Argumenten und einem Begriffszeichen, wobei der Begriff die umschließende Funktion wird. Es sei z. B. „ξ — ζ“ das Zeichen der Funktion mit zwei Argumenten, „ξ ist ein Vielfaches von 7“ das Begriffszeichen. Dann wird „(ξ — ζ) ist ein Vielfaches von 7“ das neue Beziehungszeichen.

Der Begriff muß scharf begrenzt sein; d. h. von jedem Gegenstande muß gelten, daß er entweder unter den Begriff falle oder nicht unter ihn falle. Unbestimmtheit darf nicht vorkommen. Daraus folgt etwas Entsprechendes für die Beziehung; denn durch teilweise Sättigung ergibt sich ja aus der Beziehung ein Begriff. Dieser muß scharf begrenzt sein. Und zwar jeder Begriff, der sich durch teilweise Sättigung der Beziehung ergibt, muß scharf begrenzt sein. Das heißt mit anderen Worten: Jeder Gegenstand muß zu jedem Gegenstande in der Beziehung entweder stehen oder nicht stehen. Ein dritter Fall muß ausgeschlossen sein. Wenden wir dies auf die Beziehung ($\xi - \zeta$) ist ein Vielfaches von 7 an, so ergibt sich, daß aus dem zusammengesetzten Zeichen „$\xi - \zeta$" immer ein bedeutungsvoller Eigenname entstehen muß, wenn die Buchstaben „ξ" und „ζ" durch bedeutungsvolle Eigennamen ersetzt werden; also nicht nur dann, wenn Zeichen von Zahlen eingesetzt werden. Es muß also das Minuszeichen so erklärt werden, daß sich stets eine Bedeutung der Zeichenverbindung ergibt, was auch immer für bedeutungsvolle Eigennamen rechts und links von ihm gesetzt werden. So gelangen wir allgemein zu den Forderungen:

Jedes Zeichen einer Funktion mit einem Argumente muß so erklärt sein, daß sich immer eine Bedeutung ergibt, was auch immer für ein bedeutungsvolles Argumentzeichen zur Ergänzung genommen wird.

Jedes Zeichen einer Funktion mit zwei Argumenten muß so erklärt sein, daß sich eine Bedeutung ergibt, durch welches[30]) bedeutungsvolle Argumentzeichen auch immer die Ergänzung geschieht.

Man könnte z. B. festsetzen, daß der Wert der Funktion $\xi - \zeta$ immer das Falsche sein solle, wenn eines der beiden Argumente keine Zahl ist, was auch das andere Argument sei. Freilich müßte dann auch feststehen, was eine Zahl ist.

(Ebenso kann man festsetzen, daß der Wert der Funktion $\xi > \zeta$ das Falsche sein solle, wenn eins der beiden Argumente keine reelle Zahl ist, was auch das andere Argument sei.)

Aber gerade darüber haben die Ansichten gewechselt. Ursprünglich kannte man von den Zahlen nur die positiven ganzen, später kamen die Brüche, die negativen Zahlen, die Irrationalzahlen und die komplexen Zahlen hinzu. So verband man mit dem Wort „Zahl" im Laufe der Zeit immer weitere Begriffe. Damit war verbunden, daß auch das Additionszeichen seine Bedeutung wechselte. Und dasselbe geschah bei anderen Rechnungszeichen. Das ist ja nun ein Vorgang, den die Logik verurteilen muß und der um so gefährlicher ist, je weniger man sich dieser Verschiebung bewußt ist. Die Geschichte der Wissenschaft tritt so in einen Gegensatz zu den Anforderungen der Logik. Man muß immer unterscheiden zwischen der Geschichte und dem System der Wissenschaft. In der Geschichte haben wir Entwicklung, im System Starrheit. Das System kann ausgebaut werden. Was aber einmal steht, muß bleiben, oder das ganze System muß aufgehoben werden, damit ein neues aufgebaut werden könne. Nur im Systeme vollendet sich die Wissenschaft. Auf das System darf nie verzichtet werden. Nur durch das System kann man zu voller Klarheit und Ordnung gelangen. Keine Wissenschaft kann ihren Stoff so beherrschen und zu solcher Durchsichtigkeit verarbeiten wie die Mathematik; aber vielleicht kann auch keine Wissenschaft sich in einen so dichten Nebel verlieren wie die Mathematik, wenn sie auf den Aufbau des Systems verzichtet.

In der Entwickelung der Wissenschaft kann es vorkommen, daß ein System nicht mehr genügt, nicht so, daß es teilweise als falsch erkannt wird, sondern so, daß der berechtigte Wunsch entsteht, viele Einzelheiten unter einen umfassenderen Gesichtspunkt zu stellen, um eine größere Übersichtlichkeit und einfachere Ausdrucksweise zu gewinnen. Das wird dann dazu führen, umfassendere, d. h. übergeordnete Begriffe und Beziehungen einzuführen. Es liegt nun nahe, das zu tun, was man eine Erweiterung eines Begriffes nennt. Das ist freilich eine ungenaue Ausdrucksweise, denn im Grunde ändert man nicht den Begriff, sondern man verbindet mit einem Begriffsworte oder Begriffszeichen einen anderen Begriff, der dem früher mit ihm verbundenen übergeordnet ist. Nicht der Sinn ändert sich, noch ändert sich das Zeichen, sondern die Zuordnung von Zeichen und Sinn ändert sich. So kann es vorkommen, daß

Sätze, die vor dieser Verschiebung das Wahre bedeuteten, nun das Falsche bedeuten. Frühere Beweise verlieren ihre Kraft. Alles gerät ins Schwanken. Alle diese Mißstände werden vermieden, wenn man, statt alte Ausdrücke oder Zeichen mit neuen Bedeutungen zu versehen, ganz neue Zeichen einführt für die neu eingeführten Begriffe. Aber dies geschieht meistens nicht, sondern man benutzt dieselben Zeichen weiter. Wenn ein System besteht, mit brauchbaren Definitionen, die nicht bloß zum Zierat da sind, sondern ernst genommen werden, dann ist einer solchen Verschiebung ein Riegel vorgeschoben. Dann heißt es: entweder für die neu vorkommenden Begriffe, Beziehungen, Funktionen ganz neue Bezeichnungen einzuführen, oder das System fallen lassen, um ein neues zu errichten. In der Tat fehlt uns nun ein System in der Arithmetik. Wir haben nur Ansätze dazu. Es werden Definitionen aufgestellt; aber ihr Urheber denkt gar nicht daran, sie ernst zu nehmen und sich selbst an sie gebunden zu halten. So fehlt uns die Schranke, die verhindern könnte, daß wir ganz unvermerkt mit einem Zeichen, einem Worte eine andere Bedeutung verbinden.

Wir gebrauchen das Additionszeichen zunächst nur für den Fall, daß es zwischen Zeichen von positiven ganzen Zahlen steht, und erklären seine Gebrauchsweise für diesen Fall, uns vorbehaltend, später diese Erklärung für andere Fälle zu vervollständigen; aber dieses stückweise Definieren ist unzulässig; denn solange das Zeichen unvollständig definiert ist, können mit ihm Zeichen gebildet werden, die zwar als Begriffszeichen aufzufassen, als solche aber unzulässig sind, weil der bezeichnete Begriff nicht scharf begrenzt wäre, also als Begriff nicht anerkannt werden könnte. Ein solches Begriffszeichen wäre z. B. „$3 + \xi = 5$". Nun kann man zeigen, daß 2 unter diesen Begriff fällt, da $3 + 2 = 5$ ist. Aber ob noch andere Gegenstände, und welche etwa, unter diesen Begriff fallen, müßte ganz unentschieden bleiben, solange das Additionszeichen unvollständig erklärt wäre. Nun wird es wahrscheinlich nicht möglich sein, das System aufzubauen, ohne stufenweise von einfacheren zu schwierigeren Fällen aufzusteigen, in ähnlicher

Weise, wie es in der geschichtlichen Entwicklung geschehen ist. Aber wir brauchen dabei nicht den Fehler zu machen, durch alle diese Umwandlungen dasselbe Zeichen „+" zu gebrauchen. Wir können z. B., wenn es sich nur um die Addition von positiven ganzen Zahlen handelt, das Zeichen „$\urcorner$" verwenden, dieses aber vollständig erklären, so daß, was auch als ξ- und was auch als ζ-Argument der Funktion $\xi \urcorner \zeta$ genommen werde, der Wert der Funktion bestimmt sei. Wir können z. B. festsetzen, daß der Wert dieser Funktion das Falsche sein solle, wenn eines der beiden Argumente etwas anderes ist als eine positive ganze Zahl.

So muß denn das *stückweise Definieren* und das, was man eine stufenweise Erweiterung eines Begriffes nennt, verworfen werden. Die Definition muß auf einmal geschehen; denn solange ein Begriff nicht vollständig definiert ist, ist er nicht scharf begrenzt und kann nicht anerkannt werden.[31])

Überblicken wir noch einmal den zuletzt zurückgelegten Weg!

Der Satz hat einen Sinn, und den Sinn eines Behauptungssatzes nennen wir den Gedanken. Ein Satz wird entweder mit oder ohne behauptende Kraft ausgesprochen. Für die Wissenschaft genügt es nicht, daß ein Satz nur einen Sinn habe; er muß auch einen Wahrheitswert haben und diesen nennen wir die Bedeutung des Satzes. Wenn ein Satz nur einen Sinn, aber keine Bedeutung hat, so gehört er der Dichtung, nicht aber der Wissenschaft an.

Die Sprache hat die Fähigkeit, eine unübersehbare Fülle von Gedanken auszudrücken, mit verhältnismäßig wenigen Mitteln. Dies wird dadurch möglich, daß der Gedanke aus Gedankenteilen aufgebaut wird und daß diese Gedankenteile Satzteilen entsprechen, durch die sie ausgedrückt werden. Der einfachste Fall ist der, daß ein Gedanke aus einem abgeschlossenen Teil und einem ungesättigten Teile besteht. Diesen können wir auch den prädikativen Teil nennen. Jeder dieser Teile muß ebenfalls eine Bedeutung haben, wenn der ganze Satz eine Bedeutung, einen Wahrheitswert haben soll. Die Bedeutung des abgeschlossenen

Teils nennen wir *Gegenstand,* die des ergänzungsbedürftigen, ungesättigten oder prädikativen Teils nennen wir *Begriff.* Die Verbindung, in die Gegenstand und Begriff durch den Satz gebracht werden, können wir nennen die *Subsumtion* des Gegenstandes unter den Begriff. Gegenstand und Begriff sind grundverschieden. Den abgeschlossenen Teil des Satzes nennen wir den *Eigennamen* des Gegenstandes, den er bezeichnet. Den ergänzungsbedürftigen Teil des Satzes nennen wir *Begriffswort* oder *Begriffszeichen.* Vom Begriffe müssen wir scharfe Begrenzung verlangen. Beide Satzteile, der Eigenname und das Begriffswort, können wieder zusammengesetzt sein. Der Eigenname kann wieder bestehen aus einem abgeschlossenen und einem ergänzungsbedürftigen Teil. Jener ist wieder ein Eigenname und bezeichnet einen Gegenstand; diesen nennen wir Funktionszeichen. Das Begriffszeichen, durch einen Eigennamen ergänzt, ergibt einen Satz, dessen Bedeutung ein Wahrheitswert ist. Das Funktionszeichen, durch einen Eigennamen ergänzt, ergibt einen Eigennamen, dessen Bedeutung ein Gegenstand ist. Wir bringen beides unter einen Gesichtspunkt, indem wir den Begriff als Funktion anerkennen, als Funktion nämlich, deren Wert immer ein Wahrheitswert ist, und indem wir den Wahrheitswert als Gegenstand anerkennen. Dann ist der Begriff eine Funktion, deren Wert immer ein Wahrheitswert ist.

Aber auch das Funktionszeichen kann zusammengesetzt sein, und zwar aus einem abgeschlossenen Teil, der wieder ein Eigenname ist, und einem nun zweifach ergänzungsbedürftigen Teil, dem Namen oder Zeichen einer Funktion von zwei Argumenten. Eine Funktion von zwei Argumenten, deren Wert immer ein Wahrheitswert ist, nennen wir Beziehung. Der Forderung der scharfen Begrenzung der Begriffe entspricht die allgemeinere, daß der Name einer Funktion mit einem Argumente, durch einen Eigennamen ergänzt, wieder einen bedeutungsvollen Eigennamen abgeben muß. Entsprechendes gilt auch von den Funktionen mit zwei Argumenten.

Blicken wir noch etwas weiter zurück. Wir erkannten die Notwendigkeit, die Mathematik als System aufzubauen,

wobei die Möglichkeit verschiedener Systeme nicht auszuschließen ist. Als Grundlagen eines Systems ergaben sich
1. die Axiome und
2. die Definitionen.

Die *Axiome* dienen im Systeme als Prämissen für die Schlüsse, mittels derer das System aufgebaut wird, erscheinen aber nicht als erschlossene Wahrheiten. Da sie Prämissen sein sollen, müssen sie wahr sein. Ein Axiom, das nicht wahr ist, ist ein Widerspruch. Im Ausdrucke eines Axioms darf nichts Unbekanntes vorkommen.[32])

Ganz anderer Art sind die *Definitionen*. Durch sie soll einem Zeichen oder Worte, das bis dahin keine Bedeutung hatte, eine solche gegeben werden. Die Definition muß also ein neues Zeichen enthalten. Nachdem diesem nun eine Bedeutung durch die Definition gegeben worden ist, verwandelt sich diese in einen selbständigen Satz, der als Prämisse der Schlüsse beim Aufbau des Systems gebraucht werden kann. Wie geht nun ein solches Schließen vor?

Nehmen wir an, wir haben einen Satz von der Form: „Wenn A gilt, so gilt B". Nehmen wir nun noch den Satz „A gilt" hinzu, so können wir aus diesen beiden Prämissen schließen: „B gilt". Aber damit der Schluß möglich sei, müssen beide Prämissen wahr sein. Und deswegen müssen auch die Axiome, wenn sie als Prämissen dienen sollen, wahr sein. Denn aus etwas Falschem kann man nichts schließen. Aber, könnte man vielleicht sagen, kann man nicht doch Folgerungen ableiten aus einem Satze, der vielleicht falsch ist, um zu sehen, was sich ergibt, wenn er wahr wäre? Ja, in gewissem Sinne ist es möglich. Aus den Prämissen

Wenn Γ gilt, so gilt Δ
Wenn Δ gilt, so gilt E

kann man schließen:

Wenn Γ gilt, so gilt E.

Hieraus und aus der weiteren Prämisse

Wenn E gilt, so gilt Z

schließt man weiter:

Wenn Γ gilt, so gilt Z.

Und so kann man weitere Folgerungen ziehen, ohne zu wissen, ob Γ wahr ist oder falsch. Aber der Unterschied ist zu beachten. In dem vorigen Beispiele fiel die Prämisse „*A* gilt" ganz aus dem Schlußsatze weg. Hier behalten wir immer die Bedingung „Wenn Γ gilt". Wir können sie als Bedingung nur los werden, wenn wir erkannt haben, daß sie erfüllt ist. In diesem Falle kann man „Γ gilt" gar nicht als Prämisse ansehen, sondern als Prämisse haben wir

Wenn Γ gilt, so gilt Δ,

also etwas, wovon „Γ gilt" nur ein Teil ist. Diese ganze Prämisse muß natürlich wahr sein; aber dies ist möglich, ohne daß die Bedingung erfüllt ist, ohne daß Γ gilt. Genau genommen kann man also gar nicht sagen, daß aus einem falschen oder zweifelhaften Gedanken hier Folgerungen gezogen werden; denn dieser tritt nicht selbständig als Prämisse auf, sondern ist nur ein Teil einer Prämisse, die als solche zwar wahr sein muß, aber auch wahr sein kann, ohne daß der Teilgedanke wahr ist, der als Bedingung in ihm enthalten ist.

Solche scheinbaren Folgerungen aus etwas Falschem haben wir beim *indirekten Beweise.*

Es solle beispielsweise bewiesen werden, daß in einem Dreiecke dem größeren Winkel die größere Seite gegenüberliegt.

Es wäre zu beweisen:

Wenn $\sphericalangle B > \sphericalangle A$,
so ist $AC > BC$.

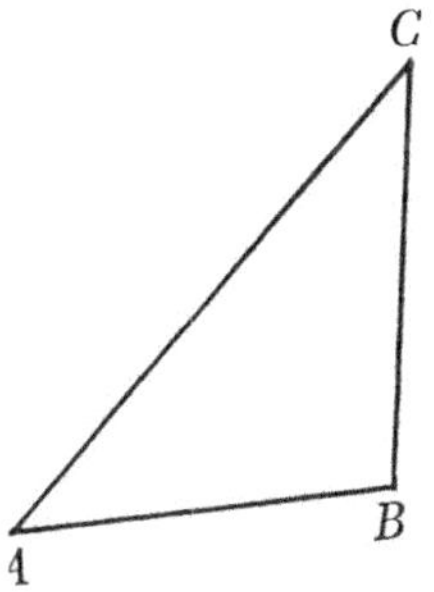

Wir nehmen als bekannt an:

I Wenn $BC > AC$,
so ist $\sphericalangle A > \sphericalangle B$.

II Wenn $BC = AC$,
so ist $\sphericalangle A = \sphericalangle B$.

III Wenn nicht $AC > BC$, und
wenn nicht $BC > AC$,
so ist $BC = AC$.

IV Wenn $\sphericalangle A = \sphericalangle B$,
so ist nicht $\sphericalangle B > \sphericalangle A$.

V Wenn $\sphericalangle A > \sphericalangle B$,
so ist nicht $\sphericalangle B > \sphericalangle A$.

Aus II und III folgt:

Wenn AC nicht $>$ BC und wenn nicht $BC > AC$, so ist $\sphericalangle A = \sphericalangle B$.

Hieraus und aus IV folgt:

Wenn nicht $AC > BC$ und wenn nicht $BC > AC$, so ist nicht $\sphericalangle B > \sphericalangle A$.

Aus I und V folgt:

Wenn $BC > AC$, so ist nicht $\sphericalangle B > \sphericalangle A$.

Aus den beiden letzten Sätzen folgt:

Wenn AC nicht $>$ BC, so ist nicht $\sphericalangle B > \sphericalangle A$.

Hieraus folgt durch Kontraposition:

Wenn $\sphericalangle B > \sphericalangle A$, so ist $AC > BC$.

Um die Sachlage zu vereinfachen, nehme ich an, daß es sich hierbei nicht um Dreiecke im Allgemeinen, sondern um ein bestimmtes Dreieck handelt. Unter $\sphericalangle A$ und $\sphericalangle B$ mögen Zahlen verstanden werden, die sich ergeben bei der Messung der Dreieckswinkel durch eine bestimmte Winkeleinheit, z. B. durch den rechten Winkel. Unter AC und BC mögen ebenso Zahlen verstanden werden, die sich ergeben bei der Messung der Dreiecksseiten durch eine Einheit, z. B. ein Meter. Die Zeichen „$\sphericalangle A$", „$\sphericalangle B$", „AC" und „BC" sind also hier als Eigennamen von Zahlen aufzufassen.

Wir sehen, daß hierbei als Prämisse nicht vorkommt AC ist nicht $>$ BC, sondern, daß die Prämisse III dies als Teil und zwar als Bedingung enthält. Genau genommen kann man also nicht sagen, daß aus dem falschen Gedanken (AC ist nicht $>$ BC) Folgerungen gezogen worden seien. Deshalb sollte man auch eigentlich nicht sagen „Gesetzt es wäre nicht $AC > BC$", weil dies so aussieht, als sollte dies, daß nicht $AC > BC$ ist, als Prämisse zu Schlüssen dienen, während es nur eine Bedingung ist.

Die Eigenartigkeit des indirekten Beweises wird noch vielfach überschätzt. In Wahrheit ist der Unterschied zwischen einem direkten und einem indirekten Beweise gar nicht erheblich.

Wir können den Beweis auch in folgender Weise führen.[33]) Hierbei nehmen wir als bekannt an:

I′ Wenn nicht $\sphericalangle A > \sphericalangle B$, so ist nicht $BC > AC$.
II′ Wenn nicht $\sphericalangle A = \sphericalangle B$, so ist nicht $BC = AC$.
III′ Wenn nicht $BC > AC$ und wenn nicht $BC = AC$, so ist $AC > BC$.
IV′ Wenn $\sphericalangle B > \sphericalangle A$, so ist nicht $\sphericalangle A = \sphericalangle B$.
V′ Wenn $\sphericalangle B > \sphericalangle A$, so ist nicht $\sphericalangle A > \sphericalangle B$.

Aus V′ und I′ folgt:
Wenn $\sphericalangle B > \sphericalangle A$, so ist nicht $BC > AC$.

Hieraus und aus III′ folgt:

Wenn $\sphericalangle B > \sphericalangle A$ und wenn nicht $BC = AC$, so ist $AC > BC$.

Aus IV′ und II′ folgt:
Wenn $\sphericalangle B > \sphericalangle A$, so ist nicht $BC = AC$.

Aus den letzten beiden Sätzen folgt:
Wenn $\sphericalangle B > \sphericalangle A$, so ist $AC > BC$.

In diesem Beweise haben wir niemals auch nur hypothetisch angenommen, daß nicht $AC > BC$ sei.

Auch bei der Untersuchung der *Grundlagen der Geometrie* kann es vorkommen, daß man scheinbar Schlüsse zieht aus etwas Falschem oder doch Zweifelhaftem. Kann man sich nicht die Frage vorlegen: Wie wäre es, wenn das Parallelenaxiom nicht gälte? Da gibt es nun eine zweifache Möglichkeit: Entweder macht man nur keinen Gebrauch vom Parallelenaxiom, sondern fragt nur, wie weit man mit anderen Axiomen kommen könne, oder man nimmt geradezu etwas an, was dem Parallelenaxiome widerspricht. Nur dieser Fall kann hier in Betracht kommen. Es muß aber immer wieder daran erinnert werden, daß das, was falsch ist, kein Axiom sein kann, wenigstens, wenn man das Wort „Axiom" im altüberlieferten Sinne gebraucht. Wie ist es denn nun? Kann man das Parallelenaxiom als solches anerkennen? Schneidet eine Gerade, die eine von zwei Parallelen schneidet, immer auch die andere? Eigentlich kann jeder diese Frage nur für sich beantworten. Ich kann nur sagen: Solange ich die Wörter „Gerade“, „Parallele“ und „schneiden“ so verstehe, wie ich sie verstehe, muß ich das Parallelenaxiom anerkennen. Wenn jemand es nicht anerkennt, muß ich annehmen, daß er jene Wörter anders versteht. Ihr Sinn ist untrennbar mit dem Parallelenaxiom verbunden. Demnach kann ein Gedanke, der dem Parallelenaxiom widerspricht, nicht zur Prämisse eines Schlusses genommen werden. Aber ein wahrer hypothetischer Gedanke, dessen Bedingung dem Parallelenaxiom widerspräche, könnte als Prämisse gebraucht werden. Wir behielten dann diese Bedingung in allen Urteilen bei, die sich uns in der Kette der Schlüsse ergeben würden. Gelangten wir nun so einmal zu einem hypothetischen Urteile, dessen Folge bekannten Axiomen widerspräche, so könnten wir daraus schließen, daß die dem Parallelenaxiome widersprechende Bedingung falsch wäre; und hätten damit das Parallelenaxiom bewiesen mit Hilfe anderer Axiome. Damit wäre es aber seines Ranges als Axiom entkleidet, weil es bewiesen worden wäre. Wir hätten dann eigentlich einen indirekten Beweis geführt.

Wenn wir aber niemals auf einen Widerspruch stießen, trotzdem wir unsere Schlußfolgerungen immer weiter fortführten, würde uns die Unbeweisbarkeit unseres Axioms zwar immer annehmbarer erscheinen, ohne jedoch je, genau genommen, bewiesen zu werden.

Nun hat Hilbert in seinen Grundlagen der Geometrie sich mit solchen Fragen beschäftigt, ob die Axiome einander nicht widersprächen und ob sie unabhängig voneinander seien. Dabei hat sich bei ihm aber der Sinn des Wortes „Axiom“ verschoben. Denn wenn ein Axiom notwendig wahr sein muß, ist es unmöglich, daß Axiome einander widersprechen. Darüber braucht dann kein Wort verloren zu werden. Aber obwohl es offenbar ist, scheint es Herrn Hilbert doch gar nicht zum Bewußtsein gekommen zu sein, daß, wenn er von der Widerspruchsfreiheit und der Unabhängigkeit der Axiome handelt, er gar nicht von Axiomen im Sinne Euklids spricht. Man kann sagen, daß das Wort „Axiom“ bei ihm in verschiedenen Bedeutungen schillert, ohne daß er es merkt. Wenn man den Wortlaut eines seiner Axiome ins Auge faßt, scheint allerdings zuerst ein Axiom vorzuliegen von der Art der euklidischen; aber der Wortlaut täuscht, weil alle Wörter anders, als bei Euklid gebraucht werden. Wir lesen da im § 3.[34]) »*Erklärung*. Die Punkte einer Geraden stehen in gewissen Beziehungen zu einander, zu deren Beschreibung uns insbesondere das Wort „zwischen" dient«. Und nun werden 4 Axiome aufgeführt, die diese Erklärung erst vervollständigen.

II 1. Wenn *A*, *B*, *C* Punkte einer Geraden sind, und *B* zwischen *A* und *C* liegt, so liegt *B* auch zwischen *C* und *A*.

II 2. Wenn *A* und *C* zwei Punkte einer Geraden sind, so gibt es stets wenigstens einen Punkt *B*, der zwischen *A* und *C* liegt, und wenigstens einen Punkt *D*, so daß *C* zwischen *A* und *D* liegt.

II 3. Unter irgend drei Punkten einer Geraden gibt es stets einen und nur einen, der zwischen den beiden anderen liegt.

II 4. Irgend vier Punkte *A*, *B*, *C*, *D* einer Geraden können stets so angeordnet werden, daß *B* zwischen *A* und *C* und auch zwischen *A* und *D* und ferner *C* zwischen *A* und *D* und auch zwischen *B* und *D* liegt.

Diese Axiome sollten demnach Teile einer Definition sein. Folglich muß in diesen Sätzen ein Zeichen vorkommen, das bis dahin keine Bedeutung hatte, dem aber eine solche durch die Gesamtheit dieser Sätze beigelegt wird. Dieses Zeichen scheint hier das Wort „zwischen" zu sein. Aber ein Satz, der ein Axiom ausdrücken soll, darf kein neues Zeichen enthalten. Alles muß in ihm bekannt sein. Solange als das Wort „zwischen" noch keinen Sinn hat, drückt auch der Satz „Wenn *A*, *B*, *C* Punkte einer Geraden sind und *B* zwischen *A* und *C* liegt, liegt *B* zwischen *C* und *A*" keinen Gedanken aus.

Ein Axiom aber ist immer ein wahrer Gedanke. Was also keinen Gedanken ausdrückt, kann auch kein Axiom ausdrücken. Und doch hat man den Eindruck beim Lesen des ersten dieser Sätze, als ob es ein Axiom sein könnte. Aber das kommt nur daher, weil wir mit dem Worte „zwischen" schon einen Sinn zu verbinden gewohnt sind. Sagen wir aber einmal statt

„*B* liegt zwischen *A* und *C*"
„*B* pat *A* nam *C*",

so verbindet man keinen Sinn damit. Statt des sogenannten Axioms [II] 1 hätten wir den Satz

„Wenn *B* pat *A* nam *C*, so *B* pat *C* nam *A*".

Niemand, dem diese Silben „pat" und „nam" neu sind, wird einen Gedanken mit diesem scheinbaren Satze verbinden. Dasselbe gilt von den anderen drei Pseudoaxiomen.

Nun fragt es sich, ob wenigstens nachträglich durch die Gesamtheit dieser Scheinsätze einem Ausdruck von der Form

„*B* pat *A* nam *C*"

ein Sinn verliehen wird, wenn man unter *A*, *B*, *C* Punkte einer Geraden versteht. Ich glaube nicht. Man kann vielleicht raten, es solle soviel heißen wie

„*B* liegt zwischen *A* und *C*",

aber doch nur raten. Könnte dies Rätsel nicht vielleicht mehrere Lösungen haben?

Aber muß denn eine Definition eindeutig bestimmen? Ist nicht ein gewisser Spielraum unter Umständen ganz erwünscht?

Durch $a^2 = 4$ wird ja nicht unzweideutig bestimmt, was a bedeuten solle; aber schadet das etwas? Nun, wenn a ein Eigenname sein soll, dessen Bedeutung festgesetzt werden soll, so wird dies Ziel offenbar nicht erreicht. Dagegen kann man hierin einen Begriff bezeichnet finden, unter den die Zahlen 2 und —2 fallen. Dann schadet die Zweideutigkeit nichts; aber wir haben dann keine Definition eines Gegenstandes.

Wenn wir nun diesen Fall mit dem unserer Pseudoaxiome vergleichen wollen, so müssen wir den Buchstaben „*a*“ vergleichen mit „zwischen“ oder mit „pat-nam“. Wir müssen die bezeichnenden Zeichen von den bloß andeutenden unterscheiden. Ebensowenig wie der Buchstabe „*a*“ eigentlich etwas bezeichnet, tut dies das Wort „zwischen“ oder „pat-nam“. Davon nämlich, daß wir gewöhnlich mit dem Worte „zwischen“ einen Sinn verbinden, müssen wir hier absehen. In diesem Zusammenhange hat es ebensowenig einen Sinn wie „pat-nam“. Damit nun, daß ein nur andeutendes Zeichen weder etwas bezeichnet, noch einen Sinn hat, ist nun noch nicht gesagt, daß es nicht zum Ausdrucke eines Gedankens beitragen könnte. Dies kann es dadurch, daß es einem Satze oder einem aus Sätzen bestehenden Ganzen Allgemeinheit des Inhalts verleiht.

Nun besteht freilich ein Unterschied zwischen unseren beiden Fällen; denn „*a*“ vertritt einen Eigennamen, „pat-nam“ dagegen vertritt die Bezeichnung einer Beziehung mit drei Fundamenten. Wie wir nämlich eine Funktion eines Argumentes, deren Wert immer ein Wahrheitswert ist, Begriff nennen, und wie wir eine Funktion von zwei Argumenten, deren Wert immer ein Wahrheitswert ist, eine Beziehung nennen, so können wir auch noch, einen Schritt weiter gehend, eine Funktion von drei Argumenten, deren Wert immer ein Wahrheitswert ist, *Beziehung mit drei Fundamenten* nennen. Das „zwischen-und“ oder das „pat-nam“ bezeichnen dann zwar keine solche Beziehung mit drei Fundamenten, aber deuten sie an, wie „*a*“ einen Gegenstand andeutet. Aber ein Unterschied ist immerhin. In „$a^2 = 4$“ könnten wir einen Begriff bezeichnet finden. Was würde dem bei unseren Pseudoaxiomen entsprechen? Ich nenne es *Begriff zweiter Stufe.* Um es deutlicher zu sehen, was ich darunter verstehe, betrachte man folgende Sätze:

„Es gibt eine positive Zahl“
„Es gibt eine Kubikwurzel aus 1“.

Wir erkennen hierin etwas Gemeinsames. Es wird etwas ausgesagt, aber nicht von einem Gegenstande, sondern von einem Begriffe. In dem ersten Satze ist es der Begriff *positive Zahl*, in dem zweiten der Begriff *Kubikwurzel aus 1*. Und es wird jedesmal von dem Begriff gesagt, daß er nicht leer, sondern erfüllt ist. Freilich ist es eigentlich fehlerhaft zu sagen „Der Begriff *positive Zahl* ist erfüllt"; denn ich mache dadurch den Begriff scheinbar zu einem Gegenstande, wie der bestimmte Artikel in „der Begriff" erkennen läßt. Es scheint nun so, als ob „der Begriff *positive Zahl*" ein Eigenname wäre, der einen Gegenstand bezeichne, und als ob von diesem Gegenstande gesagt werden solle, er sei erfüllt. In der Tat haben wir aber hier gar keinen Gegenstand. Die Sprache nötigt uns hier zu einem schiefen Ausdrucke; aber eine Analogie liegt in der Tat vor. Was wir mit „eine positive Zahl" bezeichnen, verhält sich zu dem, was wir mit „es gibt" bezeichnen, analog wie ein Gegenstand (z. B. die Erde) zu einem Begriffe (z. B. Planet).

Ich unterscheide Begriffe, unter die Gegenstände fallen, als Begriffe erster Stufe von den Begriffen zweiter Stufe, in die, wie ich sage, Begriffe erster Stufe fallen. Freilich sind ja alle diese Ausdrücke nur bildlich zu verstehen; denn genau wörtlich genommen, würden sie schief sein. Man kann auch Begriffe zweiter Stufe anerkennen, in die Beziehungen fallen. Wenn man z. B. sagt:

„Es soll allgemein hinsichtlich A, B, C gelten, daß
$B = C$ sei, wenn A in der p-Beziehung zu B steht
und wenn A in der p-Beziehung zu C steht",

so hat man hierin einen Begriff zweiter Stufe bezeichnet, [in den Beziehungen fallen][a]) und „in der p-Beziehung zu . . . steht" vertritt hier das Argumentzeichen; d. h. also die Bezeichnung der Beziehung, die als Argument erscheint. Setzen wir z. B. die Gleichheitsbeziehung ein, so erhalten wir

„Es gilt allgemein hinsichtlich A, B, C, daß
$B = C$ ist, wenn $A = B$ ist und wenn $A = C$ ist".

---

[a] Im Manuskript steht: „in dem Beziehungen stehen".

Dies ist wahr, also fällt die Gleichheitsbeziehung in diesen Begriff zweiter Stufe.

Wie wir eine Funktion von einem Argumente, deren Wert immer ein Wahrheitswert ist, Begriff nennen, und wie wir eine Funktion von zwei Argumenten, deren Wert immer ein Wahrheitswert ist, Beziehung nennen, so könnten wir auch für eine Funktion von drei Argumenten, deren Wert immer ein Wahrheitswert ist, eine besondere Benennung einführen. Vorläufig mag eine solche Funktion Beziehung mit drei Fundamenten genannt werden. Von dieser Art wäre die mit den Worten „liegt zwischen ... und ...“ bezeichnete, wenn diese Worte so verstanden würden, wie man sie nach dem Sprachgebrauche verstehen würde, wenn sie im Hinblick auf euklidische Punkte auf einer euklidischen Geraden gebraucht würden. Hier jedoch in unseren Pseudoaxiomen sind sie nicht als bezeichnendes Zeichen, sondern nur als andeutendes gebraucht, ähnlich den Buchstaben in der Arithmetik. Sie bezeichnen hier also nicht eine solche Beziehung mit drei Fundamenten, sondern deuten eine solche nur an. Wenn wir nun hier auch zunächst noch die Wörter „Punkt“ und „Gerade“ im euklidischen Sinne verstehen wollen, so sind doch die Worte „liegt zwischen ... und ...“ nicht eigentlich als Worte, die einen Sinn haben, sondern nur als Vertreter eines Arguments anzusehen, ähnlich wie der Buchstabe „a“ in „a^2“. Die Funktion aber, deren Argument sie vertreten, ist ein Begriff zweiter Stufe, in den nur Beziehungen mit drei Fundamenten fallen können.

Logische Allgemeinheit.

[Nicht vor 1923]

In dieser Zeitschrift habe ich einen Aufsatz über Gedankengefüge veröffentlicht[1]), in dem auch die hypothetischen Gedankengefüge eine Stelle gefunden haben. Es liegt nahe, von diesen aus einen Übergang zu dem zu suchen, was in der Physik, in der Mathematik und in der Logik *Gesetz* genannt wird. Sprechen wir doch ein Gesetz sehr oft in der Form eines hypothetischen Satzgefüges aus, das aus einem oder mehreren Bedingungssätzen und einem Folgesatz besteht. Doch ist zunächst noch ein Hindernis im Wege. Die von mir behandelten hypothetischen Gedankengefüge gehören nicht zu den Gesetzen, weil ihnen die Allgemeinheit fehlt[2]), durch die sich die Gesetze von den Einzeltatsachen unterscheiden, die wir z. B. in der Geschichte zu finden gewohnt sind. In der Tat ist der Unterschied zwischen Gesetzen und Einzeltatsachen ein tief einschneidender. Darauf beruht die Grundverschiedenheit der wissenschaftlichen Tätigkeit in Physik und Geschichte. Die erstere bemüht sich Gesetze zu finden; die Geschichte will Einzeltatsachen feststellen. Freilich will auch die Geschichte ursächlich begreifen und dazu muß sie das Bestehen einer Gesetzmäßigkeit wenigstens voraussetzen.

Dies mag zunächst genügen, die genauere Betrachtung der Allgemeinheit notwendig erscheinen zu lassen.

Der Wert eines Gesetzes für unsere Erkenntnis beruht darauf, daß darin viele, ja unendlich viele Einzeltatsachen als besondere Fälle enthalten sind. Wir ziehen aus der Erkenntnis eines Gesetzes Nutzen, indem wir durch Schlüsse vom Allgemeinen zum Besonderen eine Fülle von Einzelerkenntnissen aus ihm holen, wozu freilich immer noch eine geistige Arbeit — die des Schließens — erforderlich ist. Wer weiß, wie ein solcher Schluß geschieht, der hat auch erfaßt, was Allgemeinheit in der hier gemeinten Bedeutung des Wortes ist. Durch Schlüsse anderer Art können wir aus anerkannten Gesetzen neue ableiten.

Was ist nun das Wesen der Allgemeinheit? Da es uns hier um Gesetze zu tun ist und Gesetze Gedanken sind, kann es sich hier nur um Allgemeinheit von Gedanken handeln. Jede Wissenschaft vollzieht sich in einer Reihe als wahr anerkannter Gedanken; aber Gedanken sind dabei selten Gegenstände der Betrachtung, von denen etwas ausgesagt wird; als solche erscheinen meist Dinge der sinnlichen Wahrnehmung. Indem wir von diesen etwas aussagen, geben wir Gedanken kund. So kommen gewöhnlich Gedanken auch in der Wissenschaft vor. Indem wir hier von Gedanken Allgemeinheit aussagen, machen wir sie zu Gegenständen der Betrachtung und rücken sie damit an eine Stelle, wo sonst Dinge der sinnlichen Wahrnehmung stehen. Diese, die sonst wohl, besonders in den Naturwissenschaften, Gegenstände der Forschung sind, unterscheiden sich von den Gedanken von Grund aus. Denn Gedanken sind nicht sinnlich wahrnehmbar. Zwar können Zeichen, die Gedanken ausdrücken, hörbar oder sichtbar sein, nicht aber die Gedanken selbst. Sinneseindrücke können uns zur Anerkennung der Wahrheit eines Gedankens bringen; aber wir können auch Gedanken fassen, ohne sie als wahr anzuerkennen. Auch falsche Gedanken sind Gedanken.

Wenn ein Gedanke nicht sinnlich wahrnehmbar ist, wird nicht zu erwarten sein, daß seine Allgemeinheit es sei. Ich bin nicht in der Lage, einen Gedanken vorweisen zu können wie ein Mineralog ein Mineral zeigt, auf dessen eigentümlichen Glanz er dabei aufmerksam macht. Durch eine Definition die Allgemeinheit zu bestimmen, dürfte unmöglich sein.

Die Sprache mag einen Ausweg zu eröffnen scheinen; denn einerseits sind ihre Sätze sinnlich wahrnehmbar, und andrerseits drücken sie Gedanken aus. Als Mittel des Gedankenausdrucks muß sich die Sprache dem Gedanklichen anähneln. So können wir hoffen, sie als Brücke vom Sinnlichen zum Unsinnlichen gebrauchen zu können. Nachdem wir uns über das Sprachliche verständigt haben, mag es uns leichter werden, das gegenseitige Verstehen auf das Gedankliche auszudehnen, das in der Sprache sich abbildet. Nicht auf das gewöhnliche Verstehen der Sprache kommt es hier an, nicht auf das Fassen der in ihr ausgedrückten Gedanken, sondern auf das Erfassen der Eigenschaft von Gedanken, die ich logische Allgemeinheit nenne. Freilich muß dabei auf ein Entgegenkommen des andern gerechnet werden, und diese Erwartung kann getäuscht werden. Auch erfordert der Gebrauch der Sprache Vorsicht. Wir dürfen nicht die tiefe Kluft übersehen, die doch die Gebiete des Sprachlichen und des Gedanklichen trennt, und durch die dem gegenseitigen Entsprechen beider Gebiete gewisse Schranken gesetzt sind.

In welcher Form erscheint nun die Allgemeinheit in der Sprache? Für denselben allgemeinen Gedanken haben wir verschiedene Ausdrücke:

„Alle Menschen sind sterblich",
„Jeder Mensch ist sterblich",
„Wenn etwas ein Mensch ist, ist es sterblich".

Die Unterschiede in den Ausdrücken betreffen nicht den Gedanken selbst. Für uns ist es ratsam, nur eine einzige Ausdrucksweise anzuwenden, damit nicht nebensächliche Unterschiede etwa in der Färbung des Gedankens als Unterschiede von Gedanken erscheinen. Die Ausdrücke mit „alle" und „jeder" eignen sich nicht dazu, überall angewendet zu werden, wo Allgemeinheit vorkommt, weil sich nicht jedes Gesetz in diese Form gießen läßt. In der letzten Ausdrucksweise haben wir die auch sonst kaum entbehrliche Form des hypothetischen Satzgefüges und die unbestimmt andeutenden Satzteile „etwas", „es"; und in diesen steckt eigentlich der Ausdruck der Allgemeinheit. Von dieser Ausdrucksweise aus können wir leicht den Übergang zum Besondern machen, indem wir die unbestimmt andeutenden Satzteile durch bestimmt bezeichnende ersetzen:

„Wenn Napoleon ein Mensch ist, ist Napoleon sterblich".

Wegen dieser Möglichkeit des Überganges vom Allgemeinen zum Besondern sind Ausdrücke der Allgemeinheit mit unbestimmt andeutenden Satzteilen allein für uns brauchbar; aber wenn wir auf „etwas" und „es" beschränkt wären, könnten wir nur ganz einfache Fälle behandeln. Es liegt nun nahe, die Weise der Arithmetik anzunehmen, indem wir als unbestimmt andeutende Satzteile Buchstaben wählen:

„Wenn *a* ein Mensch ist, ist *a* sterblich".

Die gleichgestalteten Buchstaben weisen hier aufeinander hin. Statt der wie „*a*" gestalteten könnten wir ebensogut wie „*b*" oder „*c*" gestaltete nehmen. Wesentlich aber ist, daß sie gleichgestaltet sind. Aber genaugenommen überschreiten wir hiermit die Grenzen der gesprochenen[,] für das Gehör bestimmten Sprache und begeben uns auf das Gebiet einer für das Auge bestimmten[,] geschriebenen oder gedruckten Sprache. Ein Satz, den ein Schriftsteller hinschreibt, ist zunächst eine Anweisung zur Bildung eines gesprochenen Satzes in einer Sprache, der Lautfolgen als Zeichen zum Ausdruck eines Sinnes dienen. So entsteht zunächst nur ein mittelbarer Zusammenhang zwischen geschriebenen Zeichen und einem ausgedrückten Sinne. Nachdem aber dieser Zusammenhang einmal hergestellt ist, kann man den geschriebenen oder gedruckten Satz auch unmittelbar als Ausdruck eines Gedankens, also als einen Satz im eigentlichen Sinne des Wortes ansehen. So erhält man eine auf den Gesichtssinn angewiesene Sprache, die im Notfalle auch ein Tauber lernen kann. In diese können einzelne Buchstaben als unbestimmt andeutende Satzteile aufgenommen werden. Die soeben dargelegte Sprache, die ich *Hilfssprache* nennen will, soll uns als Brücke vom Sinnlichen zum Unsinnlichen dienen. Sie enthält zwei verschiedene *Bestandteile: die Wortbilder und die* einzelnen *Buchstaben.* Jene entsprechen Wörtern der Lautsprache, diese sollen unbestimmt andeuten. Von dieser Hilfssprache ist die Sprache zu unterscheiden, in der sich mein Gedankengang vollzieht. Diese ist das übliche geschriebene oder gedruckte Deutsch, meine *Darlegungssprache.*[3]) Die Sätze der Hilfssprache dagegen sind Gegenstände, von denen in meiner Darlegungssprache die Rede sein soll. Deshalb muß ich sie in meiner Darlegungssprache bezeichnen können, ebenso wie in einer astronomischen Abhandlung die Planeten durch ihre Eigennamen „Venus", „Mars" bezeichnet werden. *Als* solche *Eigennamen der Sätze der Hilfssprache benutze ich diese selbst, jedoch in Anführungszeichen eingeschlossen.* Daraus folgt weiter, daß die Sätze der Hilfssprache nie mit behauptender Kraft verbunden sind[4]). „Wenn *a* ein Mensch ist, ist *a* sterblich" ist ein Satz der Hilfssprache, in dem[a]) ein allgemeiner Gedanke ausgedrückt wird. Wir gehen vom Allgemeinen zum Besondern über, indem wir unbestimmt andeutende gleichgestaltete Buchstaben durch gleichgestaltete Eigennamen ersetzen. Es liegt im Wesen unserer Hilfssprache, daß gleichgestaltete Eigennamen denselben Gegenstand (Menschen) bezeichnen. Leere Zeichen (Namen) sind hier keine Eigennamen[*]). Indem wir die unbestimmt andeutenden wie „*a*" gestalteten Buchstaben durch Eigennamen ersetzen, die wie „Napoleon" gestaltet sind, erhalten wir so:

„Wenn Napoleon ein Mensch ist, ist Napoleon sterblich".

Dieser Satz ist jedoch nicht als Schluß anzusehen, weil der Satz „Wenn *a* ein Mensch ist, ist *a* sterblich" nicht mit behauptender Kraft verbunden ist, der in ihm ausgedrückte Gedanke hier also nicht als wahr anerkannt erscheint; denn *nur einen als wahr anerkannten Gedanken kann man zur Prämisse eines Schlusses machen.* Es kann aber ein Schluß daraus werden, wenn man die beiden Sätze unserer Hilfssprache von den Anführungszeichen befreit, wodurch es möglich wird, sie mit behauptender Kraft hinzustellen.

Das Satzgefüge *„wenn Napoleon ein Mensch ist, ist Napoleon sterblich"* drückt ein hypothetisches Gedankenge-

[*] *Gleichgestaltet* nenne ich Eigennamen unserer Hilfssprache, die nach der Absicht des Schriftstellers gleichgestaltet und gleich groß sein sollen, wenn diese Absicht erkennbar ist, auch wenn sie nicht in aller Strenge erreicht ist.

[a] Im Manuskript steht: „der".

füge aus, das aus einer Bedingung und einer Folge besteht. Jene ist in dem Satze „*Napoleon ist ein Mensch*“, diese in dem Satze „*Napoleon ist sterblich*“ ausgedrückt. Jedoch ist in unserem Satzgefüge genaugenommen weder ein wie „*Napoleon ist ein Mensch*“ noch ein wie „*Napoleon ist sterblich*“ gestalteter Satz enthalten. In dieser Abweichung des Sprachlichen vom Gedanklichen offenbart sich ein Mangel unserer Hilfssprache, der noch abzustellen ist. Ich will nun den Gedanken, den ich oben in dem Satzgefüge „*wenn Napoleon ein Mensch ist, ist Napoleon sterblich*“ ausgedrückt habe, in den Satz kleiden „*wenn Napoleon ist ein Mensch, so Napoleon ist sterblich*“, den ich im Folgenden den zweiten Satz nennen will. In derselben Weise soll in ähnlichen Fällen verfahren werden. So will ich auch den Satz „*wenn a ein Mensch ist, ist a sterblich*“ umsetzen in „*wenn a ist ein Mensch, so a ist sterblich*“, den ich im Folgenden den ersten Satz nennen will.*) In dem ersten Satze unterscheide ich die beiden wie „*a*“ gestalteten einzelnen Buchstaben von dem übrigen Teile.

* Der erste Satz drückt nicht wie der zweite ein Gedankengefüge aus, weil „*a ist ein Mensch*“ ebensowenig wie „*a ist sterblich*“ einen Gedanken ausdrückt. Wir haben hier eigentlich nur Satzteile, keine Sätze.

ANMERKUNGEN

Die hinter den Anmerkungsziffern in runden Klammern stehenden Ziffern geben die jeweilige Seite an, zu der die Anmerkungen gehören. Ziffern in Winkelklammern beziehen sich auf die Bibliographie.

Dialog mit Pünjer über Existenz

1 (1). Bei dem Dialogpartner *Pünjer* handelt es sich um den protestantischen Theologen Bernhard Pünjer (*1850 †1885), der seit 1880 eine Professur in Jena innehatte (Werke: *Die Religionslehre Kants* (1874), *De M. Servatii doctrina* (1876), *Geschichte der christlichen Religionsphilosophie seit der Reformation* (1880f.), *Grundriß der Religionsphilosophie* (1886), *Religionsphilosophie auf modern wissenschaftlicher Grundlage* (1886); Hrsg. des *Theologischen Jahresberichts* und (1879) einer kritischen Ausgabe von *F. Schleiermachers Reden über die Religion).* Aus der eingeklammerten Bemerkung zu Nr. 84, aber auch aus dem Stil der Äußerungen Pünjers geht hervor, daß es sich bei dem Stück I um das Protokoll eines Dialoges handelt, der tatsächlich stattgefunden hat. Das Protokoll ist bruchstückhaft und bezieht sich zum Teil auf nicht mitprotokollierte Äußerungen (cf. Anm. 4). Das Manuskript zu II lag im Nachlaß Freges zusammen mit der Dialognachschrift in einem Umschlag, wie sich aus Bemerkungen von *Scholz* und seinen Mitarbeitern auf dem Manuskript ergibt. Überschneidungen mit der Schlußphase von I legen die Vermutung nahe, daß es sich um an I anschließende nachträgliche Überlegungen Freges handelt.

2 (1). Im *Grundriß der Religionsphilosophie* (cf. Anm. 1), p. 50 heißt es: „ . . . für uns fällt ‚existieren' zusammen mit ‚erfahren werden', d. h. eine irgendwie geartete Einwirkung auf das Ich ausüben, deren das Ich inne wird".

3 (2). Zwischen „Vorstellung" und „Begriff" wird hier und im Folgenden nicht unterschieden.

4 (4). Dieser Einwand findet sich nicht im vorliegenden Dialog.

5 (4). Das Fällen dieses Urteils ist aber nach Frege nicht logische Voraussetzung im Sinne einer Prämisse, sondern *selbstverständliche* Voraussetzung, sofern „Dies" in Sätzen mit be-

hauptender Absicht gebraucht werden soll. Cf. hierzu 99. und Anm. 10; ferner auch p. 18 und Anm. 12.

6 (5). Daß *B* eine Vorstellung ist, ist die Voraussetzung (cf. Anm. 5) dafür, daß der Ausdruck „Die Vorstellung *B*" eine Bedeutung hat (im Sinne der späteren Unterscheidung von Sinn und Bedeutung; cf. ⟨20⟩ und hier pp. 83 ff.), und dies ist nach Frege die Voraussetzung dafür, daß ein Satz entweder wahr oder falsch ist. Die Verneinung, verstanden als Übergang von einem Wahrheitswert zum anderen, bedarf deshalb dieser Voraussetzung.

7 (6). „*B'*" soll wohl den Gegenstand der Vorstellung *B* bezeichnen, und zwar sofern er auch Gegenstand der Erfahrung ist (cf. 38.).

8 (8). Pünjer unterscheidet zwischen Vorstellung (Tätigkeit des Vorstellens), Gegenstand (Inhalt) der Vorstellung und Vorstellungsbild.

9 (10). Diesen Namen hat Frege nicht willkürlich gewählt. Es gab in Jena einen Gymnasialprofessor namens „Leo Sachse", der seit 1876 Mitglied der Jenaischen Gesellschaft für Medizin und Naturwissenschaft war, der auch Frege angehörte.

10 (11). In *Über Sinn und Bedeutung* ⟨20⟩, pp. 39 ff. macht Frege genauere Ausführungen zur Eigenart dieser „selbstverständlichen Voraussetzung". Es heißt dort p. 40: „Wenn man etwas behauptet, so ist immer die Voraussetzung selbstverständlich, daß die gebrauchten einfachen oder zusammengesetzten Eigennamen eine Bedeutung haben". Die anschließende Argumentation Freges auf das vorliegende Beispiel angewandt, würde lauten: Wenn diese Voraussetzung nicht selbstverständlich wäre, so müßte die Verneinung von „Sachse ist ein Mensch" heißen „Sachse ist nicht ein Mensch oder der Name ‚Sachse' ist bedeutungslos". Daß der Name „Sachse" eine Bedeutung habe (und zwar genau eine), sei vielmehr Voraussetzung sowohl für die Behauptung „Sachse ist ein Mensch", als auch für die entgegengesetzte. Hiermit hat Frege einen bedeutenden Gedanken vorweggenommen, den *P. F. Strawson* in seiner Auseinandersetzung mit der *Russell*schen Theorie der Kennzeichnung neu formuliert hat. Strawson nennt in diesem Zusammenhang diese Art der selbstverständlichen Voraussetzung „presumption". Cf. *On Referring.* Mind LIX (1950) pp. 320–344, p. 332. Deutsche Übers. in *R. Bubner* (Hrsg.): *Sprache und Analysis.* Göttingen, 1968, pp. 63–95.

11 (14). „daß" bezieht sich auf „πρῶτον ψεῦδος". Cf. unten p. 17.

12 (18). Frege unterscheidet hier noch nicht zwischen Sinn und Bedeutung (cf. ⟨20⟩). Er hätte sonst hier „Sinn" durch „Bedeutung" und „sinnlos" durch „bedeutungslos" ersetzt.

13 (21). Bereits in *Die Grundlagen der Arithmetik* ⟨13⟩, § 53 hat Frege diese Auffassung dahin präzisiert, daß er „Existenz" einen „Begriff zweiter Ordnung" nennt. Seit *Funktion und Begriff* ⟨18⟩, p. 27 spricht er von „Begriff zweiter Stufe" (cf. hier pp. 163 ff.). Begriffe zweiter Stufe (bzw. ihre Merkmale) geben Eigenschaften von Begriffen und Begriffe erster Stufe Eigenschaften von Gegenständen an. Der letzte Satz Freges ist so zu verstehen, daß „existieren" keinen Inhalt hat als Merkmal eines Begriffs erster Stufe. Als Begriff zweiter Stufe hat „existieren" auch nach Frege einen Inhalt, und zwar besteht dieser aus einem einzigen Merkmal (zweiter Stufe), der Existenz.

14 (22). Unter „Begriffsschrift" versteht Frege hier nicht nur seine gleichnamige Schrift ⟨7⟩, sondern das dort formulierte Programm der Begriffsschrift, eine „angemessene Bezeichnungsweise" zu entwickeln, derzufolge die logischen Verhältnisse an den Zeichen direkt ablesbar sein sollen. Cf. ⟨7⟩, pp. V f.

17 Kernsätze zur Logik

1 (23). Die Herausgeber der *Nachgelassenen Schriften* datieren „1906 oder früher". Aufgrund der Ausführungen Freges in Satz 10 läßt sich die obere Zeitgrenze weit früher ansetzen. Cf. dazu Anm. 3. Eine frühere Datierung ist auch dadurch zu stützen, daß das Manuskript nach den Notizen von *Scholz* und seinen Mitarbeitern mit den Ausarbeitungen zum *Dialog mit Pünjer über Existenz* zusammengelegen hat; auch der Name „Leo Sachse" tritt dort auf. Das Stück dürfte im Zusammenhang mit Freges Plänen zu einer *Logik* entstanden sein. Genauere Ausführungen finden sich hier z. B. pp. 35 ff.

2 (23). Zur Wahl des Beispiels „Leo Sachse" cf. Anm. 9, p. 173 zum *Dialog mit Pünjer über Existenz.*

3 (23). Spätestens in *Über Sinn und Bedeutung* ⟨20⟩ von 1892 verwendet Frege den Terminus „bezeichnen" anders als hier. Dort heißt es p. 31, daß ein Ausdruck seine Bedeutung bezeichne und seinen Sinn ausdrücke. Entsprechend dieser Unterscheidung würde Frege formulieren: „Der Satz ‚Leo Sachse ist ein Mensch' ist nur dann Ausdruck eines Gedankens, wenn ‚Leo Sachse' einen Sinn ausdrückt." Daß „Leo Sachse" außer-

dem etwas bezeichnet, ist nach Frege nur *Voraussetzung* (cf. Anm. 10 zum *Dialog mit Pünjer über Existenz)* für das Wahr- bzw. Falschsein des Gedankens, und ein Gedanke, der weder wahr noch falsch ist, gehört der Dichtung an. Cf. z. B. p. 41 und die *Einleitung*.

Ausführungen über Sinn und Bedeutung

1 (25). Diese Ausführungen sind der zweite Teil aus einem Konvolut betitelt „Schrödersche Logik", der bis zur Vernichtung des Nachlasses vollständig vorlag und dessen erster Teil einen Entwurf zu Freges Artikel *Kritische Beleuchtung einiger Punkte in E. Schröders Vorlesungen über die Algebra der Logik* ⟨26⟩ darstellte.

2 (25). Siehe ⟨20⟩.

3 (25). Zu den Eigennamen (cf. *Über Sinn und Bedeutung*, p. 27) rechnet Frege neben den „eigentlichen Sätzen" (cf. p. 89) auch die *Kennzeichnungen*. So werden Ausdrücke genannt, die (im einfachsten Fall) aus einem Begriffswort und vorangestelltem bestimmten Artikel im Singular bestehen, z. B. „Das Sonnensystem", „Der Erdmittelpunkt" oder zusammengesetzter „Der gegenwärtige König von Frankreich", „Der Begriff *gleichseitiges Dreieck*" (Beispiel Freges weiter unten), „Der höchste Berg Europas" (p. 85). Frege spricht auch dann von „Eigenname", bzw. von „Scheineigenname" (cf. pp. 41 f.), wenn der Eigenname nichts „bezeichnet" wie beim dritten Beispiel. Ein Eigenname muß nach Frege aber wenigstens einen Sinn haben (p. 34).

4 (25). Frege spricht sich hier also für die extensionale Auffassung der Logik aus.

5 (26). Siehe ⟨18⟩.

6 (27). Frege könnte hier einen Hinweis darauf vorgesehen haben, daß *Wundt* den prädikativen Teil des singulären Urteils gegenüber dessen Subjekt als einen, wie es in der *Logik*, Bd. I (in der Frege vorliegenden 1. Auflage von 1880: p. 141) heißt, „variableren Bestandteil des Gedankens" ansieht und damit im wesentlichen dasselbe wie Frege mit dem Terminus „ungesättigt" in Anwendung auf Begriffe im Auge hat. Denkbar ist auch, daß Frege auf Wundts Gebrauch des Wortes „prädikativ" eingehen wollte.

7 (27). Die von Frege gegebene Analyse des Satzes „Alle gleichseitigen Dreiecke sind gleichwinklig" soll zeigen, daß auch der vorgebliche Subjektsbegriff „gleichseitiges Dreieck"

prädikativer Natur ist, was nach der Umformung an dem unbestimmt andeutenden Bestandteil „etwas“ sichtbar wird, der dem „*x*“ (s. o.) umgangssprachlich entspricht.

8 (28). Frege meint den folgenden Sachverhalt: Die Verneinung von „Aristoteles ist Philosoph“ ist „Aristoteles ist nicht Philosoph“. Die Verneinung dagegen von „Alle gleichseitigen Dreiecke sind gleichwinklig“ ist keineswegs „Alle gleichseitigen Dreiecke sind nicht gleichwinklig“. Hier kann die Verneinung erst dann auf die gleiche Weise wie im ersten Beispiel gebildet werden, wenn man den Satz als Aussage der *Unterordnung* eines Begriffes unter einen andern Begriff analysiert: „Der Begriff ‚gleichseitiges Dreieck‘ ist unter den Begriff ‚gleichwinkliges Dreieck‘ untergeordnet“. Cf. Freges ausführlichere Bemerkungen zu diesem Punkte *Über Begriff und Gegenstand* ⟨21⟩, p. 198.

9 (28). Frege schließt seine Definition der Identität von Gegenständen an das *Leibnizische principium identitatis indiscernibilium* an. Er bezieht sich dabei (cf. u. a. *Die Grundlagen der Arithmetik* ⟨13⟩, § 65) auf Leibnizens Formel „Eadem sunt, quorum unum potest substitui alteri salva veritate“ *(Non inelegans specimen demonstrandi in abstractis, Oper. Philos.* ed. *J. E. Erdmann* I, p. 94, *Philos. Schr.* ed. *Gerh.* VII, p. 228).

10 (30). Das Beispiel findet sich in *Funktion und Begriff* ⟨18⟩, p. 16.

11 (30). Es könnte sein, daß Frege die oben *nicht* erklärte Symbolik, welche in der nächsten Formel verwendet wird, im verlorengegangenen ersten Teil des Manuskriptes (cf. Anm. 1) eingeführt hat.

12 (30). Freges Zeichen für den Allquantor ist die den waagerechten Strich unterbrechende Höhlung. Die durch den Allquantor gebundene Variable steht über der Höhlung (cf. *Begriffsschrift* ⟨7⟩, p. 19 und *Grundgesetze der Arithmetik* I ⟨23⟩, § 8) und wird bei Frege stets durch deutsche Buchstaben symbolisiert (cf. auch Anm. *, pp. 89 f.).

13 (30). Der Spiritus lenis über dem ersten ε und dem ersten α in obiger Formel ist Freges Zeichen für den Wertverlaufsoperator. Die durch den Wertverlaufsoperator gebundene Variable steht unter dem Spiritus lenis und wird bei Frege stets durch kleine griechische Vokalbuchstaben symbolisiert (cf. *Grundgesetze der Arithmetik* I ⟨23⟩, § 9). Begriffsumfänge betrachtet Frege als Wertverläufe von Begriffen, entsprechend seiner Auffassung, daß Begriffe (einstellige) Funktionen sind, deren Wert stets ein Wahrheitswert ist.

14 (32). Das Wort „μῶλυ" bezeichnet bei *Homer* eine Zauberpflanze mit weißer Blüte und schwarzer Wurzel, die Odysseus von Hermes erhält, um sich vor Circe schützen zu können.

15 (32). *Die Grundlagen der Arithmetik* ⟨13⟩, §§ 97–102.

16 (32). Siehe ⟨17⟩, p. 100.

17 (33). Frege bezieht sich im Folgenden auf die Besprechung von *Schröders Vorlesungen über die Algebra der Logik (Exakte Logik) I* (Leipzig 1890), die *Husserl* in den *Göttingischen Gelehrten Anzeigen* (Jg. 1891, Heft vom 1. April, pp. 243–278) gegeben hatte.

18 (33). *Schröder* legt an den von Frege angegebenen Stellen die auf „deutig" endenden Adjektive auf quantitative Angaben zu Begriffsumfängen fest: Schröder spricht allgemein von Namen und nennt Eigennamen „eindeutig", Gattungsnamen wie ‚meine Hand' „zweideutig", Gattungsnamen allgemein „mehrdeutig" oder „vieldeutig" und Namen wie ‚Nichts' oder ‚rundes Quadrat' „undeutig". Die entsprechenden Bildungen mit „sinnig" dienen bei Schröder der Unterscheidung von Termini mit einem genau fixierten Sprachgebrauch („einsinnig" oder „univok"), mehrfacher Bedeutung („doppelsinnig", „mehrsinnig" oder „äquivok") und von sinnlosen Sprachgebilden („unsinnig"; Beispiel nach Schröder: ‚rundes Quadrat'). — Frege kritisiert mit *Husserl* unten vor allem, daß ein Name wie ‚rundes Quadrat' von Schröder „undeutig" genannt wird, für diese Kennzeichnung allerdings bereits als überhaupt sinnvoll vorausgesetzt wird und also nicht zugleich als „unsinnig" bezeichnet werden darf.

Logik

1 (35). Bei diesem Stück handelt es sich um eine Vorstufe der Aufsatzfolge ⟨41⟩, ⟨42⟩ und ⟨43⟩. Vor allem in *Der Gedanke* ⟨41⟩ sind viele der hier entworfenen Überlegungen verwertet worden.

2 (39). Bei einer semantischen Grundlegung der Logik wird entgegen der Fregeschen Aussage doch von einer „Definition" der Wahrheit Gebrauch gemacht. Cf. A. *Tarski: Der Wahrheitsbegriff in den formalisierten Sprachen.* Studia Philosophica I (1935) pp. 261–405. Frege würde allerdings hier nicht von einer Definition sprechen, da das Tarskische „Definitionsschema" „‚*p*' ist wahr genau dann, wenn *p*" weder eine Zerlegung noch eine Zusammensetzung des Sinns des Wortes „wahr" vornimmt. Cf. ferner *Der Gedanke* ⟨41⟩, p. 60.

3 (40). Diese Einsicht dient Frege in *Über Sinn und Bedeutung* ⟨20⟩, pp. 34 f. als Argument gegen die Auffassung, daß das Verhältnis des Gedankens zum Wahren als das des Subjekts zum Prädikat zu interpretieren sei, und stützt damit seine eigene These, daß es sich vielmehr um das Verhältnis des Sinns zur Bedeutung handelt. Wenn Frege trotzdem hier durchgängig von dem „Prädikat ‚wahr'" spricht, so ist dies nicht als Zurücknahme seiner These, sondern eher als façon de parler zu werten, wie pp. 88, 138 f. und *Der Gedanke* ⟨41⟩, pp. 61 f. deutlich machen. In *Der Gedanke* meldet Frege Zweifel an dem Eigenschaftscharakter des Wortes „wahr" an und fährt dann fort: „Trotz diesem Zweifel will ich mich zunächst noch dem Sprachgebrauche folgend so ausdrücken, als ob die Wahrheit eine Eigenschaft wäre, bis etwa Zutreffenderes gefunden sein wird." Auch spricht Frege dort vorsichtiger von dem „Wort ‚wahr'" und vermeidet den Terminus „Prädikat".

4 (41). Zum Vorherigen cf. *Über Sinn und Bedeutung* ⟨20⟩, pp. 32 f. und hier pp. 25, 84, 138.

5 (41). Unter der Voraussetzung (des „erkenntnistheoretischen Idealismus"), daß Vorstellungen der einzig mögliche Gegenstand der Erkenntnis sind, sind die Aussagen der Naturwissenschaften bedeutungslos im Fregeschen Sinne, da sie behaupten, nicht von Vorstellungen zu handeln, und also unter der gemachten Voraussetzung keinen Gegenstand haben.

6 (41). Cf. dazu *Über Sinn und Bedeutung* ⟨20⟩, p. 28.

7 (46). Frege spricht hier von der nicht von ihm geteilten Voraussetzung aus, daß *Gedanke* und *Vorstellung* identisch sind.

8 (49). Frege ist also der Meinung, daß das Gravitationsgesetz in der *Newton*schen Form zu der Zeit, als er die vorstehenden Zeilen schrieb, wahr ist. Wenn das Gravitationsgesetz von einem gewissen Augenblick an nicht mehr gilt, gilt es überhaupt nicht. An die Stelle des Newtonschen Gesetzes träte das wahre Gesetz, welches so formuliert werden kann:
Bis zum Jahre ... ziehen sich Körper mit einer durch die Newtonsche Formel gegebenen Kraft an.
Anstelle der Worte „Bis zum Jahre ..." kann auch eine andere Bedingung stehen, die nur bis zum Jahre ... gilt.

9 (51). Das Wort „Ableitung" ist hier etymologisch gemeint.

10 (60). Cf. Anm. 14, p. 174 zu *Dialog mit Pünjer über Existenz.*

11 (62). Frege bezieht sich hier wohl vor allem auf die seit 1874 in vielen Auflagen erschienenen *Grundzüge der physiologischen Psychologie* von *Wilhelm Wundt*. Cf. 3. Aufl. 1887; insbesondere Bd. II, p. 550, wo Wundt sagt, „daß der physische Substanzbegriff nur ein Erzeugnis unseres eigenen Denkens ist" und daß sich die Objekte in Vorstellungen „verwandeln".

12 (66). Es handelt sich dabei um eine Rezension von *A. Vierkandt: Naturvölker und Kulturvölker, ein Beitrag zur Sozialpsychologie* (Leipzig 1896). – Die Beilage erschien am 3. Febr.

13 (69). Cf. *Die Verneinung* ⟨42⟩.

14 (72). In *Gedankengefüge* ⟨43⟩ erklärt Frege auf der Basis des hier nur skizzierten „Gedankengefüges erster Art" (der Konjunktion) und der Negation fünf weitere Arten von Gedankengefügen. Das folgende Beispiel kehrt dort p. 38 wieder.

Einleitung in die Logik

1 (74). Die ersten beiden Teile der folgenden tagebuchartigen Aufzeichnungen sind eine Vorstufe zu der Aufsatzfolge ⟨41⟩, ⟨42⟩, ⟨43⟩.

2 (74). Im begriffsschriftlichen Aufbau der Logik hat Frege zu diesem Zweck den „Urteilsstrich" eingeführt. Cf. *Begriffsschrift* ⟨7⟩, p. 2 und *Grundgesetze der Arithmetik* I ⟨23⟩, § 5.

3 (75). In diesem Fall spricht Frege später von „hypothetischem Gedankengefüge". Cf. p. 166 und insbesondere Anm. 2, p. 185 zu *Logische Allgemeinheit*.

4 (76). Diese Erklärung findet sich in *Begriffsschrift* ⟨7⟩, p. 5.

5 (76). Im Gegensatz zu dieser Auffassung Freges hat *C. I. Lewis* mit seiner „strict implication" (cf. z. B. *Symbolic Logic* (1932)) den Versuch einer intensionalen Auffassung der Implikation unternommen, indem er „*A* impliziert strikt *B*" definiert als „nicht möglich (*A* und nicht-*B*)". Der Unterschied zur materialen Implikation (cf. Anm. 2, p. 185 zu *Logische Allgemeinheit)* drückt sich sprachlich in dem Wort „möglich" aus.

6 (77). Im Anschluß an *B. Russell: Principia Mathematica* I, pp. 20 f. spricht man hier von „formaler Implikation" (formal implication). Cf. außer der folgenden Analyse Freges auch *Logische Allgemeinheit*.

7 (77). In *Grundgesetze der Arithmetik* I ⟨23⟩, § 12 führt Frege die, wie er sagt, „durch den Bedingungsstrich bezeichnete“ Funktion mit zwei Argumenten

$$\begin{array}{l} \top\!\!-\, \xi \\ \llcorner\, \zeta \end{array}$$

so ein, „daß ihr Wert das Falsche sein soll, wenn als ζ-Argument das Wahre und als ξ-Argument irgendein Gegenstand genannt wird, der nicht das Wahre ist; daß in allen andern Fällen der Funktionswert das Wahre sein soll“ (p. 20). Damit ist diese Funktion für beliebige Gegenstände als Argumente erklärt, entsprechend der von Frege in *Grundgesetze der Arithmetik* I ⟨23⟩, § 2 erhobenen Forderung.

8 (77). Dieser Satz läßt sich auffassen als singulärer Satz mit dem Eigennamen „Christus“ und dem prädikativen Teil „gewann einige Menschen für seine Lehre“, aber auch als partikulärer Satz: „Es gibt Menschen, die Christus für seine Lehre gewann“.

9 (78). Cf. die folgenden Ausführungen Freges pp. 83 ff.

10 (78). Diese Bemerkung Freges weist eine einseitige Interpretation der Fregeschen Semantik im Sinne eines „ontologischen Atomismus“ zurück. Cf. auch *Nachgelassene Schriften* ⟨50⟩, p. 19 und *Über die Grundlagen der Geometrie* II ⟨32⟩, p. 372, Anm. 2. Jedoch ist Freges Terminologie, vor allem in bezug auf das Verhältnis von Teil und Ganzem, nicht eindeutig. Cf. z. B. p. 126 und Anm. 19, p. 183 zu *Logik in der Mathematik*.

11 (78). Nämlich, daß alle durch Sättigung des ungesättigten Teiles gebildeten Gedanken wahr sind.

12 (81). Frege kommt es also bei der Einführung des Bedingungsstrichs nicht auf eine logische Rekonstruktion des umgangssprachlichen wenn-so an. Vielmehr ist er der Ansicht, daß eine solche Entsprechung von sekundärer Bedeutung ist und nur durch die „formale Implikation“ gegeben ist. Damit stimmt überein, daß er nur solchen hypothetischen Gedankengefügen die umgangssprachliche Form wenn-so zuspricht, deren Bedingung und Folge als singuläre Urteile dasselbe Subjekt haben und demnach als besonderer Fall der „formalen Implikation“ zu interpretieren sind. Cf. auch *Begriffsschrift* ⟨7⟩, § 5. Kritisch bleibt dann aber doch Freges Verwendung der Termini „Bedingung“ und „Folge“ auch bei hypothetischen Gedanken(gefügen), die nicht von dieser besonderen Art sind.

13 (85). Cf. Anm. 3, p. 175 zu *Ausführungen über Sinn und Bedeutung.*

14 (86). Cf. *Einleitung,* pp. XXIV ff.

15 (88). Cf. Anm. 3, p. 178 zu *Logik.*

16 (89). Hierzu sagt Frege in *Grundgesetze der Arithmetik* I ⟨23⟩, p. 31, Anm. 1: „Hiermit ist der Gebrauch der lateinischen Buchstaben nur für den Fall erklärt, daß ein Urteilsstrich vorhanden ist. Das ist aber in einer reinen Begriffsentwickelung immer der Fall; denn wir schreiten dabei immer von Satz zu Satz fort."

17 (89). Cf. p. 30 und Anm. 12, p. 176 zu *Ausführungen über Sinn und Bedeutung.*

18 (91). D. h. nur für bestimmte Gegenstände, nämlich Zahlen, und nicht für beliebige Gegenstände definiert sind. Cf. z. B. *Grundgesetze der Arithmetik* II ⟨30⟩, § 65 und hier p. 151.

Logik in der Mathematik

1 (92). Den Hintergrund dieser Abhandlung, der längsten nachgelassenen Schrift Freges, bildet die Auseinandersetzung mit den Auffassungen zur Grundlagenproblematik der Mathematik von Freges Zeitgenossen. Allerdings kommen im Verlauf dieser Untersuchung nahezu alle Kerngedanken Freges zur Sprache. Es scheint, daß Frege hier nach dem Scheitern seines logizistischen Programms das Verhältnis von Logik und Mathematik neu überdenken und die Ergebnisse seiner früheren Arbeiten dabei einbringen will.

2 (92). *Jacob Bernoulli* (1654—1705) wurde lange Zeit als Erfinder der vor ihm schon von *Pascal* benutzten Methode der heute so genannten vollständigen Induktion angesehen, und das Verfahren wurde auch nach ihm benannt. Cf. dazu *Moritz Cantor: Vorlesungen über Geschichte der Mathematik* III (1898), p. 329.

3 (92). In *Booles rechnende Logik und die Begriffsschrift* (in ⟨50⟩, pp. 9—52), p. 35 vertritt Frege noch im Sinne seines Logizismus (die Arithmetik auf die Logik zurückzuführen) die Auffassung, daß die bernoullische Induktion „auf den allgemeinen logischen Gesetzen beruht".

4 (96). Frege vertritt hier die Relativität der Axiome auf das ganze System einer Theorie in dem Sinne, daß z. B. ein Satz, welcher in dem einen System die Stelle eines Axioms behauptet, in einem anderen System als abgeleiteter Satz vorkom-

men kann. Danach scheint Frege die Auffassung vom Axiom nicht zu teilen, welche sich z. B. bei *Aristoteles, Pascal* und *Husserl* findet. Dieser klassischen Auffassung zufolge ist ein Axiom vor anderen Sätzen dadurch ausgezeichnet, daß es einen maximalen Grad unmittelbarer Einsicht in die „Natur der Sache", um die es geht, also z. B. in die Natur räumlicher Beziehungen vermittelt.

5 (100). Hier richtet sich Frege gegen die sogenannten „schöpferischen Definitionen". Cf. *Grundgesetze der Arithmetik* II ⟨30⟩, § 143.

6 (103). Die Ansicht, daß es sich bei den nicht-nominalen Definitionen um Theoreme oder Axiome handelt, wird schon von *Pascal* vertreten. So erklärt er etwa mit Bezug auf die Definition „Le temps est le mouvement d'une chose créée": „Ce n'est plus une définition libre, c'est une proposition qu'il faut prouver, si ce n'est qu'elle soit très évidente ellemême; et alors ce sera un principe et un axiome, mais jamais une définition . . ." (cf. *Pensées et Opuscules,* publ. par *L. Brunschvicg* (*Classiques Hachette*), p. 171).

7 (107). Hier richtet sich Frege gegen die „impliziten Definitionen", die *J. D. Gergonne* in seinem *Essai sur la théorie des définitions* (Annales de Mathématiques pures et appliquées IX (1818/19)) erwähnt und auf die sich *Hilbert* u. a. bei der Grundlegung der Geometrie berufen.

8 (108). Gemeint ist Schröder. Cf. pp. 33f. und Anm. 18, p. 177 zu *Ausführungen über Sinn und Bedeutung.* Diese Auffassung geht auf *J. St. Mill* zurück, der in diesem Zusammenhang von „Denotation eines Namens" spricht. Cf. *System of Logic* I, 2, §§ 3–5.

9 (108). Cf. Anm. 3, p. 175 zu *Ausführungen über Sinn und Bedeutung.*

10 (108). Die Subordination entspricht der „formalen Implikation" *Russells* (cf. Anm. 6, p. 179 und 12, p. 180 zu *Einleitung in die Logik*), was in der Umformulierung (s. u.) „Wenn etwas ein Mensch ist, ist es sterblich" noch deutlicher wird.

11 (110). Heute ist hierfür der Terminus „Aussageform" üblich.

12 (110). Frege bezieht sich hier auf den Aufsatz von *A. Schoenflies: Über die Stellung der Definition in der Axiomatik.* Jahresbericht der Deutschen Mathematiker-Vereinigung XX (1911), pp. 222–255. Schoenflies sagt dort (p. 234) über Wortdefinitionen: „Für sie sollte in der Mathematik kein Platz mehr sein; *ihre vollständige Ausschaltung ist vielmehr das Ziel, das man zu erstreben hat.*" In diesem Zusam-

menhang erwähnt er (Anm. 1) Freges Definitionen von „Anzahl", „Eins" und „Endlos". Cf. hierzu *Die Grundlagen der Arithmetik* ⟨13⟩, pp. 79 f., 90; *Grundgesetze der Arithmetik* I ⟨23⟩, p. 150. *A. Korselt (Über mathematische Erkenntnis.* Jahresber. d. Dt. Math.-Ver. XX, pp. 364–380) verteidigt (p. 371) diese Definitionen Freges.

13 (111). Cf. *Grundgesetze der Arithmetik* II ⟨30⟩, Kap. III, 1.

14 (111). Gemeint ist die sogenannte „formale" Auffassung der Arithmetik (Arithmetik als Zeichenspiel) bei Freges Zeitgenossen *E. Heine* und *J. Thomae.* Cf. *Grundgesetze der Arithmetik* II ⟨30⟩, §§ 86 ff.; ferner ⟨17⟩, ⟨37⟩, ⟨38⟩, ⟨39⟩.

15 (111). Gemeint ist wahrscheinlich *G. Cantor,* der von „abstrakten Gedankendingen" spricht. Cf. *Grundgesetze der Arithmetik* II ⟨30⟩, § 74.

16 (114). Dabei handelt es sich wohl um das von *H. Scholz* und *F. Bachmann: Der wissenschaftliche Nachlaß von Gottlob Frege* ⟨ 6′ ⟩, p. 29, Anm. 2, erwähnte Kollegheft betitelt „Analytische Funktionen". Cf. auch *Grundgesetze der Arithmetik* II ⟨30⟩, p. 149, Anm. 1 und p. 150, Anm. 1.

17 (124). Cf. hierzu auch die Ausführungen in *Über Sinn und Bedeutung* ⟨20⟩, pp. 25 f. und 50.

18 (125). Diese Argumentation Freges klingt an die *Kant*ische Unterscheidung zwischen den analytischen Urteilen, deren Prinzip der Satz vom Widerspruch oder von der Identität sei, und den synthetischen Urteilen, welche auf Zusammensetzung räumlicher und zeitlicher Elemente z. B. beim Zählen, Rechnen und Konstruieren ausgehen. Kant spricht davon, daß die analytischen Urteile die Funktion des „Erläuterns" haben, während die synthetischen Urteile unsere Erkenntnis „erweitern". Auch in der vorliegenden Stelle ist davon die Rede, die Aussage, durch die additive Zusammensetzung der Summanden 137 und 469 entstehe die Summe 606, „erweitere" unsere Erkenntnis, während dies bei dem analytisch-identischen Satz: „606 = 606" nicht der Fall sei.

19 (126). An anderen Stellen schränkt Frege diesen Gedanken-Atomismus allerdings in dem Sinne ein, daß man sich die Gedankenteile nicht als von den Gedanken, in denen sie vorkommen, *unabhängig bestehende* Bausteine vorstellen dürfe: Cf. p. 78 und Anm. 10, p. 180 zu *Einleitung in die Logik.*

20 (131). Cf. hierzu pp. 29 f.

21 (131). Der Zusatz „welcher bedeutungsvolle Eigenname auch für *a* eingesetzt werden möge" ist erforderlich, weil jede der beiden Seiten für sich betrachtet wegen des *a* ein

uneigentlicher Satz (cf. p. 82) ist und erst einen Sinn bekommt, wenn auch *a* einen Sinn hat (cf. p. 135). Daß Frege „bedeutungsvolle Eigennamen" statt „sinnvolle Eigennamen" sagt, liegt daran, daß es in diesem Zusammenhang um „wissenschaftliche Rede" geht und deshalb nur solche Eigennamen in Frage kommen, die außer einem Sinn auch eine Bedeutung haben. Von der Definitionsgleichung selbst spricht Frege zunächst nur als Sinngleichung und nicht auch als Bedeutungsgleichung wie sonst (cf. *Grundgesetze der Arithmetik* I ⟨23⟩, § 27). Erst p. 149 erwähnt er die Bedeutungsgleichheit. In wissenschaftlicher Rede ist mit der Sinngleichheit von Ausdrücken immer auch ihre Bedeutungsgleichheit verbunden, nicht aber umgekehrt. Cf. auch Anm. 26.

22 (131). Cf. hierzu pp. 89 f. Freges Anmerkung *.

23 (132). Cf. auch *Grundgesetze der Arithmetik* I ⟨23⟩, pp. 51 f.

24 (136). Gemeint ist: „des Gedankens, welcher der Sinn von ‚(16−2) ist ein Vielfaches von 7' ist".

25 (139). Cf. pp. 39 f. und Anm. 3, p. 178 zu *Logik;* ferner das Folgende.

26 (139). Im letzten Satz geht es Frege lediglich um die Unterscheidung zwischen dem Wahrsein von Sätzen bzw. Gedanken und dem Urteil, daß sie wahr sind (cf. auch Anm. 27). Dadurch wird nicht bestritten, daß nach Ersetzung der unbestimmt andeutenden Bestandteile einer Definitionsgleichung für Beziehungen (oder Begriffe) neben der Sinngleichheit auch eine Bedeutungsgleichheit, d. h. Identität des Wahrheitswertes, der beiden Seiten der Definitionsgleichung gegeben ist; und zwar wird der rechten Seite der Wahrheitswert der linken Seite zugeteilt.

27 (141). Hier wird nochmals deutlich, daß Frege zwischen dem Wahrsein eines Satzes (= die Bedeutung des Satzes ist das Wahre) und der Behauptung, daß ein Satz wahr ist, unterscheidet.

28 (142). Die hier folgenden Erörterungen über „Funktion" hat Frege zum großen Teil bereits in *Was ist eine Funktion?* ⟨33⟩ angestellt.

29 (149). Hier spricht Frege seltsamerweise nur von der Definition als Festsetzung der Bedeutungsgleichheit von Zeichen und nicht auch von der Sinngleichheit. Jedenfalls ist diese Stelle zusammen mit den früheren Äußerungen (s. o.) Freges der Beweis dafür, daß durch eine Definition Sinn- und Bedeutungsgleichheit gegeben sein soll.

30 (151). Sachgemäßer müßte es eigentlich heißen „welche". Cf. *Grundgesetze der Arithmetik* I ⟨23⟩, p. 46.

31 (154). Cf. hierzu *Grundgesetze der Arithmetik* II ⟨30⟩, §§ 56 ff.

32 (156). Cf. hier und im Folgenden die Schriften und Briefe zur Auseinandersetzung mit *Hilberts* axiomatischem Standpunkt in der Frage der Grundlagen der Geometrie: ⟨31⟩, ⟨32⟩, ⟨44⟩, ⟨45⟩ und insbesondere ⟨34⟩, ⟨35⟩, ⟨36⟩.

33 (159). Die erste Beweisversion enthält zwar „nicht AC > BC" nicht als selbständige Beweisannahme, die durch einen Widerspruch widerlegt werden soll, wohl aber als Teilprämisse von Wenn-so-Sätzen (Frege nennt das gleich unten wohl „hypothetisch angenommen"). Die jetzt folgende Beweisversion soll auch dies noch vermeiden.

34 (161). Frege zitiert hier nach der Erstauflage der *Grundlagen der Geometrie.* In den späteren Auflagen tritt nämlich ein anderes Axiom an die Stelle des von Frege zitierten Axioms II 4.

Logische Allgemeinheit

1 (166). Frege bezieht sich hier auf *Gedankengefüge,* den dritten Teil seiner *Logischen Untersuchungen* ⟨41⟩, ⟨42⟩, ⟨43⟩. Man darf annehmen, daß Frege mit dem vorliegenden Fragment zu einem vierten Teil dieser Aufsatzreihe ansetzen wollte.

2 (166). Die „hypothetischen Gedankengefüge" Freges (cf. ⟨43⟩, pp. 44 ff.) entsprechen dem, was man heute „materiale Implikation" oder „Subjunktion" nennt. Ein solches Gefüge zweier Gedanken p und q ist dadurch definiert, daß es falsch ist, wenn der erste Gedanke p wahr und der zweite Gedanke q falsch ist, und in allen anderen Fällen des Wahr- bzw. Falschseins der beiden Gedanken wahr ist. Hierfür schreibt man seit Frege auch „wenn p, so q". Cf. jedoch auch Anm. 12, p. 180 zu *Einleitung in die Logik.* Der Unterschied zu den Gesetzen, die die Form der „formalen Implikation" (cf. Anm. 6, p. 179 zu *Einleitung in die Logik*) haben, drückt sich darin aus, daß p keine unbestimmt andeutenden Bestandteile enthält, die auf solche in q hinweisen und umgekehrt (cf. weiter unten). Die Definition des hypothetischen Gedankengefüges macht bei Frege nur einen Teil der Definition des „Bedingungsstrichs" aus (cf. Anm. 7, p. 180 zu *Einleitung in die Logik*).

3 (169). Freges Begriffspaar: „Hilfs-“ und „Darlegungssprache“ nimmt die später, seit etwa 1930, zuerst bei *A. Tarski* (cf. vor allem: *Der Wahrheitsbegriff in den formalisierten Sprachen.* Studia Philosophica I (1935), pp. 261—405) und *R. Carnap* (cf. vor allem: *Die logische Syntax der Sprache* (Wien 1934), IV A) ausgebildete Unterscheidung von *Objekt-* und *Meta-* bzw. *Syntaxsprache* vorweg.

4 (170). Frege kann diese Aussage nur auf das Reden über die Sätze der Hilfssprache in der Darlegungssprache, auf das Auftreten von Sätzen der Hilfssprache in Anführungsstrichen also beziehen.

BIBLIOGRAPHIE

Diese Bibliographie enthält eine Bibliographie der Schriften Freges und der Schriften über Frege. Liegen in einem Jahr mehrere Veröffentlichungen vor, so stehen die selbständigen Veröffentlichungen vor den Zeitschriftenaufsätzen (ferner: Beiträgen in Sammelbänden, Teilen aus selbständigen Veröffentlichungen etc.) und Rezensionen. Ziffern in Winkelklammern verweisen auf Nummern dieser Bibliographie, wobei sich Ziffern mit hochgestelltem Strich (z. B. 1') auf die Bibliographie der Schriften über Frege beziehen.

Die Bibliographie der Schriften Freges verzeichnet alle Erstveröffentlichungen und deren spätere Nach- und Neudrucke. Nicht aufgenommen wurden fremdsprachige Übersetzungen. Cf. dazu die Bibliographie in <50>. Die häufiger genannten Supplemente zur „Jenaischen Zeitschrift für Naturwissenschaft“ sind identisch mit den „Sitzungsberichten der Jenaischen Gesellschaft für Medizin und Naturwissenschaft“.

Die Bibliographie der Schriften über Frege beschränkt sich auf eine repräsentative Auswahl, da die Sekundärliteratur zu Frege inzwischen zu umfangreich geworden ist, um hier vollständig aufgeführt werden zu können. Die Ergänzungen (ab 1990) in der vorliegenden 4. Auflage verzeichnen nur noch deutsch- und englischsprachige Monographien und Sammelbände.

Die Schriften Freges

1873

1) Über eine geometrische Darstellung der imaginären Gebilde in der Ebene. Inaugural-Dissertation der philosophischen Fakultät zu Göttingen zur Erlangung der Doktorwürde vorgelegt von G. Frege aus Wismar. Jena, 1873. 75 pp., Anhang (Zeichnungen). Neudruck in <49>.

1874

2) Rechnungsmethoden, die sich auf eine Erweiterung des Größenbegriffs gründen. Dissertation zur Erlangung der Venia Docendi bei der Philosophischen Fakultät in Jena von Dr. Gottlob Frege. Jena, 1874. 26 pp., Lebenslauf. Neudruck in <49>.

3) Rezension von H. Seeger: Die Elemente der Arithmetik, für den Schulunterricht bearbeitet. Schwerin i. M., 1874. Jenaer Literaturzeitung I (1874) Nr. 46, p. 722 (Rez.-Nr. 672). Neudruck in <49>.

1877

4) Rezension von A. v. Gall und Ed. Winter: Die analytische Geometrie des Punktes und der Geraden und ihre Anwendung auf Aufgaben. Darmstadt, 1876. Jenaer Literaturzeitung IV (1877) Nr. 9, pp. 133–134 (Rez.-Nr. 125). Neudruck in <49>.

5) Rezension von J. Thomae: Sammlung von Formeln welche bei Anwendung der elliptischen und Rosenhain'schen Funktionen gebraucht werden. Halle a. S., 1876. Jenaer Literaturzeitung IV (1877) Nr. 30, p. 472 (Rez.-Nr. 443). Neudruck in <49>.

1878

6) Über eine Weise, die Gestalt eines Dreiecks als komplexe Größe aufzufassen. Jenaische Zeitschrift für Naturwissenschaft XII (1878) Supplement, p. XVIII. Neudruck in <49>.

Vortrag, gehalten in der Sitzung vom 8. Februar 1878 der Jenaischen Gesellschaft für Medizin und Naturwissenschaft.

1879

7) Begriffsschrift, eine der arithmetischen nachgebildete Formelsprache des reinen Denkens. L. Nebert, Halle a. S., 1879. X, 88 pp. Reprographischer Nachdruck in <47>.

8) Anwendungen der Begriffsschrift. Jenaische Zeitschrift für Naturwissenschaft XIII (1879) Supplement II, pp. 29–33. Reprographischer Nachdruck in <47>.

Vortrag, gehalten in der Sitzung vom 24. Januar 1879 der Jenaischen Gesellschaft für Medizin und Naturwissenschaft. Der Separat-Abdruck trägt das Datum vom 10. Januar.

1880

9) Rezension von Hoppe: Lehrbuch der analytischen Geometrie. I. Teil. Leipzig, 1880. Deutsche Literaturzeitung I (1880) Nr. 6, Spalte 210-211. Neudruck in <49>.

1882

10) Über den Briefwechsel Leibnizens und Huygens mit Papin. Jenaische Zeitschrift für Naturwissenschaft XV (1882) Supplement, pp. 29–32. Reprographischer Nachdruck in <47>.

Vortrag, gehalten in der Sitzung vom 15. Juli 1881 der Jenaischen Gesellschaft für Medizin und Naturwissenschaft.

11) Über die wissenschaftliche Berechtigung einer Begriffsschrift. Zeitschrift für Philosophie und philosophische Kritik LXXXI (1882) pp. 48–56. Neudruck in <46>, reprographischer Nachdruck in <47>.

1883

12) Über den Zweck der Begriffsschrift. Jenaische Zeitschrift für Naturwissenschaft XVI (1883) Supplement, pp. 1–10. Reprographischer Nachdruck in <47>.

Vortrag, gehalten in der Sitzung vom 27. Januar 1882 der Jenaischen Gesellschaft für Medizin und Naturwissenschaft.

1884

13) Die Grundlagen der Arithmetik. Eine logisch mathematische Untersuchung über den Begriff der Zahl. W. Koebner, Breslau, 1884. Inhalt, XI, 119 pp. Unveränderter Neudruck: M & H. Marcus, Breslau 1934. Unveränderter photomechanischer Nachdruck des Neudrucks: Wissenschaftliche Buchgesellschaft, Darmstadt, 1961 und G. Olms, Hildesheim, 1961. XXIII, 119 pp. 3. Nachdruck der Ausgabe von 1934, G. Olms, Hildesheim u.a., 1990. Neudruck in <54>, <55>, <56>

Trotz der Angabe „unveränderter photomechanischer Nachdruck" ist die Seitennumerierung der Einleitung in der Ausgabe von 1961 (und 1990) verändert worden.

14) Geometrie der Punktpaare in der Ebene. Jenaische Zeitschrift für Naturwissenschaft XVII (1884) Supplement, pp. 98–102. Neudruck in <49>.

Vortrag, gehalten in der Sitzung vom 2. November 1883 der Jenaischen Gesellschaft für Medizin und Naturwissenschaft.

1885

15) Rezension von H. Cohen: Das Prinzip der Infinitesimal-Methode und seine Geschichte. Berlin, 1883. Zeitschrift für Philosophie und philosophische Kritik LXXXVII (1885) pp. 324–329. Neudruck in <49>.

16) Erwiderung. Deutsche Literaturzeitung VI (1885) Nr. 28, Spalte 1030. Neudruck in <49>.

1886

17) Über formale Theorien der Arithmetik. Jenaische Zeitschrift für Naturwissenschaft XIX (1886) Supplement, pp. 94–104. Neudruck in <49>.

Vortrag, gehalten in der Sitzung vom 17. Juli 1885 der Jenaischen Gesellschaft für Medizin und Naturwissenschaft.

1891

18) Funktion und Begriff. Vortrag, gehalten in der Sitzung vom 9. Januar 1891 der Jenaischen Gesellschaft für Medizin und Naturwissenschaft. H. Pohle, Jena, 1891. II, 31 pp. Neudruck in <46>, <49>. Reprographischer Nachdruck in <61>.

19) Über das Trägheitsgesetz. Zeitschrift für Philosophie und philosophische Kritik XCVIII (1891) pp. 145–161. Neudruck in <49>.

In einer Anmerkung zum Titel heißt es: „Mit Bezug auf Dr. Ludwig Lange: Die geschichtliche Entwicklung des Bewegungsbegriffs und ihr voraussichtliches Endergebnis. Leipzig, W. Engelmann, 1886."

1892

20) Über Sinn und Bedeutung. Zeitschrift für Philosophie und philosophische Kritik C (1892) pp. 25–50. Neudruck in <46>, <49>.

21) Über Begriff und Gegenstand. Vierteljahrsschrift für wissenschaftliche Philosophie XVI (1892) pp. 192–205. Neudruck in <46>, <49>.

22) Rezension von Georg Cantor: Zur Lehre vom Transfiniten. Gesammelte Abhandlungen aus der Zeitschrift für Philosophie und Philosophische Kritik. Erste Abteilung. Halle a. S. 1890. Zeitschrift für Philosophie und philosophische Kritik C (1892) pp. 269–272. Neudruck in <49>.

1893

23) Grundgesetze der Arithmetik. Begriffsschriftlich abgeleitet. I. Band. H. Pohle, Jena, 1893. XXXII, 253 pp., Berichtigungen. Unveränderter reprographischer Nachdruck: Wissenschaftliche Buchgesellschaft, Darmstadt, 1962 und G. Olms, Hildesheim, 1962. Reprographischer Nachdruck in <60>.

1894

24) Rezension von Dr. E. G. Husserl: Philosophie der Arithmetik. Psychologische und logische Untersuchung. Erster Band. Leipzig, 1891. Zeitschrift für Philosophie und philosophische Kritik CIII (1894) pp. 313–332. Neudruck in <49>.

1895

25) Le nombre entier. Revue de Métaphysique et de Morale III (1895) pp. 73–78. Neudruck in <49>.

26) Kritische Beleuchtung einiger Punkte in E. Schröders Vorlesungen über die Algebra der Logik. Archiv für systematische Philosophie I (1895) pp. 433–456. Neudruck in <48>, <49>.

1896

27) Lettera del sig. G. Frege all'Editore. Revue de Mathématiques (Rivista di Matematica) VI (1896–1899) pp. 53–59. Neudruck in: Giuseppe Peano: Opere scelte, II. Cremonese, Roma, 1958, pp. 288–294; ferner in <49>, <52>.

Es handelt sich um einen deutschen Brief Freges an den Herausgeber der „Rivista", Giuseppe Peano, datiert: Jena, den 29. Sept. 1896.

1897

28) Über die Begriffsschrift des Herrn Peano und meine eigene. Berichte über die Verhandlungen der Königlich Sächsischen Gesellschaft der Wissenschaften zu Leipzig. Mathematisch-Physische Klasse XLVIII (1897) pp. 361–378. Neudruck in <49>.

Vortrag, gehalten in der außerordentlichen Sitzung vom 6. Juli 1896.

1899

29) Über die Zahlen des Herrn H. Schubert. H. Pohle, Jena, 1899. VI, 32 pp. Neudruck in <48>, <49>. Reprographischer Nachdruck in <61>.

1903

30) Grundgesetze der Arithmetik. Begriffsschriftlich abgeleitet. II. Band. H. Pohle, Jena, 1903. XV pp., Berichtigungen, 265 pp., Wörterverzeichnis. Unveränderter reprographischer Nachdruck: Wissenschaftliche Buchgesellschaft, Darmstadt, 1962 und G. Olms, Hildesheim, 1962. Reprographischer Nachdruck in <60>.

31) Über die Grundlagen der Geometrie. Jahresbericht der Deutschen Mathematiker-Vereinigung XII (1903) pp. 319–324. Neudruck in <49>.

32) Über die Grundlagen der Geometrie. II. Jahresbericht der Deutschen Mathematiker-Vereinigung XII (1903) pp. 368–375. Neudruck in <49>.

1904

33) Was ist eine Funktion? Festschrift Ludwig Boltzmann gewidmet zum sechzigsten Geburtstage, 20. Februar 1904. J. A. Barth, Leipzig, 1904, pp. 656–666. Neudruck in <46>, <49>.

1906

34) Über die Grundlagen der Geometrie. I. Jahresbericht der Deutschen Mathematiker-Vereinigung XV (1906) pp. 293–309. Neudruck in <49>.

35) Über die Grundlagen der Geometrie. (Fortsetzung.) II. Jahresbericht der Deutschen Mathematiker-Vereinigung XV (1906) pp. 377–403. Neudruck in <49>.

36) Über die Grundlagen der Geometrie. (Schluß.) III. Jahresbericht der Deutschen Mathematiker-Vereinigung XV (1906) pp. 423–430. Neudruck in <49>.

37) Antwort auf die Ferienplauderei des Herrn Thomae. Jahresbericht der Deutschen Mathematiker-Vereinigung XV (1906) pp. 586–590. Neudruck in <49>.

1908

38) Die Unmöglichkeit der Thomaeschen formalen Arithmetik aufs Neue nachgewiesen. Jahresbericht der Deutschen Mathematiker-Vereinigung XVII (1908) pp. 52–55. Neudruck in <49>.

39) Schlußbemerkung. Jahresbericht der Deutschen Mathematiker-Vereinigung XVII (1908) p. 56. Neudruck in <49>.

1912

40) Anmerkungen zu Philip E. B. Jourdain: The Development of the Theories of Mathematical Logic and the Principles of Mathematics: Gottlob Frege. The Quarterly Journal of Pure and Applied Mathematics XLIII (1912) pp. 237–269. Neudruck in <49>.

1918

41) Der Gedanke. Eine logische Untersuchung. Beiträge zur Philosophie des deutschen Idealismus I (1918/1919) pp. 58–77. Neudruck in <48>, <49>.

1919

42) Die Verneinung. Eine logische Untersuchung. Beiträge zur Philosophie des deutschen Idealismus I (1918/1919) pp. 143–157. Neudruck in <48>, <49>.

1923

43) Logische Untersuchungen. Dritter Teil: Gedankengefüge. Beiträge zur Philosophie des deutschen Idealismus III (1923–26), Heft 1 (1923) pp. 36–51. Neudruck in <48>, <49>.

1940

44) Ein unbekannter Brief von Gottlob Frege über Hilberts erste Vorlesung über die Grundlagen der Geometrie. Aus dem Nachlaß von Heinrich Liebmann herausgegeben von Max Steck. Sitzungsberichte der Heidelberger Akademie der Wissenschaften. Mathematisch-naturwissenschaftliche Klasse, Jahrgang 1940. 6. Abhandlung. Kommissionsverlag der Weiß'schen Universitätsbuchhandlung Heidelberg, Heidelberg, 1940. 8 pp. Neudruck in <49> und (ohne die Anmerkungen Stecks) in <52>, <53>.

1941

45) Unbekannte Briefe Frege's über die Grundlagen der Geometrie und Antwortbrief Hilbert's an Frege. Aus dem Nachlaß von Heinrich Liebmann herausgegeben und mit Anmerkungen versehen von Max Steck. Sitzungsberichte der Heidelberger Akademie der Wissenschaften, Mathematisch-naturwissenschaftliche Klasse, Jahrgang 1941. 2. Abhandlung. Kommissionsverlag der Weiß'schen Universitätsbuchhandlung Heidelberg, Heidelberg, 1941. 31 pp. Neudruck in <49> und (ohne die Anmerkungen Stecks) in <52>, <53>.

1962

46) Funktion, Begriff, Bedeutung. Fünf logische Studien. Herausgegeben und eingeleitet von Günther Patzig. Vandenhoeck & Ruprecht, Göttingen, 1962. 101 pp. 7. Auflage 1994. 107 pp.
Enthält Neudrucke von <11>, <18>, <20>, <21> und <33>.

1964

47) Begriffsschrift und andere Aufsätze. 2. Auflage. Mit E. Husserls und H. Scholz' Anmerkungen herausgegeben von Ignacio Angelelli. Wissenschaftliche Buchgesellschaft, Darmstadt, 1964 und G. Olms, Hildesheim, 1964. XVI, 124 pp. 4. Nachdruckauflage, G. Olms, Hildesheim u.a., 1993.

Enthält mit Verbesserungen versehene reprographische Nachdrucke von <7>, <8>, <10>, <11> und <12>.

1966

48) Logische Untersuchungen. Herausgegeben und eingeleitet von Günther Patzig. Vandenhoeck & Ruprecht, Göttingen, 1966. 142 pp. 4., durchgesehene und bibliographisch ergänzte Auflage 1993. 146 pp.

Enthält Neudrucke von <26>, <29>, <41>, <42>, <43>.

1967

49) Kleine Schriften. Herausgegeben von Ignacio Angelelli. Wissenschaftliche Buchgesellschaft, Darmstadt, 1967 und G. Olms, Hildesheim, 1967. VIII, 434 pp. 2. Auflage, mit Nachbemerkungen, G. Olms, Hildesheim u.a., 1990. VIII, 438 pp.

Enthält Neudrucke der Schriften <1> – <6>, <9>, <14> – <22>, <24> – <29>, <31> – <45>; ferner: deutsche Übersetzung von <25> von M. und K. Held.

1969

50) Nachgelassene Schriften. Unter Mitwirkung von Gottfried Gabriel und Walburga Rödding bearbeitet, eingeleitet und mit Anmerkungen versehen von Hans Hermes, Friedrich Kambartel, Friedrich Kaulbach. Felix Meiner Verlag, Hamburg, 1969. XLI, 322 pp. Zweite, revidierte Auflage, erweitert um einen Anhang: Nachschrift einer Vorlesung und Protokolle mathematischer Vorträge Freges, eingeleitet von Lothar Kreiser unter Mitwirkung von Günter Grosche, 1983. XLI, 388 pp.

1973

51) Schriften zur Logik. Aus dem Nachlaß. Mit einer Einleitung von Lothar Kreiser. Akademie-Verlag, Berlin, 1973. LIV, 310 pp.

Enthält Neudrucke von Teilen von <50>.

1976

52) Wissenschaftlicher Briefwechsel. Herausgegeben, bearbeitet, eingeleitet und mit Anmerkungen versehen von Gottfried Gabriel, Hans Hermes, Friedrich Kambartel, Christian Thiel, Albert Veraart. Felix Meiner Verlag, Hamburg, 1976. XXVI, 310 pp.

1980

53) Briefwechsel mit D. Hilbert, E. Husserl, B. Russell sowie ausgewählte Einzelbriefe. Mit Einleitungen, Anmerkungen und Register herausgegeben von Gottfried Gabriel, Friedrich Kambartel und Christian Thiel. Felix Meiner Verlag, Hamburg, 1980. IX, 134 pp.

Photomechanisch verkleinerter Nachdruck von Teilen von <52>.

1986

54) Die Grundlagen der Arithmetik. Eine logisch mathematische Untersuchung über den Begriff der Zahl. Centenarausgabe. Mit ergänzenden Texten kritisch herausgegeben von Christian Thiel. Felix Meiner Verlag, Hamburg, 1986. LXIV, 187 pp.

Mit Namenregister.

1987

55) Die Grundlagen der Arithmetik. Eine logisch mathematische Untersuchung über den Begriff der Zahl. Mit einem Nachwort herausgegeben von Joachim Schulte. Philipp Reclam jun., Stuttgart, 1987. 160 pp.

Mit Namen- und Sachregister.

1988

56) Die Grundlagen der Arithmetik. Eine logisch mathematische Untersuchung über den Begriff der Zahl. Auf der Grundlage der Centenarausgabe herausgegeben von Christian Thiel. Felix Meiner Verlag, Hamburg, 1988, XXIV, 144 pp.

Text der „Grundlagen" und Anmerkungen des Herausgebers als photomechanisch verkleinerter Nachdruck der entsprechenden Teile der Centenarausgabe <54>. Mit Namenregister.

1989

57) Briefe an Ludwig Wittgenstein. Herausgegeben von Allan Janik, mit einem Kommentar versehen von Christian Paul Berger. Grazer Philosophische Studien XXXIII/XXXIV (1989) pp. 5–33.

1994

58) Politisches Tagebuch. Mit Einleitung und Kommentar herausgegeben von Gottfried Gabriel und Wolfgang Kienzler. Deutsche Zeitschrift für Philosophie XLII (1994) pp. 1057–1098.

1996

59) Vorlesungen über Begriffsschrift. Nach der Mitschrift von Rudolf Carnap. Unter Mitwirkung von Christopher von Bülow und Brigitte Uhlemann mit Einleitung und Anmerkungen herausgegeben von Gottfried Gabriel. History and Philosophy of Logic XVII (1996) pp. III–XVI, 1–48.

1998

60) Grundgesetze der Arithmetik I/II. G. Olms, Hildesheim u.a., 1998.
Reprographischer Nachdruck von <23> und <30> in einem Band, mit einer Liste der Corrigenda von Christian Thiel.

1999

61) Zwei Schriften zur Arithmetik. Herausgegeben von Wolfgang Kienzler. G. Olms, Hildesheim u.a., 1999. 97 pp.
Enthält reprographische Nachdrucke von <18> und <29>.

2000

62) Vorschläge für ein Wahlgesetz. Mit einer Einleitung versehen und herausgegeben von Uwe Dathe und Wolfgang Kienzler; in: Gottfried Gabriel / Uwe Dathe (Hg.): Gottlob Frege. Werk und Wirkung. mentis Verlag, Paderborn, 2000, pp. 283–313.

Schriften über Frege

1879

1) Lasswitz, Kurd: Rezension von <7>. Jenaer Literaturzeitung VI (1879) pp. 248–249.

1881

2) Schröder, Ernst: Rezension von <7>. Zeitschrift für Mathematik und Physik XXV (1881) pp. 81–94.

1895

3) Peano, Giuseppe: Rezension von <23>. Rivista di Matematica V (1895) pp. 122–128.

1906

4) Thomae, J. K.: Gedankenlose Denker. Eine Ferienplauderei. Jahresbericht der Deutschen Mathematiker-Vereinigung XV (1906) pp. 434–438.

1932

5) Papst, Wilma: Gottlob Frege als Philosoph. Philosophische Dissertation, Berlin, 1932. 51 pp.

1936

6) Scholz, Heinrich und Friedrich Bachmann: Der wissenschaftliche Nachlaß von Gottlob Frege. Actes du Congrès International de Philosophie Scientifique, Paris 1935, VIII: Histoire de la Logique et de la Philosophie Scientifique. Actualités Scientifiques et Industrielles 395. Paris, 1936, pp. 24–30.

1942

7) Krenz, Editha: Der Zahlbegriff bei Frege. Dissertation, Wien, 1942. 116 pp.

1946

8) Linke, Paul F.: Gottlob Frege als Philosoph. Zeitschrift für philosophische Forschung I (1946/47) pp. 75–99.

1951

9) Bierich, Marcus: Freges Lehre von dem Sinn und der Bedeutung der Urteile und Russells Kritik an dieser Lehre. Dissertation, Hamburg, 1951. 95 pp.

10) Church, Alonzo: A Formulation of the Logic of Sense and Denotation; in: P. Henle, H. M. Kallen und S. K. Langer (Hg.): Structure, Method, and Meaning. Essays in Honor of Henry M. Sheffer. New York, 1951, pp. 3–24.

1954

11) Mortan, Günter: Gottlob Freges philosophische Bedeutung. Philosophische Dissertation, Jena, 1954. 135 pp.

1958

12) Føllesdal, Dagfinn: Husserl und Frege. Ein Beitrag zur Beleuchtung der Entstehung der phänomenologischen Philosophie. Oslo, 1958. 60 pp.

1961

13) Bartlett, James Michael: Funktion und Gegenstand. Eine Untersuchung in der Logik von Gottlob Frege. Philosophische Dissertation, München, 1961. 92 pp.

14) Geach, Peter T.: Frege; in: G. E. M. Anscombe und P. T. Geach: Three Philosophers. Oxford, 1961. Nachdruck 1963, pp. 127–162.

15) Hermes, Hans: Gottlob Frege; in: Neue Deutsche Biographie, Bd. V. Berlin, 1961, pp. 390–392.

16) Levison, Arnold B.: Frege on Proof. Philosophy and Phenomenological Research XXII (1961/62) pp. 40–49.

17) Scholz, Heinrich: Gottlob Frege; in: Heinrich Scholz: Mathesis Universalis. Abhandlungen zur Philosophie als strenger Wissenschaft, herausgegeben von Hans Hermes, Friedrich Kambartel und Joachim Ritter. Basel, Stuttgart, 1961. 2. Auflage 1969, pp. 268–278.

1962

18) Kneale, William: Frege's General Logic; in: W. Kneale und M. Kneale: The Development of Logic. Oxford, 1962, pp. 478–512.

1963

19) Egidi, Rosaria: Ontologia e conoscenza matematica. Un saggio su Gottlob Frege. Publicazioni dell' Istituto di Filosofia dell'università di Roma X. Florenz, 1963. 274 pp.

20) Resnik, M. D.: Frege's Methodology. Ph. D. thesis, Harvard University, 1963.

1964

21) Birjukov, Boris V.: Two Soviet Studies on Frege. Übersetzt und herausgegeben von Ignacio Angelelli. Dordrecht, 1964. XXII, 101 pp.

1965

22) Thiel, Christian: Sinn und Bedeutung in der Logik Gottlob Freges. Monographien zur philosophischen Forschung, begründet von Georgi Schischkoff, Bd. 43. Meisenheim am Glan, 1965. VIII, 171 pp. Englische Übersetzung von T. J. Blakeley: Dordrecht, 1968. IX, 172 pp.

23) Walker, Jeremy D. B.: A Study of Frege. Ithaca und Oxford, 1965. XIV, 201 pp.

1966

24) Sternfeld, Robert: Frege's Logical Theory. Carbondale und Edwardsville, 1966. XIII, 200 pp.

1967

25) Angelelli, Ignacio: Studies on Gottlob Frege and Traditional Philosophy. Dordrecht, 1967. XVI, 291 pp.

26) Dummett, Michael: Gottlob Frege; in: Paul Edwards (Hg.): The Encyclopedia of Philosophy. New York, London, 1967, Bd. III, pp. 225–237.

27) Kutschera, Franz von: Freges Definitionslehre; in: F. von Kutschera: Elementare Logik. Wien, New York, 1967, pp. 354–378.

28) Resnik, Michael David: The Context Principle in Frege's Philosophy. Philosophy and Phenomenological Research XXVII (1967) pp. 356–365.

29) Thiel, Christian: Entitätentafeln; in: Tradition und Kritik. Festschrift für Rudolf Zocher zum 80. Geburtstag. Herausgegeben von Wilhelm Arnold und Hermann Zeltner. Stuttgart – Bad Cannstatt, 1967, pp. 263–282.

1968

30) Klemke, E. D. (Hg.): Essays on Frege. Urbana, Chicago und London, 1968. XIV, 586 pp.

Enthält 31 Aufsätze (2 Originalbeiträge) aus den Jahren 1938–1964.

31) Aschenbrenner, Karl: Implications of Frege's Philosophy of

Language for Literature. The British Journal of Aesthetics VIII (1968) pp. 319–334.

1969

32) Grossmann, Reinhardt: Reflections on Frege's Philosophy. Evanston, 1969. XVI, 261 pp.

1970

33) Largeault, Jean: Logique et philosophie chez Frege. Paris, Louvain, 1970. XXVII, 486 pp.
34) Gabriel, Gottfried: G. Frege über semantische Eigenschaften der Dichtung. Linguistische Berichte, Heft 8 (1970) pp. 10–17.
35) Patzig, Günther: Gottlob Frege und die logische Analyse der Sprache; in: ders.: Sprache und Logik. Göttingen, 1970. 2., durchgesehene und erweiterte Auflage 1981, pp. 77–100.

1972

36) Thiel, Christian: Gottlob Frege: Die Abstraktion; in: Josef Speck (Hg.): Grundprobleme der großen Philosophen. Philosophie der Gegenwart I. Göttingen, 1972, pp. 9–44.

1973

37) Dummett, Michael: Frege. Philosophy of Language. London, 1973. XXV, 698 pp. 2. Auflage 1981. XXX, 708 pp.
38) Hoche, Hans-Ulrich: Kritische Bemerkungen zu Freges Bedeutungslehre. Zeitschrift für philosophische Forschung XXVII (1973) pp. 205–221.

1975

39) Fabian, Reinhard: Sinn und Bedeutung von Namen und Sätzen. Eine Untersuchung zur Semantik Gottlob Freges. Dissertation der Universität Graz. Wien, 1975. XI, 181 pp.
40) Frege und die moderne Grundlagenforschung. Symposium, gehalten in Bad Homburg im Dezember 1973. Herausgegeben von Christian Thiel. Meisenheim am Glan, 1975 (= Studien zur Wissenschaftstheorie. Herausgegeben von A. Diemer. Band 9). VIII, 168 pp.
Enthält 12 Aufsätze zu Frege.

1976

41) Studien zu Frege. Studies on Frege. 3 Bände. Herausgegeben von Matthias Schirn. Stuttgart – Bad Cannstatt, 1976. Zus. 828 pp.
Enthält 36 Aufsätze (vornehmlich Originalbeiträge).

42) Prauss, Gerold: Freges Beitrag zur Erkenntnistheorie. Überlegungen zu seinem Aufsatz „Der Gedanke". Allgemeine Zeitschrift für Philosophie I (1976), Heft 1, pp. 34–61.

1977

43) Van Heijenoort, Jean: Sense in Frege. Journal of Philosophical Logic VI (1977) pp. 93–102.

44) Van Heijenoort, Jean: Frege on Sense Identity. Journal of Philosophical Logic VI (1977) pp. 103–108.

45) Welding, Steen O.: Schwierigkeiten in Freges Grundlagen der Logik. Kant-Studien LXVIII (1977) pp. 420-445.

1978

46) Strauss, Michael: Über Russells Kritik an Freges Unterscheidung zwischen Sinn und Bedeutung. Zeitschrift für allgemeine Wissenschaftstheorie IX (1978) pp. 106–111.

1979

47) Bell, David: Frege's Theory of Judgment. Oxford, 1979. XII, 195 pp.

48) Burge, Tyler: Sinning Against Frege. The Philosophical Review LXXXVIII (1979) pp. 398–432.

49) Revue Internationale de Philosophie XXXIII (1979), Heft 130.
Enthält u.a. 8 Aufsätze zu Frege.

50) Kitcher, Philip: Frege's Epistemology. The Philosophical Review LXXXVIII (1979) pp. 235–262.

51) Kreiser, Lothar/Metzler, Helmut: 100 Jahre „Begriffsschrift" Gottlob Freges. Deutsche Zeitschrift für Philosophie XXVII (1979) pp. 571–586.

52) Resnik, Michael D.: Frege as Idealist and then Realist. Inquiry XXII (1979) pp. 350–357.

1980

53) Kluge, Eike-Henner W.: The Metaphysics of Gottlob Frege. An Essay in Ontological Reconstruction. The Hague, 1980. 296 pp.

54) Resnik, Michael D.: Frege and the Philosophy of Mathematics. Ithaca und London, 1980. 244 pp.
55) Sluga, Hans D.: Gottlob Frege. London, 1980, XI. 203 pp.
56) Burge, Tyler: The Content of Propositional Attitudes. Nous XIV (1980) pp. 53–58.
57) Geach, Peter: Some Problems About the Sense and Reference of Proper Names. Canadian Journal of Philosophy VI (1980) pp. 83–96.
58) Kluge, Eike-Henner W.: Frege, Leibniz and the Notion of an Ideal Language. Studia Leibnitiana XII (1980) pp. 140-154.
59) Kluge, Eike-Henner W.: Bolzano and Frege: Some Conceptual Parallels. Grazer Philosophische Studien X (1980) pp. 21–41.

1981

60) Dummett, Michael: The Interpretation of Frege's Philosophy. Cambridge, 1981. XVIII, 621 pp.
61) Picardi, Eva: Assertibility and Truth. A Study of Fregean Themes. Bologna, 1981. X, 279 pp.
62) Dummett, Michael: Frege's ‚Kernsätze zur Logik'. Inquiry XXIV (1981) pp. 439–448.
63) Midwest Studies in Philosophy VI (1981): The Foundations of Analytic Philosophy. Herausgegeben von P. A. French, Th. E. Uehling, jr. und H. Y. Wettstein.
Enthält u. a. 6 Aufsätze zu Frege.
64) Patzig, Günther: Gottlob Frege; in: Otfried Höffe (Hg.): Klassiker der Philosophie II. München, 1981, pp. 252–273.

1982

65) Carl, Wolfgang: Sinn und Bedeutung. Studien zu Frege und Wittgenstein. Königstein/Taunus, 1982. 250 pp.
66) Currie, Gregory: Frege: An Introduction to His Philosophy. Sussex und New Jersey, 1982. XI, 212 pp.
67) Mohanty, J. N.: Husserl and Frege. Bloomington, 1982. 147 pp.
68) Angelelli, I.: Frege's Notion of ‚Bedeutung'; in: L. Jonathan Cohen/Jerzy Los/Helmut Pfeiffer/Klaus-Peter Podewski (Hg.): Logic, Methodology and Philosophy of Science, VI. Amsterdam, 1982, pp. 735–753.
69) Bouveresse, Jacques: Frege, Logic, and the Theory of Knowledge. The Monist LXV (1982) pp. 52–67.
70) Dummett, Michael: Freges Unterscheidung zwischen Sinn und

Bedeutung; in: Michael Dummett: Wahrheit. Fünf philosophische Aufsätze. Übersetzt und herausgegeben von Joachim Schulte. Stuttgart, 1982, pp. 47–93.

71) Mendelsohn, Richard L.: Frege's „Begriffsschrift" Theory of Identity. Journal of the History of Philosophy XX (1982), pp. 279–299.

72) Parsons, Terence: Fregean Theories of Fictional Objects. Topoi I–II (1982) pp. 81–87.

73) Parsons, Terence: What do Quotation Marks Name? Frege's Theories of Quotations and That-Clauses. Philosophical Studies XLII (1982) pp. 315–328.

74) Thiel, Christian: From Leibniz to Frege: Mathematical Logic Between 1679 and 1879; in: L. Jonathan Cohen/Jerzy Los/Helmut Pfeiffer/Klaus-Peter Podewski (Hg.): Logic, Methodology and Philosophy of Science. Amsterdam, 1982, pp. 755–770.

75) Thiel, Christian: Frege und die Widerspenstigkeit der Sprache. Zeitschrift für Phonetik, Sprachwissenschaft und Kommunikationsforschung XXXV (1982) pp. 620-626.

1983

76) Schüler, Wolfgang: Grundlegung der Mathematik in transzendentaler Kritik. Frege und Hilbert. Hamburg, 1983. XV, 192 pp.

77) Wright, Crispin: Frege's Conception of Numbers as Objects. Aberdeen, 1983 (= Scots Philosophical Monographs, herausgegeben von Andrew Brennan und William Lyons). XXI, 193 pp.

78) Holenstein, Elmar: Die Bedeutung von ‚Bedeutung' bei Frege: Ein philologischer Essay. Conceptus XVII (1983) pp. 65–74.

79) Schirn, Matthias: Begriff und Begriffsumfang. Zu Freges Anzahldefinition in den „Grundlagen der Arithmetik". History and Philosophy of Logic IV (1983) pp. 117–143.

1984

80) Baker, Gordon P./ Hacker, Peter M.S.: Frege: Logical Excavations. Oxford, 1984. XVII, 406 pp.

81) Wright, Crispin (Hg.): Frege: Tradition and Influence. Oxford, 1984. 254 pp.
Enthält 14 Aufsätze zu Frege.

82) Hintikka, Jaakko: A Hundred Years Later: The Rise and Fall of

Frege's Influence in Language Theory. Synthese LIX (1984) pp. 27–49.
83) Notturno, Mark A.: Frege's Justificationism: Truth and the Recognition of Authority. Metaphilosophy XV (1984), pp. 210–224.
84) Sluga, Hans D.: Frege: The Early Years; in: Richard Rorty und andere (Hg.): Philosophy in History. Essays on the Historiography of Philosophy. Cambridge u. a., 1984, pp. 329–356.

1985

85) Haaparanta, Leila: Frege's Doctrine of Being. The Philosophical Society of Finland, Helsinki 1985 (= Acta Philosophica Fennica, Bd. 39). 182 pp.
86) Notturno, Mark A.: Objectivity, Rationality, and the Third Realm: Justification and the Grounds of Psychologism. A Study of Frege and Popper. Dordrecht, 1985. XV, 251 pp.
87) Boolos, George: Reading the „Begriffsschrift". Mind XCIV (1985) pp. 331–344.
88) Currie, Gregory: The Analysis of Thoughts. Australasian Journal of Philosophy LXIII (1985) pp. 283–298.
89) Haaparanta, Leila: Frege's Context Principle; in: Jaakko Hintikka/Fernand Vandamme (Hg.): Logic of Discovery and Logic of Discourse. New York, 1985, pp. 83–96.
90) Rein, Andrew: Frege and Natural Language. Philosophy LX (1985) pp. 513–524.
91) Schirn, Matthias: Semantische Vollständigkeit, Wertverlaufsnamen und Freges Kontextprinzip. Grazer Philosophische Studien XXIII (1985) pp. 79–104.

1986

92) Salmon, Nathan: Frege's Puzzle. Cambridge (Mass.) und London, 1986. XI, 194 pp.
93) Haaparanta, Leila/Hintikka, Jaakko (Hg.): Frege Synthesized: Essays on the Philosophical and Foundational Work of Gottlob Frege. Dordrecht, 1986. VI, 395 pp.
Enthält 13 Aufsätze zu Frege.
94) Gabriel, Gottfried: Frege als Neukantianer. Kant-Studien LXXVII (1986) pp. 84–101.
95) Haaparanta, Leila: On Frege's Concept of Being; in: Simo Knuuttila/Jaakko Hintikka (Hg.): The Logic of Being. Dordrecht, 1986, pp. 269–290.

96) Parsons, Terence: Why Frege Should Not Have Said „The Concept ‚Horse' Is Not a Concept". History of Philosophy Quarterly III (1986) pp. 449–465.

97) Wettstein, Howard: Has Semantics Rested on a Mistake? The Journal of Philosophy LXXXIII (1986) pp. 185–209.

1987

98) Notre Dame Journal of Formal Logic XXVIII (1987) pp. 1–168.

Sonderheft zu Freges philosophischer und mathematischer Logik. Enthält 11 Aufsätze.

99) Fuhrmann, André: Fregean Sense Overlap. Philosophical Quarterly XXXVII (1987) pp. 412–420.

100) McIntyre, Ronald: Husserl and Frege. The Journal of Philosophy LXXXIV (1987) pp. 528–535.

101) Mendonça, Wilson J. P./Stekeler-Weithofer, Pirmin: Frege – ein Platonist? Ratio XXIX (1987) pp. 157–169.

102) Simons, Peter M.: Frege's Theory of Real Numbers. History and Philosophy of Logic VIII (1987) pp. 25–44.

1988

103) Dummett, Michael: Ursprünge der analytischen Philosophie. Übersetzt von Joachim Schulte. Frankfurt am Main, 1988. 180 pp.

104) Tichý, Pavel: The Foundations of Frege's Logic. Berlin, 1988. XVI, 303 pp.

105) Becker, Wolfgang: Die Mitteilbarkeit von Gedanken: Zu Selbstbewußtsein und Intersubjektivität bei Frege. Zeitschrift für philosophische Forschung XLII (1988) pp. 274–286.

106) Pierris, Graciela de: Frege and Kant on A Priori Knowledge. Synthese LXXVII (1988) pp. 285–319.

1989

107) Kutschera, Franz von: Gottlob Frege. Eine Einführung in sein Werk. Berlin, 1989. X, 207 pp.

108) Lichtenberg, Hans-Georg: Urteil und Anzahl. Untersuchungen zu Gottlob Freges philosophischen Bemühungen um eine Begründung der Arithmetik aus der Logik. Frankfurt am Main u. a., 1989. XIX, 425 pp.

109) Mayer, Verena E.: Der Wert der Gedanken. Die Bedeutungstheorie in der philosophischen Logik Gottlob Freges. Frankfurt am Main u. a., 1989. 148 pp.

110) Gabriel, Gottfried: Lotze und die Entstehung der modernen Logik bei Frege; in: Rudolf Hermann Lotze: Logik. Erstes Buch. Vom Denken. Herausgegeben von G. Gabriel. Hamburg, 1989, pp. XI–XLIII.

111) Gabriel, Gottfried: Objektivität. Logik und Erkenntnistheorie bei Lotze und Frege; in: Rudolf Hermann Lotze: Logik. Drittes Buch. Vom Erkennen. Herausgegeben von G. Gabriel. Hamburg, 1989, pp. IX–XXXIV.

112) Kaschmieder, Hartfried: Beurteilbarer Inhalt und Gedanke in der Philosophie Gottlob Freges. Hildesheim u.a., 1989. XII, 96 pp.

1990

113) Weiner, Joan C.: Frege in Perspective. Ithaca/London, 1990. XVII, 307 pp.

1991

114) Dummett, Michael: Frege and Other Philosophers. Oxford, 1991. XIV, 330 pp.
Enthält 15 frühere Aufsätze.

1992

115) Dathe, Uwe: Frege in Jena. Eine Untersuchung von Gottlob Freges Jenaer Mikroklima zwischen 1869 und 1918. Dissertation, Leipzig, 1992.

1993

116) Sluga, Hans D. (Hg.): The Philosophy of Frege. A Four-Volume Collection of Scholarly Articles on All Aspects of Frege's Philosophy. New York/London, 1993.
Enthält photomechanische Nachdrucke der wichtigsten englischsprachigen Aufsätze zu Frege bis etwa 1986, gegliedert nach den folgenden Themen: General Assessments and Historical Accounts (Band 1. XIII, 394 pp.), Logic and Foundations of Mathematics (Band 2. XIII, 403 pp.), Meaning and Ontology (Band 3. XIII, 402 pp.), Sense and Reference (Band 4. XIII, 367 pp.).

117) Stelzner, Werner (Hg.): Philosophie und Logik. Frege-Kolloquien Jena 1989/1991. Berlin/New York 1993. XI, 422 pp.
Enthält 42 Beiträge, größtenteils zu Frege.

1994

118) Carl, Wolfgang: Frege's Theory of Sense and Reference. Its Origins and Scope. Cambridge 1994. VIII, 220 pp.

1995

119) Demopoulos, William (Hg.): Frege's Philosophy of Mathematics. Cambridge, Mass./London, 1995. XI, 464 pp.
Enthält 18 Aufsätze zu Frege.

120) Kenny, Anthony: Frege. An Introduction to the Founder of Modern Analytic Philosophy. London u. a., 1995. XI, 223 pp. Nachdruck Oxford, 2000.

121) Max, Ingolf / Stelzner, Werner (Hg.): Logik und Mathematik. Frege-Kolloquium Jena 1993. Berlin/New York, 1995. XI, 553 pp.
Enthält 46 Beiträge, größtenteils zu Frege.

122) Stuhlmann-Laeisz, Rainer: Gottlob Freges 'Logische Untersuchungen'. Darstellung und Interpretation. Darmstadt, 1995. IX, 209 pp.

1996

123) Bar-Elli, Gilead: The Sense of Reference. Intentionality in Frege. Berlin/New York, 1996. XXV, 251 pp.

124) Beaney, Michael: Frege. Making Sense. London, 1996. IX, 358 pp.

125) Janßen, Bernhard: „Kants wahre Meinung". Freges realistischer Objektivismus und seine Kritik am erkenntnistheoretischen Idealismus. Münster, 1996. 210 pp.

126) Mayer, Verena: Gottlob Frege. München, 1996. 176 pp.

127) Schirn, Matthias (Hg.): Frege: Importance and Legacy. Berlin/New York, 1996. IX, 466 pp.
Enthält 17 Aufsätze zu Frege.

128) Stelzner, Werner: Gottlob Frege. Jena und die Geburt der modernen Logik. Ohne Ort [Jena], 1996. 95 pp.

1997

129) Bermes, Christian: Philosophie der Bedeutung. Bedeutung als Bestimmung und Bestimmbarkeit. Eine Studie zu Frege, Husserl, Cassirer und Hönigswald. Würzburg, 1997. VIII, 241 pp.

130) Gabriel, Gottfried/Kienzler, Wolfgang (Hg.): Frege in Jena. Beiträge zur Spurensicherung. Würzburg, 1997. 161 pp.
Enthält 12 Aufsätze zu Frege und eine kommentierte Bibliographie zu „Freges Jenaer Umfeld".

131) Kleemeier, Ulrike: Gottlob Frege. Kontext-Prinzip und Ontologie. Freiburg, 1997. 359 pp.

1998

132) Falkenberg, Gabriel: Sinn, Bedeutung, Intensionalität. Der Fregesche Weg. Tübingen, 1998. XI, 159 pp.
133) Stepanians, Markus S.: Frege und Husserl über Urteilen und Denken. Paderborn u.a., 1998. 364 pp.

1999

134) Weiner, Joan: Frege. Oxford u.a., 1999. VIII, 149 pp.

NACHTRAG ZUR BIBLIOGRAPHIE

Ergänzungen zur Bibliographie der Schriften Freges
(Fortsetzung von S. 196)

2002

63) Funktion – Begriff – Bedeutung. Herausgegeben von Mark Textor. Vandenhoeck & Ruprecht, Göttingen, 2002. XLVI, 96 pp. 2. Auflage 2007.

Enthält Neudrucke von <11>, <18>, <20>, <21> und <33>. Vgl. <46> und <64>.

2008

64) Funktion, Begriff, Bedeutung. Fünf logische Studien. Herausgegeben von Günther Patzig. Vandenhoeck & Ruprecht, Göttingen, 2008. XX, 84 pp.

Neuausgabe von <46>.

2009

65) Grundgesetze der Arithmetik. Begriffsschriftlich abgeleitet. Band I und II. In moderne Formelnotation transkribiert und mit einem ausführlichen Sachregister versehen von Thomas Müller, Bernhard Schröder und Rainer Stuhlmann-Laeisz. mentis, Paderborn 2009. XI, 583 pp.

2010

66) Logik in der Mathematik. Nach der Mitschrift von Rudolf Carnap. Unter Mitwirkung von Christopher von Bülow und Brigitte Parakenings herausgegeben von Gottfried Gabriel; in: Stefan Tolksdorf / Holm Tetens (Hg.): In Sprachspiele verstrickt – oder: Wie man der Fliege den Ausweg zeigt. Verflechtungen von Wissen und Können. De Gruyter, Berlin / New York, 2010, pp. 467–491.

2018

67) Begriffsschrift, eine der arithmetischen nachgebildete Formelsprache des reinen Denkens; in: Matthias Wille: Gottlob Frege. Begriffsschrift, eine der arithmetischen nachgebildete Formelsprache des reinen Denkens. Springer Verlag, Berlin/Heidelberg, 2018, pp. 199–303.

Reprographischer Nachdruck von <7> mit textkritischen Anmerkungen.

2019

68) Über Sinn und Bedeutung. Herausgegeben von Uwe Voigt. Reclam, Stuttgart, 2019. 80 pp.
Neudruck von <20> mit ausführlichem Kommentar.

Ergänzungen zur Bibliographie der Schriften über Frege (Fortsetzung von S. 208)

2000

135) Gabriel, Gottfried / Dathe, Uwe (Hg.): Gottlob Frege. Werk und Wirkung. Paderborn, 2000. 313 pp.
Enthält u. a. 16 Aufsätze zu Frege.

136) Hill, Claire Ortiz / Rosado Haddock, Guillermo E.: Husserl or Frege? Meaning, Objectivity, and Mathematics. Chicago / La Salle, IL, 2000. 315 pp.
Enthält 15 Aufsätze u. a. zu Frege.

2001

137) Kreiser, Lothar: Gottlob Frege. Leben – Werk – Zeit. Hamburg, 2001. 658 pp.

138) Mras, Gabriele: Wahrheit, Gedanke, Subjekt. Ein Essay zu Frege. Wien, 2001. 182 pp.

139) Newen, Albert / Nortmann, Ulrich / Stuhlmann-Laeisz, Rainer (Hg.): Building on Frege. New Essays on Sense, Content, and Concept. Stanford, 2001. XXIV, 351 pp.
Enthält 17 Aufsätze vornehmlich zu Frege.

140) Noonan, Harold W.: Frege. A Critical Introduction. Cambridge UK, 2001. VIII, 244 pp.

141) Stepanians, Markus S.: Gottlob Frege zur Einführung. Hamburg, 2001. 191 pp.

2002

142) Klement, Kevin C.: Frege and the Logic of Sense and Reference. London / New York, 2002. XIII, 260 pp.

143) Reck, Erich H. (Hg.): From Frege to Wittgenstein. Perspectives on Early Analytic Philosophy. Oxford, 2002. XV, 470 pp.
Enthält u. a. 9 Aufsätze zu Frege.

2003

144) Greimann, Dirk: Freges Konzeption der Wahrheit. Hildesheim / Zürich / New York, 2003. 305 pp.

145) Greimann, Dirk (Hg.): Das Wahre und das Falsche. Studien zu Freges Auffassung von Wahrheit. Hildesheim / Zürich / New York, 2003. VIII, 312 pp.
Enthält 15 Aufsätze zu Frege.

2004

146) Lotter, Dorothea: Logik und Vernunft. Freges Rationalismus im Kontext seiner Zeit. Freiburg / München, 2004. 312 pp.

147) Pardey, Ulrich: Freges Kritik an der Korrespondenztheorie der Wahrheit. Eine Verteidigung gegen die Einwände von Dummett, Künne, Soames und Stuhlmann-Laeisz. Paderborn, 2004. 156 pp.

148) Weiner, Joan: Frege Explained. From Arithmetic to Analytic Philosophy. Chicago / La Salle, IL, 2004. XIV, 179 pp.

2005

149) Beaney, Michael / Reck, Erich H. (Hg.): Gottlob Frege. Critical Assessments of Leading Philosophers, 4 Bde. London / New York 2005.
Enthält insgesamt 67 Aufsätze zu Frege, gegliedert nach den folgenden Themen: Frege's Philosophy in Context (Band 1. XXV, 424 pp.), Frege's Philosophy of Logic (Band 2. VIII, 417 pp.), Frege's Philosophy of Mathematics (Band 3. VIII, 407 pp.), Frege's Philosophy of Thought and Language (Band 4. VIII, 413 pp.).

150) Burge, Tyler: Truth, Thought, Reason. Essays on Frege. Oxford, 2005. XII, 419 pp.
Enthält 10 Aufsätze zu Frege.

151) Burgess, John P.: Fixing Frege. Princeton / Oxford, 2005. 257 pp.

152) Held, Carsten: Frege und das Grundproblem der Semantik. Paderborn, 2005. 430 pp.

153) Macbeth, Danielle: Frege's Logic. Cambridge MA / London, 2005. X, 206 pp.

154) Mendelsohn, Richard L.: The Philosophy of Gottlob Frege. Cambridge UK, 2005. XIX, 246 pp.

2006

155) Rosado Haddock, Guillermo E.: A Critical Introduction to the Philosophy of Gottlob Frege. Aldershot / Burlington, 2006. X, 157 pp.

2007

156) Horty, John: Frege on Definitions. A Case Study of Semantic Content. Oxford, 2007. IX, 159 pp.

2008

157) Ewen, Wolfgang: Carl Stumpf und Gottlob Frege. Würzburg, 2008. 204 pp.

2009

158) Kienzler, Wolfgang: Begriff und Gegenstand. Eine historische und systematische Studie zur Entwicklung von Gottlob Freges Denken. Frankfurt am Main, 2009. 403 pp.

2010

159) Künne, Wolfgang: Die philosophische Logik Gottlob Freges. Ein Kommentar. Frankfurt am Main, 2010. 840 pp.

160) Potter, Michael D. / Ricketts, Tom (Hg.): The Cambridge Companion to Frege. Cambridge UK, 2010. XVII, 639 pp.
Enthält 14 Aufsätze zu Frege.

2011

161) Heck Jr., Richard G.: Frege's Theorem. Oxford, 2011. XIV, 307 pp.

162) Textor, Mark: Frege on Sense and Reference. London / New York, 2011. X, 291 pp.

2012

163) Blanchette, Patricia A.: Frege's Conception of Logic. Oxford, 2012. XV, 190 pp.

164) Heck Jr., Richard G: Reading Frege's *Grundgesetze*. Oxford, 2012. 316 pp.

165) Kanterian, Edward: Frege. A Guide for the Perplexed. London / New York, 2012. 248 pp.

166) Landini, Gregory: Frege's Notations. What They Are and How They Mean. Basingstoke, 2012. XIV, 194 pp.

2013

167) Wille, Matthias: Frege. Einführung und Texte. Paderborn, 2013. 224 pp.
Enthält Auszüge aus Freges Schriften mit Kommentaren.

2014

168) Reichardt, Bastian / Samans, Alexander (Hg.): Freges Philosophie *nach* Frege. Münster, 2014. 254 pp.
Enthält 11 Aufsätze zu Frege

2015

169) Benis-Sinaceur, Hourya / Panza, Marco / Sandu, Gabriel: Functions and Generality of Logic. Reflections on Dedekind's and Freges's Logicism. Cham (Schweiz) u. a., 2015. XXI, 125 pp.

170) Garavaso, Pieranna / Vassalo, Nicla: Frege on Thinking and its Epistemic Significance. Lanham u. a., 2015. 138 pp.

171) Schott, Dieter (Hg.): Frege: Freund(e) und Feind(e). Proceedings of the International Conference 2013. Berlin, 2015. 234 pp.
Enthält u. a. 14 Aufsätze zu Frege.

2016

172) Wille, Matthias: ›Largely unknown‹. Gottlob Frege und der posthume Ruhm. Münster, 2016. 243 pp.

2017

173) Gabriel, Gottfried / Schlotter, Sven: Frege und die kontinentalen Ursprünge der analytischen Philosophie. Münster, 2017. 251 pp.

2018

174) Bengtsson, Gisela / Säätelä, Simo / Pichler, Alois (Hg.): New Essays on Frege. Between Science and Literature (= Nordic Wittgenstein Studies, Bd. 3). Cham (Schweiz), 2018. 185 pp.
Enthält 10 Aufsätze zu Frege.

175) Rami, Dolf: Existenz und Anzahl. Eine kritische Untersuchung von Freges Konzeption der Existenz. Paderborn, 2018. 227 pp.

176) Wille, Matthias: Gottlob Frege. Begriffsschrift, eine der arithmetischen nachgebildete Formelsprache des reinen Denkens. Berlin / Heidelberg, 2018. X, 344 pp.
Photomechanischer Nachdruck von <7> mit ausführlichem Kommentar.

2019

177) Jacquette, Dale: Frege. A Philosophical Biography. Cambridge, 2019. XIV, 667 pp.

2020

178) Rohr, Tabea: Freges Begriff der Logik. Paderborn, 2020. 211 pp.

179) Stuhlmann-Laieisz, Rainer: Gottlob Freges *Grundgesetze der Arithmetik.* Ein Kommentar des Vorworts, des Nachworts und der einleitenden Paragrafen. Paderborn, 2020. 161 pp.

180) Wille, Matthias (Hg.): Fregesche Variationen. Essays zu Ehren von Christian Thiel. Paderborn, 2020. 307 pp.

Enthält u. a. 11 Aufsätze zu Frege.

181) Wille, Matthias: ›alles in den Wind geschrieben‹. Gottlob Frege wider den Zeitgeist. Paderborn, 2020. 344 pp.

NAMENREGISTER

SACHREGISTER

Nicht im Text vorkommende erläuternde Zusätze stehen in eckigen Klammern. Kommata in Verweisen (s. = siehe oder s. a. = siehe auch) trennen Oberstichwörter von Unterstichwörtern. Semikola in den Verweisen trennen selbständige Stichwörter.